Hegel
Georg Wilhelm Friedrich Hegel

Marx
Karl Heinrich Marx

マルクス主義の理路

ヘーゲルからマルクスへ

廣松 渉

勁草書房

[編集部注]

本書は、1980年に小社から刊行された『新装版 マルクス主義の理路』をもとにし、新たに装丁のみを一新して『改装版 マルクス主義の理路』として刊行するものである。本書の装丁は、「新装版への序」で言及されている山本美智代氏の装丁とは異なるものであることをお断りしておく。

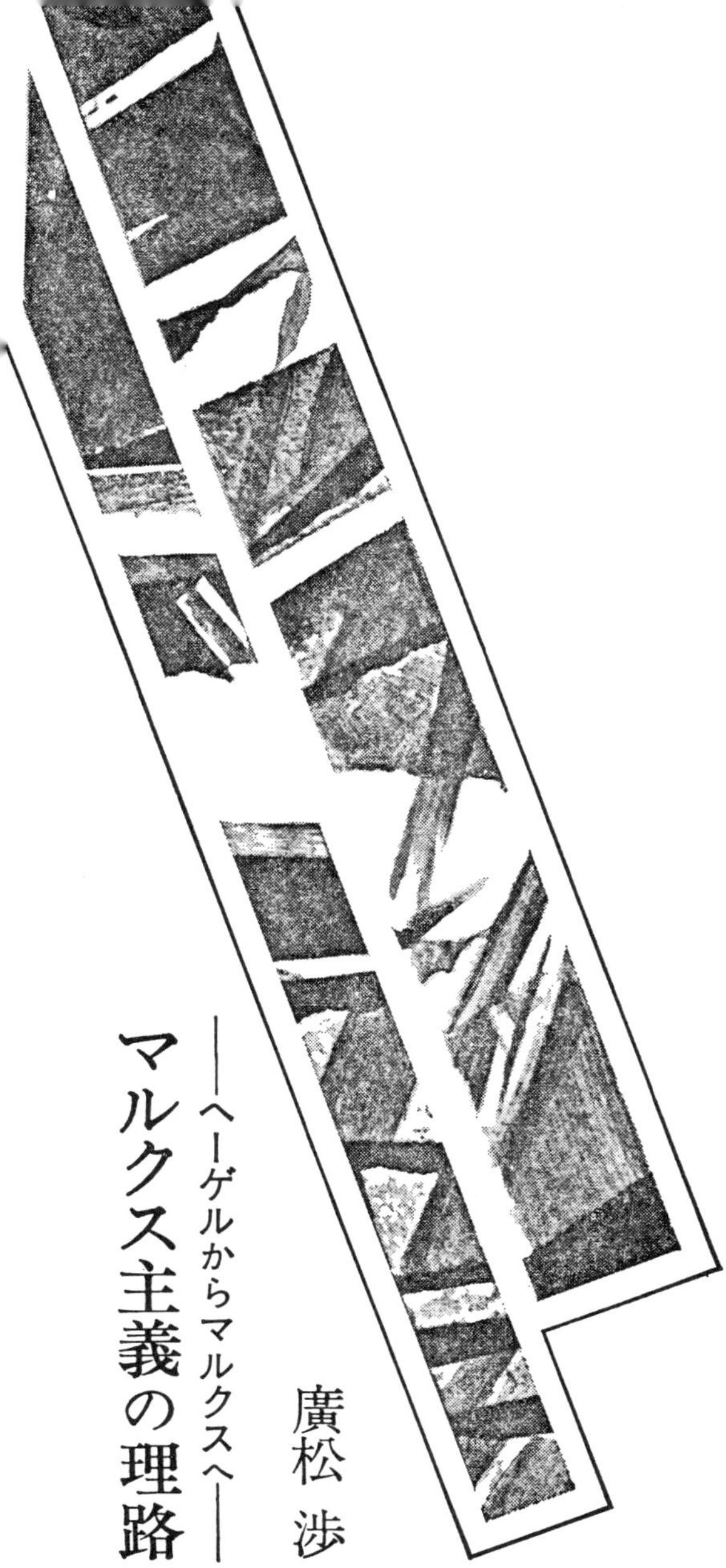

勁草書房

廣松 渉

―ヘーゲルからマルクスへ―

マルクス主義の理路

新装版への序

本書は、六年前に上木して、著者にとっては望外な数の読者に恵まれた論集の新装版である。今般新装版の公刊を思い立ったのは、本年度における著者の著述・刊行の計画との関連において、本書が格別な意義を帯びるに至ったからである。

顧みれば、旧版を上梓した時点にあっては、本書はたかだか『マルクス主義の地平』の続篇ないし拾遺と呼ぶべき位置を占めるにすぎなかったのであるが、その後、『資本論の哲学』(現代評論社)を世に問い、更には『弁証法の論理』(青土社)を梓に上するに及んだ今日では、尠なくとも本書の第一部「弁証法における存在観と論理」はこれら両著への前梯として是非とも繙読を乞いたいものとなっている。けだし、これら後続の両著においては本書の第一章「マルクス主義的弁証法の理路」および第二章「上向法の存在論＝認識論的地平」との重複を慮って、論点の再唱を差控えてある所以である。

既往に属する右の事情は措くとしても、来たる四月に『〈近代の超克〉論――昭和思想史への一断想――』(朝日出版社・エピステーメー叢書)を江湖に送る運びとなっており、この新著への前廷として、本書所収の「全体主義的イデオロギーの陥穽――ファシズムとの思想的対質のために――」の一覧を仰ぐことが切に望まれる。

加之、本年秋に上梓する予定の『ドイツ・イデオロギー論』(仮題・田畑書店)、『生態史観と唯物史観』(現代評論社)、『唯物史観と国家論』(仮題・論創社)、これら三著にとって、本書の第二部「ヘーゲルとマルクスとの連環」および第三部「国家-社会と歴史法則の存立」が謂うなれば〝序説〟をなしているため、事前に縦覧いただければ誠に倖いであると念う。

此の期に及んで敢て読者の眼に止まり易いよう新装版を店頭に弘く供するのは、蓋し、偏えに著者の斯かる微意に発してのことである。

省みるに、著者は従前、ヘーゲルおよびマルクス各々の思想について論ずることはあっても、両者の関連を主題的に討究した論攷は殆んど発表していない。惟えば、本書は拙ないながらも著者が「ヘーゲル-マルクス関係」を論じた事実上唯一の著作ということになる。――本書はもとより主題的な「ヘーゲル-マルクス論」ではなく、「ヘーゲルからマルクスへ」の学史的展開を跡づけたものでもない。後日、機会を得て、この主題に正面から取組んでみたいと念わぬでもないが、しかし、著者の余命はおそらくそれを許さぬであろう。著者としては、雑誌類に既発表の論稿を増訂して成書に輯める作業、ならびに手稿『存在と意味』を印刷用原稿にまで仕上げる作業、この二事に専念せざるを得まいと思う。内心忸怩たるものを残しつつも、僅々幾つかの射影相のラフ・スケッチたる本書を以って、当座のところ、著者の暫定的な〝ヘーゲル〜マルクス論〟に代える次第である。

新装版への序

本書は講演〝記録〟と〝論文〟とをセットにして編まれているが、通読してみるに、必ずしも講演の部分が明快であるとは言えず、或る意味では却って晦渋の感すら禁じ難い。――この件をはじめ、現在の著者にとって本書には意に満たぬ点がないわけではない。がしかし、それは理論的内容に関わるというよりは論述の仕方に関わるものであり、今般は眼を瞑ることにしたい。――読者におかれて通読に耐えぬと判断される節には、とりあえず論文体の諸章を一読くださるようお願い申し上げる。

所収の各論攷に関しては、簡単なコメントが「旧版への序文」に盛られているので、ここで今更解題を試みるには及ばないであろう。

この新装版が成るにあたっては、山本美智代さんの装幀を忝うすることができた。この旨を記し、御多用中格別の高配を賜った山本さんに対する感謝の言葉を申し添える。

末筆ながら、勁草書房編集部の富岡勝氏には、例によって例のごとく、今般も御無理をお願いした。旧版の場合にもまして、この新版は氏の御芳情の賜物である。感謝の念を新たにしつつ。

一九八〇年二月十二日

廣松　渉

旧版への序文

本書は一九七〇年代を迎えて以降折にふれて発表してきた論文および講演記録から八篇を撰んで編んだものである。所収の各論攷は前著『マルクス主義の地平』と同一系統に属するもの（すなわち単なる歴史的・実証的研究ではなく、著者なりのマルクス主義解釈に関わるもの）であり、しかも、前著で宿題として遺した論材を扱っているかぎりでは、本書を以って内容的には『地平』の続篇と称することもできよう。しかし、『続マルクス主義の地平』とは銘打たぬ所以でもあるが、本書では前著のごとき体裁上の統一を繕うことなく、敢て論文・講演集のかたちにとどめておいた。

本書は、形式上は三部構成に編んであるとはいえ、所詮は論文・講演集である以上、必ずしも配列順に繙読していただこうという意趣はない（各章の頭初に、初出紙誌名や改修の程度などについて記載しておいた）。論点の重複を愧じつつも、適宜の順で御叱正を仰ぎ度いと念う。

顧みれば、ここ十余年、わが邦のマルクス主義〝研究〟は〝高度成長〟を誇ってきた。しかるに、この一両年、論者たちは暫定的総括と研究態勢の更新を迫られる局面に際会しているように看ぜられる。管見にふれるかぎりでは、ヨーロッパにおける近年の〝マルクス研究〟についても同断であって、われわれはおそらく来たるべき〝躍進〟を前にして、目下〝変曲点〟を経過しつつあるのであろう。此の想いを深くするにつけても、本書のごときを 現時点で公刊することには 内心忸怩たるものがある。所収の各論攷は、いずれもシステマティックな講述を試みるべくして未だに果たしえていない諸主題に関わり、たかだか著者なりの視角と構案の一端を伝えうるにしても、暫定的総括にすら程遠いことを認めざるをえない。とはいえ、身辺の事情を省みるとき、当該の主題的数著を早急に鉛槧に上せることは期しがたい実状にあり、他面、ここに収載した論稿の数篇について一再ならず照会にあずかった経緯もあり、また、世上一部にみられる拙論に対する誤解を解消する一具を供したい含みもあって、拙速をも憚らず梓に上した次第である。

第I部には弁証法の問題を扱った講演記録と論文との各一篇がセットされている。著者はこれまで幾つかの視角から弁証法について論じた経緯をもち 後日 主題的な一冊を書く予定をもっているが、本書で扱った方面こそが 原理的には 最も基底的な論域をなすべきものと考えている。尤も、読者がここでもし〝弁証法の概説〟を期待されるとすれば、あらかじめ願い下げにしておかねばならない。世間では〝客観的な事実法則〟と〝主観的な論理法則〟との二元的な截断を暗黙の前提にしたうえで「弁証法とは客観的法則なのか、それとも論理的法則なのか」という問いを往々にして立てる。しかし、弁証法、少くともヘーゲル・マルクスの弁証法は、そういう主観‐客観図式にはそもそも納まらないということ、この間の事情を明確に認識することこそ何よりも肝要であろう。なるほど、ヘーゲルの場合には、いわゆる〝主体‐客体の弁証法〟になっており、その意味では主観‐客観図式の地平を端的に踰越しているとはいえない。だが、ヘーゲルは絶対的観念論の埒内においてではあるが、まさしく彼の弁証法そのものにおいて主‐客図式を内在的に止揚する途を拓いているのであり、このヘーゲル弁証法の批判的継承によってマルクス主義的弁証法の理路が展けている筈である。筆者としては、この点の対自的把握こそが弁証法を理解するうえで基底的な案件であると考え、本書ではまだ、図式化された弁証法の法則とやらの枚挙とか、形式論理的諸定律との対比とか、この種の教科書風の素描は圏外においている。この段、あらかじめ御承知おき願えれば幸甚である。

第Ⅱ部では、ヘーゲルとマルクスとの関係を、狭義の弁証法という論脈から拡げて両者の社会思想面での連続性にも留目する。そのための繋ぎの含みもあって、疎外論の論理構制を扱った講演を最初に置いている。近時、疎外論から物象化論へという著者の主張について、各方面から種々の御意見を賜っているが、係争点は事実問題というよりもむしろ評価基準に懸っており、しかるに、また、当の評価基準をめぐる異見は実際問題としては論者たちがヘーゲルやヘーゲル左派、遡ってはドイツ観念論についてどの程度知識をもっているかに懸っているように観ぜられる。それゆえ、この係争問題について議論を一次元高めるためには、まずはドイツ古典哲学や就中ヘーゲル左派に関する事象的知識を論者たちが豊富化することが先決要求となる。倖い、当該資料の覆刻や紹介が近年進捗し始めたことでもあり、著者としても、折をみて『疎外論から物象化論へ――ヘーゲル左派の紹介をも兼ねて――』という一書を鉛槧に上せたいと思う。本書に収めた講演記録は何分にもトルソー以前であるが、著者の了解する「疎外論の論理構制」の大枠を伝えられれば幸いである。尚、初期マルクスの疎外論について、本書の範囲ではいかにも説明不足であるが、これは『経哲手稿』を詳細に分析した別著『青年マルクス論』の後半部との重複を避ける含みで意識的に割愛したむきもある。この事情に免じて海容を乞い、併せて別著の参看を願う次第である。

第Ⅲ部および附論での諸主題については、著者としては今後しばらく立返って論ずる機会を持たないことかと惧れる。御叱正を得て他日を期す縁としたい。

本書が旧著と同様たとえ少数であろうとも寛容でかつ忍耐心のある読者に恵まれ、爾他の方面は一切措くとして、近年読書界の一隅で真摯な論題となっている「ヘーゲル－マルクス論」の問題意識を興発《アウスライゼン》する一石となりうるとすれば、著者にとって倖これに過るものはない。

末尾ながら、本書が成るにあたり諸事につけ高配を賜った勁草書房編集部長石橋雄二氏、本書への収載・転載を快諾された『思想』『理想』『情況』『日本の将来』『現代数学』『構造』『大阪市大新聞』「専修大学黒門祭実行委員会」の関係者諸氏にこの場を藉りて御礼申述べる。last but not least. 本書の製作に犬馬の労をとっていただいた編集部の富岡勝氏に衷心より感謝の辞を捧げる。

一九七四年四月　　著者

目次

I 弁証法における存在観と論理

第一章　マルクス主義的弁証法の理路

本章は「情況出版」主催「現代思想講座」（一九七一年四月二十二日、於日仏会館）における講演の記録（『情況』同年七月号に掲載）に若干の修訂を加えたものである。

マルクス主義の弁証法はヘーゲルの観念論的弁証法を「唯物論的に転倒したものである」と言われます。現に、マルクス自身、ヘーゲルの弁証法は「頭で立っている」こと、つまり、逆立ちしていることを批判し、それを「足で立たせなければならない」と述べております。しかし、この転倒という言葉を文字通りに受けとるとき、ルイ・アルチュッセールも指摘する通り、構造的にはもとのままであるということになりかねません。

唯物論的転倒という比喩的なレトリックは、この点で、なるほど、ミスリーディングであり、私どもとしては事態をより立入って検討する必要がある所以であります。がしかし、同時に、謂うところの「ヘーゲル弁証法の唯物論的転倒」という事態に焦点を合わせることによって、マルクス主義的弁証法の理路を明確化できることも慥かでありまして、私としては、敢てここに視座を構える次第であります。

私は、かつて、「弁証法の唯物論的転倒は如何にして可能であったか」と題する一文を書き、その間の事情については既に若干の議論を試みたことがあります。また、雑誌『思想』の今月号（七一年四月号）で、マルクス経済学の方法論、いわゆる上向法の方法論的次元に関連して、マルクス主義的弁証法の或る位相について、その埒内で多少ともふれておきました。〔本書、第二章「上向法の存在論＝認識論的地平」参照〕

本日のこの講座では、新しい角度からと申しましょうか――或る意味では、より根底的な次元に即して、――マルクス主義的弁証法とはそもそも何であるのか、それが近代合理主義の地平を超える所以のものは一体奈辺に存するのであるか、大上段に振りかぶるようではありますけれども、この根底的な問題次元に即して卑見の一端を申し述べてみたいと考えます。

一　近代的合理主義を支える世界了解の構図

マルクス主義の弁証法が近代合理主義の地平を超えると申しますとき、そもそも近代合理主義とは何か、その地平はいかなるものであるか、これの確定が先決問題になります。尤も、これはそれ自体たいそう大きな問題でありますから、正面から論じはじめれば、これだけでも時間が足りません。で、論点を極端にしぼって、いわゆる形式論理が依って以って形式論理として存立する所以の、前提的了解というところに焦点をあわせ、この視点から存在論的・認識論的な基礎場面を一瞥することで次善とすることに致します。

〔一〕合理主義 rationalism というものは、それ自身としては、必ずしも近代特有のものではない。
或る意味では、中世のスコラ哲学のごときも一種の合理主義であったと言うことができます。それがはなはだ非合理主義的なものであったとみなされるのは、近代合理主義の立場からみてのことであって、カテゴーリッシュに、それが非合理主義的であったとは言えない。――溯っては、また、古代におけるユークリッド幾何学の知的態勢などにも、私どもは一種の合理主義を認めることができます。

それでは、合理主義プロパーではなくして、特殊近代的合理主義の知的態勢はどの点に特質が認められるのか? 逆説的に聞こえるかもしれませんが、形式論理学が形式論理学として成立しうるごとき地平、この地平に即してそれを規定できるように思います。逆説的に聞こえるかもしれない、とお断りした所以でもありますが、一般には、しばしば、形式論理学は既にアリストテレスにおいてほぼ完成していたかのように言われます。なるほど、アリストテレス・スコラの論理は、形式化してみれば、近代的形式論理と構造的な一致がみられるにしても、しかし、元来、それは決して形式論理ではなかった。一定の存在論的了解に支えられて、それはれっきとした実質論理だったのであり、形而上学的存在、実有《ウシア》の世界の法則性に照応するものとして、一種の存在の理法として了解されていたわけであります。

後論への伏線をも兼ねて、稍々敷衍して申しておきましょう。伝統的な論理学における根本的定律として、同一律、矛盾律、排中律の三つが挙げられますが、矛盾律こそが最も中枢的である――少くとも、矛盾律を基軸にして他の二者をも位置づけることができる。この矛盾律のアリストテレスによる定式は、最も代表的な形では「同じものが、同時に、同じ関係において、同じものに、属し且つ属さない、ということはありえない」という形になっております。教科書のたぐいでは、「AがBであり且つ非Bであることはありえない」というように、はじめから概念的に固定化されがちでありますけれども、アリストテレスは、さすがにと申しましょうか、「同じものが同時に同じ関係において……」というように規定しております。

余談をはさむようですが、ここでちょっと廻り途をして問題を出しておきますと、弁証法論者といえどもアリストテレス流に規定された矛盾律には承服せざるをえないのではないか？　それは超歴史的な絶対的な普遍妥当性をもつものではないのか？　現に、しばしば、弁証法といえども、実際には矛盾律に従っているのだ、という主張が聞かれます。だが、この問題については、慎重に検討してみる必要があります。なるほど、同じものが、同じ意味聯関において、同時にBであり且つBでない、と言ってしまったのでは話になりません。AがBであり且つ非Bでもあるかのようにみえるのは、Aというものを別個の意味聯関で、別々の側面からみるからなのであって、つまり、アリストテレスの「同時に、同じ関係において」という限定を無視するからなのであって、実際には矛盾律に牴触するわけではない。俗論はこう言って能事足れりとします。しかし、これで済むようなら弁証法は要らないわけでして、私どもとしては、アリストテレスの定式そのものを検討してみる必要があります。

アリストテレスの矛盾律は、一定の前提的了解を持込まない限り、現実の論理展開にとって、全くのナンセンスであると申さざるをえません。アリストテレスは「同時に」という条件をつけておりますから、例えば、1プラス1は2であると言って、次の瞬間に、1プラス1は2ではないと言った場合、これはもはや「同時」ではありませんので、矛盾律に牴触しません。一事が万事こうでありますから、「同時に」という限定は常識的な〝同時〟、つまり一定の幅をもった短かい時間帯の意味にとれば別ですが、厳密に言おうとすれば、Bであり且つBでないという措定を同時におこなうことがそもそも不可能である以上、アリストテレスの定式は実際には空疎であります。この空疎を免れうるためには、厳密には「同時」ではないが、従ってまた、厳密には「同じ関係」でもないが、何らかの意味において、同じもの、同じ関係、同じ事態が持続する、という存在論的了解ないしは認識論的了解が介在しなければなりません。そのかぎりにおいてのみ、はじめて、アリストテレス流の矛盾律が現実的な意味をもちうることになります。

ここにおいて、さっそく、二つの立場が対立することにならざるをえません。第一は、万物は生成流転するという立場であって、この立場では、同じもの、同じ関係、同じ事態なるものは、原理的には存立しないとされますから、矛盾律はたかだか近似的・便宜的な、暫定的な措定でしかありえないとみなされます。第二の立場は、世界を二世界説的に、または、二要素説的に、二つの領界に分けて、世界の一部では矛盾律が厳密に妥当すると主張します。この立場では、現象世界はなるほど生成流転の相にあり、従って、現象世界においては矛盾律はそのまま妥当しうるわけではないけれども、真実在の世界（ないし、世界の真実在的要素）は不変不易であって、そこにおいては矛盾律がそのまま妥当する、いな、矛盾律がそのまま妥当するような領界こそが真実の存在の世界である、と主張するわけであります。

アリストテレス・スコラの論理は、この第二の立場にいう真実在の世界、――現象体 phenomenon との区別における可想体 noumenon の世界――この伝統的な形而上学的世界における存在の理法と相即するものとして了解されてきたわけでありますが、この形而上学的な世界了解を斥けることにおいて、形式論理を形式論理として成立せしめるごとき、近代合理主義の地平が拓けたのであります。

〔二〕　世界を可想界と現象界とに二分する発想の図式は、近代思想においても根強く残留しており、直ちに止揚されたわけではありませんが、現象界から超絶した可想界の独自的な存在という思念は次第に斥けられるようになって参りました。それにともなって、かつての可想界は、いうなれば論理の世界として、いわば主観に内在化されるようになった――形而上学的な真実在の世界から純然たる観念の世界へ、という把え返しがおこなわれた――と申すことができます。

近代的世界了解においては、図式的な関係をつけて申せば、かつて現象界として、いうなれば仮象の世界に貶しめられていたところのもの、この日常的経験の世界こそが真に実在する世界であるとされ、かつて真実在の世界とされていた形而上学的世界が仮象の世界に貶しめられるようになった――このような逆転がおこなわれるに至った――ということを指摘する論者もあります。或る意味ではたしかにそう申せますが、しかし、近代におけるこの転換は決して単純な裏返しではないのであって、現象体そのものの把え方においても或る構造的な変化がみられます。

現象世界、私どもが日常的経験において四囲に見出すこの生成流転の世界、これこそが真に実在する世界であるとは申せ、私どもが見たり聞いたりするままの姿が真実在であるわけではない。けだし、論者たちによれば、色や香りや、音や肌ざわり、等々は主観的なものであるから――という次第で、現象世界の或る本質的な構造ないし実質だけが客観的な実在であるとみなされます。

この客観的実在、これが近代的世界了解においては「生物態的《ビオモルフ》」な見方を免れつつ、それを認識する主観と対極に立つわけでありますが、近代的な主観‐客観図式におきましては、いうなれば中間項として、いわゆる意識内容、つまり、観念の領界が挿入されます。

対象的実在‐意識内容‐意識作用、この三項図式で表わせる近代的世界了解の構図にあっては、存《オン》在的《ティッシ》には、客観的実在と意識内容（観念）との間に截断があり、意識内容と意識作用とが緊合します。すなわち、意識作用にとって直接的な与件として現前するのは意識内容であって、客観的実在はたかだか意識内容（知覚心像、記憶心像、等々）を介して間接的に与えられるにとどまります。視角をかえて申せば、意識内容、つまり、観念が、固有の領域を形成し、これが意識作用の直接的な与件である、とされます。

この際、しかも、これまた近代イデオロギーの立場的大前提をなすものでありますが、各人の主観は、本質的に同型的であり、かつ、自律的であるものと了解されております。そして、この同型的な人間的主観の心的能力――それは、しばしば、知情意の三類に区分されますが――そのうちの「知」

的能力、これが感性と知性とに区分されるのが通例であります。この二者のうち、感性には客観的実在との直接的な関わりが認められるにしても、知性（つまり、能力に即していえば悟性や理性、意識内容に即していえば狭義の観念）には客観的実在との直接的な関わりが端的に遮断されるということ、ここに形而上学的な直覚的知性との区別における近代的知性の特質があると申せます。

近代の論理学、近代的に了解された「論理」は、只今申した〝近代的知性〟の内的規則ないしはそれの発現法則として存立することにおいて、対象的実在との直接的な関与を切断された「思考の形式的規則」、思考の形式的論理として現存在する所以となります。

形式論理が形式論理として存立する地平は、窮極的には、主観と客観との二元的な截断、三項図式に即していえば、客観的実在と意識内容との存在的截断によって劃されるわけでありますけれども、――このことは以上の行論からも明らかであると思いますが――私どもとしては、近代合理主義の判別的特質という次元に即して、幾つかの論点を追補しておく必要があります。

〔三〕　近代合理主義を問題にする場合、私どもは、実証主義との関連を視野に収めることによって、その発想の構え、溯っては存在論的・認識論的な了解を対自的に把え返すことができるように思います。

論理的帰結と日常的経験とは、しばしば隔絶するどころか、往々にして背馳いたします。知性的思惟の推論に絶対的な正しさを認めるか、それとも、感性的経験をこそ第一義的に信認するか？　ここにおいて、いわゆる合理論と経験論との対立が生じます。

エレアのゼノンが、あの有名なアキレウスと亀のパラドックスなどを用いて、運動というものは存在しないということを〝証明〟してみせたとき、彼の論敵は黙って歩いてみせたという話が伝わっております。つまり、歩行という運動が現に存在する以上、ゼノンの議論は誤っていることが〝実証〟される、とその男は考えたのでありましょう。しかし、日常的経験的に運動が存在するということはゼノンも先刻承知しているはずでありまして、彼が師のパルメニデスの理論を〝論証〟してみせたとき、彼としては、日常的経験は仮象であって、論理必然的な理説こそが真実在の実相を表わしているという考え方を立場的前提にしているわけであります。ですから、歩いてみせただけではゼノンに対する論駁にはならない。他方、感性的経験こそが客観的真理性の窮極的な規準であるという考え方を立場的前提とする者にとっては、ゼノンの論証は一向に権威をもたないことになります。

伝統的な形而上学においては——聖書の教義との合致というようなファクターがありますので、単純に言い切るのは危険でありますけれども——論理的整合性を第一義的に扱う態度をとった、つまり、論理的帰結に反するごとき感性的経験を仮象だといって貶しめるエレア派的な知的態度をとった、この意味でウルトラな合理論的な立場、ロゴス主義の立場をとっていたと申せます。

近代合理主義においてはどうであるか？　いわゆる大陸合理論哲学などの場合、中世の形而上学的合理主義と直接につらなる面があることをあながちに否定できませんけれども、しかし、概して申せば、もはや論理的推論に絶対的な権威が認められないこと、少くとも形而上学的な超経験的世界の自存的存在を承認しない理論にあっては、論理的整合性は客観的真理性にとっての必要条件ではあっても、十分な条件とは認められないということ、このことは断じても大過ないように思います。

この態度の背景には、まさしく近代的世界了解の基本的な構えが控えております。この間の事情については稍々立入って指摘しておくに値するかもしれません。

ここでは、近代的世界観において宿命的な Subjektivismus と Objektivismus との Wechselspiel といった次元にふれることは割愛いたしますけれども、まずは感性と知性との区別が近代的世界了解において帯びる格別な意義という点から問題にしていきたい……。感性と知性との区別ということは、昔からあったわけで、そのこと自体は何も近代に特有ではありませんが、近代的な物心分離、物質と精神との二元的分離によって、感性と知性との区別の意義が決定的に変って参ります。身体的存在者である人間の精神的能力においては、感性は身体という物質による拘束のゆえに物質との接点をもっている、そのかぎりで、いわば半物質的なものとみなされますが、知性は純粋に精神的であるとみなされます。この純粋に精神的なものである知性は、近代においてはもはや、モナド的に自己完結的であって、世界霊魂とのつながりをもちません。古代や中世においては、人間の知性は世界に遍在するヌースの一部であるとか、生物態的に万物の霊魂である実体的形相の一種であるとかいう仕方で、或いはまた、知性の活動は形而上学的イデアの世界の想起《アナムネーシス》であるとかいう仕方で、存在論的・認識論的に、世界との直接的な関係をもつものとして了解されておりました。しかるに、近代知性は、対象的世界とのそのような直接的聯関を遮断されるに至っている。物心分離によって、ないしは、物心分離と相即的に、このような了解の変化をうけております。こうして、知性は、モナド的精神の自発性と相即するものとみなされるに至っております。

この点を勘案しますとき、かの三項図式における意識内容という中間項は二層的であって、物質的所知－感性的意識内容・知性的意識内容－精神的能知という図式になっていると申せます。そして、かのズプエクティヴィスムスとオプエクティヴィスムスとのヴェクセルシュピールが生ずる臨界面は、実は、感性的意識内容と知性的意識内容との間に存在するのであります。近代的な経験論と合理論とが対立する基底も、まさしくここに存するわけであります。

若干の重複を惧れずにいえば、以上いくつか指摘した契機からの必然的な帰結として、近代的知性においては、思考が形式論理の規則にかなっているということそれ自体では、主観内部の観念の秩序の整合性は保証できるにしても、——ここで観念論の立場に徹すれば話が別になりますけれども——客観的実在の相在との照応性は何ら保証されない。近代的知性概念のもとでのウルトラ合理論は極端なズプエクティヴィスムスを帰結しかねない。そこで、知性と区別された感性、つまり、客観的実在との接点をもったもう一つの能力による検証が要求されることになります。この感性的能力だけに第一次的権能を認める場合、——そのときには、知性もこれに依存的ということになり、極限にまで押し進めるとオプエクティヴィスムスの極限形態に至る筈でありますが——、ともあれそこに経験論的立場が成立するわけでありますけれども、近代哲学史の事実上の問題としては、経験論といえども知性による論理的整合性を必要条件として暗黙の了解にしております。こうして、知性主義・合理論的な logism と感性主義・経験論的な empiricism とのバイメタルとでもいうべきものが形成されます。このバイメタル的な在り方、これがまさに近代合理主義の特徴的な相在の一つでありまして、近代合理主義においては、論理的に整合的であるというだけでは、まだ、主観的たるにとどまり、知性の必要条件を充たしたにすぎず、認識の客観妥当性を確定するためには、感性による経験的実証が必要であるとされる。論理整合的で且つ経験的に実証可能なものにしか真理性を認めないという構え、ここに実証主義的合理主義＝合理主義的実証主義たる近代合理主義の知的構えが存すると申せます。

近代合理主義については論ぜらるべき多くの事柄があり、本来ならば、少くとも、それが近代資本主義的商品社会のイデオロギーである所以についての論考が必須でありましょうが、この種の問題側面については昨年別の機会〔本書付論一参照〕に書いておきましたので、本日は割愛したいと思います。形式論理、いな、近代合理主義の地平について、それと弁証法の地平との相違をめぐって、是非とも言及さるべき論点が残っておりますかぎりで、のちほどあらためて若干は申し述べる心算でありますけれども、議論の順序として、ここで一たん視角を転じることにいたします。

二　ヘーゲルの弁証法における三位の一体性

ここで一通りみておきたいのは、ヘーゲルの弁証法、すなわち、マルクスがそれを唯物論的に転倒したといわれる原型をなすものの特質であります。

ヘーゲルの弁証法は、あらためて申すまでもなく、彼の体系内容と不可分であり、それだけを切り離して論ずるというわけには参りませんが、私どもとしては、ヘーゲル本人が弁証法というものをどう考えていたか、これを好便な手掛りにできる筈であります。

〔一〕　ヘーゲルは『哲学史』の講義のなかで、弁証法の歴史的成立を三段階に分けて立論しております。御承知の通り、ヘーゲルの哲学史は、時間的順序を逆転させることをすらいとわずに、強引に構成されておりまして、「哲学の諸体系の歴史的順序は、理念のさまざまな概念規定が論理的に導出される順序と合致する」とされており、はっきり言ってしまえば、ヘーゲルの哲学史は彼自身の思想を〝哲学史〟に読み込んでいくものになっている――このような事情がありますだけに、私どもとしては、ヘーゲルの描く〝弁証法の史的展開〟に即して、彼自身の弁証法の特質を探ることができるわけであります。

偖、三つの段階と申しますのは、第一にエレア派(とくにゼノン)、第二にヘラクレイトス、第三にプラトンでありまして、ヘーゲルはこれら三者を弁証法の始祖であるという呼びかたをしております。

第一の段階。エレア派のゼノンは、アキレウスと亀のパラドックスなどで先刻御承知のように、運動というものの存在を否定した、その意味ではむしろ反弁証法的な思想家でありますが、ヘーゲルは敢てゼノンを弁証法の創始者と呼びます。それはさしあたり、ゼノンの議論の立て方に関わります。

ゼノンは運動が存在しないということを証明するにあたって、外在的な規準で裁断するのではなく、運動が存在するという主張そのものに一たん沈潜して、この主張が自己矛盾に陥ることを内在的に証明してみせる。ヘーゲルが留目するのはこの内在的な手続であります。或る主張を斥ける場合、その主張に外在的な論拠を持出して批判するのでは、「それは私の主張と一致しないから誤りだ」というにすぎず、相手も同じ権利を保有しますから、相手の主張を真に廃棄する所以にはならない。「誤ったものは——とヘーゲルは指摘します——それの反対が真だからということで誤りとされるべきではなく、そのもの自身において、その誤りが証明されなければならない」。「われわれは、事物のうちに入り込み、対象をそれ自身に即して考察し、それがもっている諸規定にしたがって対象をとらえる。そうすると、この内在的考察のうちで、対象そのものが相対立する規定を含んでいること、従って、それが自分自身を止揚するということ、このことを対象みずからが示すのである」。「この理性的な洞察がゼノンのなかで目覚めているのをわれわれはみる」。「ゼノンの特色は弁証法である。エレア派の純粋な思惟が彼において概念の自己自身のうちにおける運動となり、学の純粋な魂となる。すなわち、彼ゼノンは弁証法の創始者である」。ヘーゲルはこのように論ずるのであります。

尤も、ヘーゲルは、ゼノン以前には弁証法が全然存在しなかったとは言っておりません。彼によれば、イオニア派の自然哲学はまだ真の哲学ではなく、「真の哲学はエレア派のパルメニデスから始まった」とされるのでありますが、それはト・オンというかたちで、純粋な「有」が概念的にとらえられたというヘーゲルの評価から出てくる考えでありまして、「われわれは、ここに、弁証法、すなわち、概念における思惟の純粋な運動の端緒をみる」と言っております。しかしながら、それは所詮「外面的弁証法」「外在的根拠からする主観的弁証法」たるにすぎず、真に弁証法の名に値するものではない――このかぎりで、弁証法としての弁証法はゼノンに始まると言われうるわけであります。

第二段階。ヘラクレイトスの項に移ると、ヘーゲルは次のように言います。「ゼノンの弁証法は、内容そのもののうちにある諸規定をとりあげるとはいえ、それが考察する主観に帰着するかぎり、また、一者がこの弁証法をもたず、この運動をもたず、一であり、抽象的同一性であるかぎり、やはりまだ主観的弁証法と呼ぶことができる。ゼノンの主観的弁証法がさらに前進するとき、それはこの弁証法そのものが客観的なものとしてとらえかえされることであるが……ヘラクレイトスによってそれが遂行された」云々。

コメントをつけるまでもないと思いますが、多少敷衍して申しますと、ゼノンは「対象」に沈潜して、その「内在的矛盾」を対自化したとは申せ、いうところの「対象」は、相手の主張であり、概念であって、客観的事象そのものではなかった。それどころか、ゼノンは、矛盾はもっぱら主観の側、観念の側だけにあるとし、真実在は矛盾・運動を含まぬものと考えて、弁証法的矛盾の客観性を把えるには至らなかった。しかるにヘラクレイトスは――といっても、歴史的事実としてはヘラクレイトスの方がゼノンより先なのですが――万物を流転の相で把えることにおいて、真実在そのものに内在する運動・矛盾を対自化するに至った、というわけであります。

このかんの事情について、小林登氏の『弁証法』における手際よい説明を援用しておきますと、ヘーゲルは、ヘラクレイトスの「一般的原理」について、「有と非有とは同一である、すべてはあり且つあらぬ」ということを挙げ、「真なるものは対立物の統一としてのみある。エレア派には、ただ有のみがあるという抽象的悟性がみられるが、われわれはヘラクレイトスに賛成して、絶対者は有と非有との統一であると言う」と述べている。そしてさらに、この一般的原理のよりたちいった規定として「万物は流転す。何ものも止住せず、同一にとどまらない」という言葉を挙げ、「真なるものは成であって有ではない」。「有の真理は成である」……「有と非有とは真理性をもたぬ抽象たるにすぎない。最初の真なるものは成のみである、ということを認識したのは〔ヘラクレイトスの〕偉大な洞察である。悟性は両者を分離してそれぞれ妥当なものであるとするが、これに対して、理性は一者を他者のうちに認識し、一者のうちにそれの他者が含まれていることを認識する」。すなわち、ゼノンは抽象的悟性の立場にとどまり……有と非有とを切り離し、有の自己同一（無矛盾）を真として主張するが、ヘラクレイトスは理性の立場に立って「有と非有との同一」の原理、言いかえれば「生動性の原理」にもとづき、生成・運動を具体的な真理として認識する。——

以上の引用とコメントにあと一つ論点を追加しておけば、ヘーゲルの体系における有－無－成＝定有という展開における純粋有の定立、これがエレア派に照応し（このゆえに、真の哲学がエレア派から始まるといわれるのでありますけれども）、有の真理、つまり成＝定有を定立したとされるヘラクレイトスにあっては、エレア的なト・オン、つまり、実体が「成」という自己運動の主体として把え返されたということ、実体を同時に主体として把える途が拓かれたということ、この思想をヘーゲルが読み込んでいることを併せて留意すべきであろうかと思います。尤も、実体＝主体といっても、ヘラクレイトスの場合、ヘーゲルの要求する諸契機の一つが措定されたというにとどまります。この主体＝実体、実体＝主体という把握をもう一歩進めたもの、それがヘーゲルによれば、さしあたりプラトンであります。

第三段階。「プラトンによって認識の内容が三部門に分けられるようになった。これは、われわれが、思弁哲学、自然哲学、精神哲学として区分しているものに相当する。思弁的あるいは論理的な哲学を古代人は弁証法と呼んだ。ディオゲネス・ラエルティオスやその他の古代哲学史家たちは、イオニア派が自然哲学を、ソクラテスが道徳哲学を創始し、プラトンが弁証法を加えたと言っている。この弁証法はソフィストたちのそれとは異って、純粋概念のなかで運動する弁証法、論理的なものの運動である」。ついでながら『エンチクロペディー』では「プラトンは、弁証法的な手続によって、すべての固定した悟性規定の有限性を示す」ことが指摘されております。

私どもとしてこの際留意すべきことは、ディオゲネス・ラエルティオスによれば、プラトンの弁証法は、自然学や倫理学と並存するというよりも、「これら両部門のロゴスを論究するもの」として性格づけられている事実であります。いうところの「ロゴス」（すなわち、両部門の知識内容をなすところの言説・判断・推論）を論究する学は、いうなれば認識論的な省察の次元と相通ずるわけでありまして、ここにおいては、弁証法はもはやヘラクレイトス的な自然哲学的な次元から、一歩高い次元に引上げられている。すなわち、「主観的弁証法」でも、単なる「客観的弁証法」でもなく、両者を止揚したもの、いうなれば主観＝客観的な弁証法ともいうべきものとして存立するわけでありまして、「悟性規定（対象の規定ならびに概念の規定）一般の有限性」が示されるのもそのことにおいてであります。

この点についてみるためには、しかし、もはや『哲学史』に即するよりも、端的に彼の『エンチクロペディー』の或る立論に眼を向ける方が近道でもあり、生産的でもあるように思います。

〔二〕　ここで留目したい『エンチクロペディー』の或る条りというのは、カントの認識論に関連してヘーゲルが述べている弁証法の性格づけであります。

「批判哲学は、形而上学においてのみならず、諸科学および常識的な考察においても用いられている悟性概念の価値を検討している。尤も、この批判は、これら思惟諸規定の内容および思惟諸規定相互の特定の関係に向けられるのではなく、それらを主観性と客観性との対立という側面から考察する」。それは「思惟規定をそれら自身に即しかつ相互関係において考察せず、それらを主観的か客観的かという見地のもとにのみ考察する」という根本的な欠陥をもっている。とはいえ、「批判哲学が旧形而上学の諸規定を検討にかけたということは、たしかに、非常に重要な進歩であった。旧形而上学の素朴な思惟は、何の疑念も抱かずに、ひとりでに出来あがっている諸規定のうちを動き、その際、このような諸規定がそれ自身どの程度の価値および妥当性をもつかということは問題にしなかった。……しかるに批判哲学は、一般に思惟の諸形式がどの程度まで真理の認識へ導きうるかという検討を任務とした。より正確にいえば、それは認識する以前に認識能力を吟味するということを要求したのである。ここには、たしかに、思惟の諸形式そのものを認識の対象とせねばならないという正しい要求がある。がしかし、間もなく、認識する前に認識しよう、水泳を覚えてから水に入ろう、というような誤解がしのびこんでくる。思惟の諸形式を吟味なしに用いてはならないのはたしかにその通りであるが、だがこの吟味はそれ自身すでに一種の認識なのである。従って、この認識においては、思惟の諸形式を働かせることとその批判とが結合されていなければならない。思惟の諸形式は即自かつ対自的に考察されなければならない。それらは対象であると同時に対象の活動である。それらは自分で自分を吟味し、自分自身に即して自分の限界を規定し、自分の欠陥を指示しなければならない。これは後に弁証法として特別に考察さるべき思惟活動である。ここではさしあたり、弁証法というものは、思惟規定そのものに内在しているものとみなければならないということを注意するにとどめておこう」云々。

多少引用が長くなりましたが、この一文によってヘーゲル弁証法の或る本質的性格を知ることができるように思います。が、ここにいう手続がゼノン流の主観的弁証法とどう違うか、その他、必要な論点を明確にするためには、カントのアンチノミーに関連してのヘーゲルの立論を併せて一瞥しておくのが便利であります。

カントが、彼の理論哲学におけるアンチノミーとして四組のものを挙げていることは御承知の通りであります——カントが先験的論理学の必要を認めるに至った機縁も、このアンチノミーに気付いたことであるという研究者もあります——アンチノミー＝二律背反論はともあれ哲学的省察にとってきわめてショッキングな問題を投げかけるものであり、「この問題提起がもしなかったら、ヘーゲルの弁証法も形成されなかったかもしれない」という想定すら可能なほどであります。

カントが挙げている理論哲学における四つのアンチノミー、すなわち、⑴世界は時間的に始めがあり空間的にも有限であるという定立《テーゼ》、と、世界は時間的空間的に無限であるという反定立《アンチテーゼ》、⑵単純実体が存在するという定立、と、存在しないという反定立、⑶自由が存在するという定立、と、自由は存在せず一切は必然であるという反定立、⑷必然的存在体が存在するという定立、と、そういうものは存在しないという反定立、——これら四組のテーゼとアンチテーゼがいずれも成立するということの〝論証〟——これが伝統的形而上学の根本的諸問題に関わるものであることは、あらためて想起するまでもありません。

ところで、カントは定立と反定立との双方ともが——第一の場合でいえば、世界が有限だということも無限だということも双方とも——論理必然的に成り立つことを証明しておりますが、その際カントは帰謬法で証明している。つまり、世界が有限だという定立を証明するにあたっては、世界は無限だという仮定から出発すると論理的自己矛盾に陥るというところから、帰謬法的に、世界の有限性を間接的に証明する。他についても同様であります。カントのこの論証手続は、しかし、ゼノン式に議論を立て直せば、定立の側も反定立の側も論理的自己矛盾に陥る（帰謬）のでありますから、双方とも成り立たない、ということもできる。つまり、アンチノミー（二律背反）ならざるジレンマに陥るということもできるわけであります。

こういうアンチノミーが成立する以上、もはや伝統的形而上学のウルトラ合理論は主張できない。論理必然的に成り立つ提題はそのまま実在界、形而上学的世界の実相を表わすとはいえない。もしそう主張するとすれば、形而上学的真実在の世界は有限であり且つ無限である、自由であり且つ必然である、等々、客観的世界それ自身が自己矛盾を孕んでいることになる。こうなると、そもそも矛盾律が存在論的な成立根拠を失い、従って、伝統的な形而上学の合理論は維持できない。それでは、科学的というか、形而下学的な経験論はどうか？　経験的実証では、そもそも、無限とか、必然とかいう次元のことは原理的に実証不可能ですから、経験論的な立場からでは、定立と反定立とのどちらが正しいか、どちらが客観的事実に合致しているかの「実証」的判定はこれまた不可能であります。こうして、合理論的・知性主義的 logism と経験論的・感性主義的 empiricism とのバイメタルである近代合理主義ではお手あげであります。

要するに、カントが指摘してみせたアンチノミーを解消するためには、近代合理主義そのものを端的に超克しなければならない。このことは、その一契機として、形式論理的合理性そのものを、矛盾律等々の根本定律にさかのぼって抜本的に再検討すること、しかもそれの存在論的・認識論的な基底にまでさかのぼって抜本的に再検討することを要求します。カントは、たしかに、この作業に着手はした。しかし彼は、理論哲学の範囲でいうかぎり、まさしく近代合理主義の埒内に「批判的限界決定」をおこなうという消極的な仕方で——つまり近代合理主義的に問題を処理したのであって、実践理性を以ってする彼の立論を措くかぎり、いうなれば肝心の問題点を回避したといわざるをえない。この残された課題に正面から応えようとしたのがヘーゲルの哲学であると申せます。

ヘーゲルによれば、アンチノミーが成立するのは決してかの四つにとどまらない。もしかの四つにとどまるならば、カントのような解決策も許されるかもしれない。しかし、ヘーゲルによれば一切の定立がアンチノミーを含むのでありますから、アンチノミーが生じない範囲に「批判的限界決定」を企てることはできない。けだし、それは一切の定立、一切の認識の断念を帰結せざるをえない所以であります。「アンチノミーについて注意すべき最も重要なことは——とヘーゲルは書いております——アンチノミーは宇宙論からとられた四つの特殊な対象のうちに見出されるだけでなく、むしろ、あらゆる種類のあらゆる対象のうちに、あらゆる表象、あらゆる概念および理念のうちに見出されるということである。このことを知り、そして対象をこうした特性において認識することは、哲学的考察の本質に属するものであって、この特性こそ、後に論理的なものの弁証法的モメントとして述べるものをなしている」云々。

あらゆる概念、あらゆる命題に関してアンチノミーが成立することから、二つの論点が帰結します。第一には、任意の命題、例えば「AはBである」という命題を、Aは非Bであるというそれとは反対の自分の論拠から自動的、外在的に斥けるわけにはいかない。すべて、命題の真偽を検討するためには、その命題に沈潜し、内在的に批判しなければならないということ、つまり、ゼノンによって開始された手続を一切の命題に関して遂行しなければならないということになります。

第二には、一切の定立に対して反定立が成立する以上、一切のAはBであり且つ非Bであることになるわけでありますが、われわれの認識の一切が全くの虚妄でない限り、それは一定の客観性をもつ筈でありまして、ヘーゲルのいうヘラクレイトスの「一般原理」つまり「すべてはあり且つあらぬ」

という客観的矛盾が成立っている筈であります。すなわち、客観的世界の実相として、客観的弁証法が存立しているものと了解されます。

私どもは、先ほど、カントの認識論的省察との関連で、ヘーゲルの主張する一切の思惟規定の自己吟味という「弁証法として特別に考察さるべき思惟活動」という契機をみておきましたが、これが只今申しました第一の論点、「内在的弁証法」「主観的弁証法」と直接に関わることは今や見易いところであろうと思います。しかも、この「主観的弁証法」は、第二の論点としてとり出した「客観的弁証法」とも不可分の筈であります。

それでは、ヘーゲルの弁証法において、これら二つの契機がいかなる仕方で結合されているのか？今やこれを討究すべき段取りであります。この作業は、同時に、先ほど懸案として残しておきましたプラトン的弁証法、そこにおける自然学や倫理学の「ロゴスの論究」ということの構造にも光を当て、いうところの主観=客観的な弁証法というものを明晰化する所以にもなってしかるべきであります。

〔三〕

ヘーゲル哲学においては、先のカント批判にもありましたように、予め認識能力を吟味しておいて、そのあとで対象認識に向かうというような畳上の水練がおこなわれるのではない。このことはあらためて申すまでもありません。しかし、対象認識の次元と認識批判の次元とが無雑作に混淆されるわけではなく、況んや、認識の対象と対象の認識とが無差別的に同一視されるわけではない。なるほど、ヘーゲルにおいては、対象の構造と認識の構造とが、パラレルにおかれるのではなく、絶対的観念論の立場で統一されている。しかしながら、われわれの認識がそのまま対象的実在であるわけではないのであって、両者の相互媒介的構造が逐一問題になるのであります。

この間の事情が最も明瞭な形で説かれておりますのは、何と申しても『精神現象学』においてでありますが、そこでは、御承知の通り、感性的確知 sinnliche Gewissheit から絶対知 das absolute Wissen にまで上向がおこなわれます。ところで、この「意識経験の学」における自己吟味の手続は、一見したところ、まず意識の対象の側、次で対象認識の側が検討されているかのようにみえ、これら二つの契機がいわば同格的並列的であるかのようにみえますけれども、実際には、しかし、それは決してそのような、客観的弁証法と主観的弁証法とのパラレリズムではない。それではどのような構造になっているのか？ ここでは、その一般的構造について或る側面から光を当て、ヘーゲルにおける主観＝客観的弁証法の階型的重層性をみておきたいと思います。

対象は、感性的確知の対象といえども、すでに認識された対象でありますが、この認識対象の検討と、この対象認識に関する検討とは次元が異なり、今日風の表現でいえば、前者はオブジェクト・レベルに位し、後者はメタ・レベルに位します。図式だけを先に申してしまえば、ヘーゲルは、まずオブジェクト・レベルの対象的矛盾を対自化し、そのことを媒介にしてメタ・レベルの内在的矛盾を対自化する、そして、そこで、このメタ・レベルの対象認識をオブジェクト・レベルとする高次のメタ・レベル、つまり、メタ・メタ・レベルの省察に進んでいく、この手続を次々に重層的にとっていくのであります。

只今ごく抽象的図式的に申したことを、敷衍しておくべきかと考えますが、そのためにも、オブジェクト・レベルとメタ・レベルということ、これの区別の必要性が出てくる背後の事情といったことから申し述べます。

唐突に卑近な例をあげるようではありますけれども、例えば私なら私が「すべての日本人はウソつきである」と言ったとします。すべての日本人がウソつきであるということが本当だとしますと、そう言っている本人である私もウソつきなのでありますから、「すべての日本人はウソつきである」という発言内容は実はウソになります。「すべての日本人がウソつきだ」というのが本当であるとすれば、まさにそのことにおいて、「すべての日本人はウソつきだ」という私の発言はウソである、つまり、本当ではない、ということになってしまいます。これは昔から「クレタ人のウソ」として知られているパラドックスでありますが、このたぐいの悖理が一体どうして生ずるのか？――このパラドックスを回避するためにはどうすればよいのか？

話がおかしくなりますのは、「すべての日本人はウソつきだ」といった本人である私をも初めから日本人のうちに入れてしまうからであります。私はもちろん日本人のつもりでありますが、しかし、言った本人である私はひとまず除外しておいて、果して「すべての日本人がウソつき」かどうか、この語られている内容を検討してみなければならない。この検討を通じて、皆がウソつきであるということが判明したら、私はウソつきではないことが、そのことによって判るのであり、逆に、皆がウソつきではないことが判ったら、私はウソつきであったわけで、自己批判を要求されることになります。

図式化して整理すれば、語られている内容（認識対象）と語っている側（対象認識）とを一応区別しなければならない。これは、客観と主観、ないしは、客観的なものと主観的なものとの同位的な二項区分ではなく、後者が前者を、いうなれば入れ子型に包摂する構造になっていること、後者は前者を必然的な内在的契機とすることなくしては存立しないこと、この点に御留意願いたいと思います。そして、いま、前者つまり、それについて語られている内容の側をオブジェクト・レベルと呼び、それについて語る次元をメタ・レベルと呼ぶことにし、これらのレベルを区別することによって先のパラドックスを回避する。これが現代論理学が自覚的に採る手続であります。

ヘーゲルの時代には、このような現代論理学流の省察は、哲学者・論理学者たちのあいだで、まだ自覚的にはおこなわれていなかった。にもかかわらずです、ヘーゲルはすでにこの議論の構造を巧みに踏まえております。そして、そのことによってはじめて、彼の弁証法的展開が裏打ちされていると申せます。

認識論的省察は、それ自身ひとつの認識でありますから、それの自己吟味を必要とする。他方、対象認識は、つねに、認識対象を入れ子型の契機として包摂している。認識論的自己吟味は、それゆえ、その都度のオブジェクト・レベルの検討を通じて、メタ・レベルの措定を批判的に検討していくという行きかたをとらなければならない。プラトンにおける弁証法、つまり、自然学や倫理学のロゴス（立言内容）の論究といわれるもの——これが歴史的プラトンの実情であるかどうかは別問題として——それはまさしく、このようなオブジェクト・レベルにおける客観的弁証法にモティヴィーレンされる内在的（主観的）弁証法の形で存立する筈でありまして、ヘーゲルにあっては内在化された対話＝ディアロゴスとしてそれが進展していくのであります。この論理によって、認識論的に吟味される対象的認識の内容とそれを吟味する側とは、階型的な重層的構造をもちつつ、しかも、一歩ずつ、レベルが引上げられていく、つまり、アウフ・ヘーベンされていくわけであります。

ヘーゲルにおける客観的弁証法と主観的弁証法とのこのような仕方での構造的統一は、しかし、オブジェクト・レベルとメタ・レベルとの重畳的な階型的構造そのこと自体によって保証されるものではなく、ヘーゲル一流の存在論的認識論的な世界了解を前提にしてはじめて成立しうるものであること、私どもはこのことを看過するわけには参りません。――以上ではとりあえず、ヘーゲルにおいて客観的弁証法と主観的弁証法とが統一される所以の構造、視角を変えて言いかえれば、ヘーゲル哲学における存在論と認識論と論理学との三位一体的統一が成り立ちうる所以の構造について立言してきたわけでありますが――今や、ヘーゲル弁証法の拠って立つ世界了解の構えをも射程に収めつつ、近代合理主義の前提的了解と弁証法のそれとの相違という論点の一端にもふれることにしたいと思います。この作業は、マルクス主義的弁証法に関する主題的な議論に対して、直接的な前梯ともなる筈であります。

三　先験的観念論の地平とヘーゲルの弁証法

ヘーゲルの弁証法が彼一流の絶対的観念論を基盤にしていることはあらためて申すまでもありませんが、彼の絶対的観念論は近代哲学の枠内においてではあれ、近代合理主義の地平を超えるための配備を期せずして準備するものになっていることが止目されます。

以下では、しばらく、この観点からヘーゲルの実質論理＝弁証法、そこにおける三位一体の意義を追認し、そのうえでヘーゲル弁証法の観念論的な限界性に目を向けることにしたいと思います。

〔一〕 形式論理の限界性ということは、或る意味では既にカントの自覚するところとなっており、彼としてはそれゆえに、実質論理学としての先験的論理学を構想したわけであります。ドイツ観念論の展開、その終局としてのヘーゲル哲学は、カントの提起した実質論理学の構築という課題を、ドイツ観念論一流の仕方で、一応の解決形態にもたらしたものであると申すことも、許されうる議論であります。

カントの先験的論理学は、実質性をもつとはいっても、それは物自体とは区別された現象に関わるものであり、より直接的な関わりに即していえば、認識のアプリオリな契機に関わるものであって、——それはなるほど常識的な意味での意識内容との関係に局限されるわけではありませんけれども——所詮は認識論的主観主義の枠を超えるものではありませんでした。彼は、人間の理性が経験的認識の領界を必然的に超出しようとすること、ここにおいてディアレクティークが必然になることを洞見しましたが、しかし、彼としては感性的経験の領界を超えようとする理性はパラロギスムスやアンチノミーに陥ること、ディアレクティークは仮象の論理学 Logik des Scheins でしかありえないと主張し、まさしく近代合理主義の地平でしか理論哲学を展開しえなかったのであります。

ここではドイツ観念論の展開過程に立入る余裕も、またその必要もありませんが、カントにおける物自体－現象－先験的主観という三項図式、なかんずく物自体の不可認識性のテーゼ（これは、近代合理主義的知性概念で以っては客観的実在そのものの認識が不可能であるということを意味します）を止揚すべく、知的直観、すなわち、物自体を直接的に認識する主観的能力が持込まれるようになったこと、そのことによって、三項図式を斥けて直接的な主観－客観関係、この二項図式が立てられるようになったこと、この一事は銘記すべきでありましょう。ヘーゲルは、知的直観の理説と相即するこの二項図式から出発します。その限りでは、彼はそもそも近代合理主義が前提するかの三項図式を初めから免れていたとも申せます。彼としては、しかし、知的直観の立場が、単なる真接知という仕方で把えうるとしたところのものを、その被媒介性においてとらえかえさねばならないという態度をとり、この被媒介性、媒介知ということの論理として、弁証法の問題を自覚的に提起するに至った――さしあたり、この脈絡だけは押さえておきたいと思います。

結果的・図式的に――哲学史的な媒介過程を捨象して――カントとの関係をつけて申せば、ヘーゲルは、現象と物自体とのカント的な区別を止揚し、主体と客体との直接的な関わりを保証しうる構図を立て、しかもまた、カント的な意味での感性と悟性との区別を止揚することによって、論理と実証との二元性の克服、ひいては、思考の法則と存在の法則との二極的分離の超克を可能ならしめる次元を拓いた、と申せるのでありまして、ヘーゲルにおいては、論理は形式的な思考規則ではなく、同時に存在の法則性でもあるごとき理法として現われることになります。すなわち、論理学と存在論との統一が、絶対的観念論を地盤として〝達成〟されたわけであります。

この論理学＝存在論は、インプリシットには既に先に述べておいたことでありますが、同時に認識論とも統一され、存在論・認識論・論理学の三位一体を形成します。存在論、これは狭義の存在論だけでなく、ディオゲネス・ラエルティオスの謂うプラトン哲学における自然学と倫理学（ヘーゲル式にいえば自然哲学と精神哲学）をも包摂する広義の存在論でありますけれども、この対象認識は直接知ではなく媒介知でありまして、上向的な体系知としてそれが成立するその場面で、認識論・論理学と一体化します。というのは、上向はオブジェクト・レベルからメタ・レベルへという省察によって進展するわけであって、オブジェクト・レベルの対象知が必然的に提示するアンチノミー、AはBであり且つ非Bであるという矛盾構造、この客観的弁証法によってAはBであるという定立もAは非Bであるという反定立も相対化される（当初の措定においてはAはあくまでBなのであって非Bではないとされていたのであり、Aは非Bであるという反定立も、当初においては絶対的な反定立として措定されたのであるが、今やアンチノミーの対自化によって、定立も反定立も、互いに他の相対的真理性を承認 anerkennen せざるをえない）、ここにおいて、Aは単にBであるのでも、単に非Bであるのでもなく、Bであり且つ非Bであるということの対自化と相即的に、当の措定のレベルそのものが反省される、すなわち、メタ・レベルの省察がおこなわれる、このことによってアンチノミーがよってもって成立する前提的了解そのものがオブジェクト・レベルに組み込まれて対象化され、次元が一歩高められる、——上向はこのような機制に負うものでありますから、それはまさしくヘーゲル的な意味での認識論的「自己吟味」であります。また、この上向のメタ・ホドス（メトーデ＝方法）が論理であり、一切の定立・反定立のアンチノミーに沈潜し、それを内在的に止揚していく上向知の体系、まさしく、メタ・ホドスな、つまり、道＝方法（ホドス）に従った（メタ）上向の総体的成果として成立するものがヘーゲル的存在論にほかなりません。けだし、ヘーゲル哲学においては、存在論と認識論と論理学とが三位一体的に相即する所以であります。

〔二〕　論理学・存在論・認識論の三位一体を可能ならしめるヘーゲル哲学の世界了解の構制、これはヘーゲルの場合、絶対的観念論という決定的な誤謬と不可分でありますけれども、私どもとしては、まずもって、それが近代合理主義の前提的な発想に対してもつ異質性に留目したいと思います。

ヘーゲルにおける論理学と存在論との統一が最も直截に顕われているのは『論理学』でありますが、彼の論理学は或る特有な意味でのカテゴリー体系論という性格をもっております。カテゴリー、つまり、最高類概念といえば、アリストテレスにあってはそれらがアト・ランダムに拾い集められたものにすぎなかったということで、カントがそれを批判し、カントとしては、判断表から系統的に導出するという仕方で、判断の論理的機能とカテゴリーとを結合したという先鞭がありますけれども、ヘーゲルによれば、カントにおいても依然としてカテゴリー体系は偶然的な仕方で配列されているにすぎないということで、彼としては真の体系化を志向したわけであります。

伝統的な形而上学＝存在論においては、カテゴリーというものは、存在そのものの類－種的な秩序における最高類に照応するものとして考えられていた。従って、そこでは、カテゴリー体系は存在そのものの体系的秩序に照応するものとして考えられていたと申せます。しかるに、カントの先験論理学においては、カテゴリーは存在そのものの在り方ではなく、悟性のアプリオリな思惟形式としてとらえかえされた。このかぎりで、カテゴリーは主観に属する論理的思惟形式、つまり、主観的なものとされるに至ったわけであります。尤も、カントのいうアプリオリな思惟形式というのは、経験的諸主観の悟性形式ではなく、先験的主観の悟性形式なのであり、経験的主観にとっては客観的実在の存在形式として意識されます。それは物自体にこそ射程が及ばないけれども、現象界に関していうかぎり、経験的対象を構成する形式であり、経験的意識にとっては、対象そのものの存在形式として現われる。簡単にいってしまえば、カントにおいては、カテゴリーは現象界における対象の存在形式、客観的形式ではあるが、それは元来、先験的主観が感性的質料をアプリオリな形式によって構成することに負うものであって、先験的観念性＝経験的実在性、この意味で、先験主観的な形式として考えられていたのであります。ヘーゲルにおけるカテゴリー体系＝論理学＝存在論は、カントにおけるこの先験的論理学の了解を批判的に継承することにおいて成立します。

ヘーゲルは、現象と物自体とのカント的な区別を止揚しますから、カテゴリーは客観そのものの存在形式として復権されます。しかし、それでは、カテゴリーは主観とは無関係に対象そのものがもっている形式であるのか？　そうではない。ヘーゲルが論理学を「天地創造に先立っての神の思惟」と呼んだ所以でもありますが、カテゴリーは絶対精神という先験的主観の思惟形式であるということができます。そしてこの絶対的イデーが疎外され、物化されるかぎりにおいて、それは客観的存在の存在形式として現前する、ということになります。

このような構図において、ヘーゲル哲学にあっては、純粋論理的形式たるカテゴリーの体系が同時に存在論的体系であることを〝保証〟されるわけでありますが、ここで留意したいのは、このことそれ自身ではなくして、そこにみられる近代合理主義的発想との或る異質性であります。

近代合理主義の前提的了解を直截に対自化したカント哲学の構図と対比して申しますと、ヘーゲルはカントの先験的主観を絶対的精神に高め、物自体の世界をも含めて、客観的実在はこの大きな主観による構成の所産であると主張し、そして、この対象構成的主観に関しては、感性と悟性との二元的能力ではなく、原型的知性の知的直観の能力を賦与した、ということができる。尤も、ヘーゲルにあってはカント的な先験的構成ではなく、イデーの疎外でありますから、只今の言い方はミスリーディングでありますけれども……論趣はお判りいただけると思います。

この際、申しておきたいのは、カントは先験的主観という認識論的な主観概念を立てたとはいえ、彼としてはあくまで人間という有限な主観（感性と知性という二元的能力をもちつつも、触発という一点を除けば物自体そのものとは直接的な関わりを截断された主観）に定位する。このことにおいてカントが近代合理主義の構図を墨守したのに対して、ヘーゲルは絶対精神という神的な主観に定位しており、或る意味では近代合理主義以前に復帰したようにみえるけれども、しかし、ヘーゲルの絶対精神というのは、近代哲学的な主観－客観図式、そこにおける主観としての人間を絶対的な主観にまで押上げたもの、そういう性格のものであるということであります。ヘーゲルは、主観を絶対的精神に押上げることによって、客観自体－意識内容－精神作用という三項図式を内部から突き崩した――つまり、人間的主観は意識内容の世界に関しては構成的・能動的に関わるが、客観自体に関してはたかだか感性的・受動的にしか関わりえないとする近代合理主義的な世界了解に対して、客観自体にまで射程の及ぶ主体的精神作用を顕揚し、そのことによって、ロギズムとエンピリシズムのバイメタルとなって現われる近代合理主義の構えを排却する構図を打ち出したということ、――マルクス主義的弁証法との関連を視野に収めるとき、これは是非とも銘記さるべき論点だと考えます。

〔三〕　ヘーゲルの絶対的観念論は、しかし、所詮は近代哲学流の主観－客観図式の極限的な一形態であり、あまつさえ、客観的世界を以って絶対的理念の自己疎外態、絶対的理念の他在態であるとするごとき、観念論的な顚倒に陥っていること、この点に致命的な難点があることは絮言するまでもありません。

ヘーゲルにあっては、存在論と論理学とが統一されているといっても、存在界を以って理念の自己疎外態なりと主張するとき、そこには「父なる神」の肉化による「子なるイエス・キリスト」の降誕という近代以前的な発想が根底におかれており、このような点に徴するとき、ヘーゲル哲学は近代以前的な契機に支えられているものと評されねばならない筈であります。

しかしながら、ヘーゲルの絶対的観念論がイデオローギッシュに投影しているプロブレマティークそのもの、私どもはこれを積極的に検討する必要があると考えます。現に、もし、ヘーゲルの絶対精神が単純に近代以前的な神的存在であったとすれば、この神的精神の思惟活動は認識論的「自己吟味」など施される必要はなかったでありましょうし、また、ヘーゲルが『精神現象学』の一書を当て、感性的確知という最も低次の認識（これは明らかに人間の認識であり、しかも、人間的認識のうちでも最も低次の直接知であります）から始めて、有限的意識を絶対知の高みにまで合一させておく必要などもなかった筈であります。ヘーゲルが絶対的観念論という顚倒したイデオロギーにおいて半無意識的に把えていた事態、これを積極的に対自化することこそが、ヘーゲル哲学とその弁証法を、それこそ弁証法的に止揚する所以になると申すのは、決して単なる一般論としてではありません。

それでは、ヘーゲル哲学において、絶対精神というかたちでイデオローギッシュに投影されているところの原事象は何であるのか？　すなわち、依って以って、存在論と認識論と論理学の統一を可能ならしめつつも、総じて彼の哲学を絶対的観念論たらしめている当のもの、ならびにまた、そこに投影されている原型的構造は何であるのか？

臆言を惧れずにいえば、意識の共同主観性、そして、人間的世界の共同主観的存在構造がそこにはイデオローギッシュに投影されているということ、私としては、まずは、この点を揚言しておきたいのであります。一たんカントの先験的主観に溯って申しますと、これがそもそも共同主観的である限りでの意識に照応するものであること、但し、カントとしては共同主観性というものが歴史的・社会的に現実的なフェアケールを通じて形成されるものであることを看過し、諸個人の意識がアプリオリに同型的であるという近代的な了解をそのまま概念化してしまっているということ、要言すれば、アポステリオリに形成される共同主観性をアプリオリな同型性であると誤想していること、この点は比較的容易に認められると思います。カントが現象界の構成形式であるとみなしたもの、そして、客観妥当性とはすなわち意識一般に対する普遍妥当性と同値であるとみなしたもの、それはまさしく共同主観的な意味形象にほかならなかったわけであります。しかるに、カントは、この間の事情を対自化できなかったため、先験的形式を二つの直観形式と十二の悟性形式に局限してしまいましたし、かの近代哲学的三項図式を踏襲して、物自体なる不可知な客観を想定する仕儀に陥っておりました。ヘーゲルは、先験的形式が決してカントの挙げた少数のものにとどまらず概念としての概念はすべて対象構成的であること、また、物自体は仮想のウンディングであることを対自化し、さらにはまた、意識はアプリオリに同型的なのではなく、先験的な意識性にまで自己形成をとげるものであること、しかもこの自己形成過程はカテゴリー体系の形成過程とも相即的であること、このことを半ば対自化しましたが、彼としては、しかし、この共同主観的な形成体、いな共同主観的に形成された〝先験的〟な意識主体を、絶対精神というかたちで実体化してしまい、これを以って世界存在の実体＝主体、主体＝実体としてしまった――このような錯誤によって、ヘーゲルの絶対精神、ならびに、それを実体＝主体とする絶対的観念論の体系が構築されたと目されます。

ここではいずれにしても詳しい分析に立入る余裕がありませんけれども、ヘーゲルが青年時代から抱いていた「人倫」Sittlichkeit の思想、民族精神 Volksgeist の概念、これらが後年の「絶対精神」の原型になったという事情などを想起していただければ、只今の立言があながちに妄言ではないことをお判りいただけると思います。

ともあれ、ヘーゲル左派の展開過程という点に留目するとき、彼らがヘーゲルの「絶対精神」を「人類性」、人類的「自己意識」、「類的存在」という仕方で、当初は実体＝主体としつつも、人間の共同的 gemeinschaftlich な在り方の疎外的顚倒としてとらえかえしていったこと、これは御承知の通りでありまして、ヘーゲルの「絶対精神」とは実は人間の類的な意識のイデオローギッシュな投影であるという把握は、決して私が勝手に申していることではなく、ヘーゲル左派、従ってまた、初期マルクスの Auffassung であったということ、少くともここまでは確言できます。

以上の文脈で強弁を憚らずに申しますとき、思想形成期のマルクスがヘーゲル哲学に対質した際、ヘーゲル哲学における「ジーグフリードの頸点」をなす決定的なポイントとして把えたところのものは、まさしく、人間の共同主観的（intersubjektiv＝相互主体的＝共同主体的）な類的存在性が、ヘーゲルにおいては「絶対精神」という疎外態において主体＝実体とされているということ、この顚倒の批判に存したのでありまして、この顚倒を唯物論的に転倒することにおいてマルクス主義の弁証法が成立したのであります。

四　マルクス主義的弁証法の理路とその地平

今や、マルクス主義的弁証法そのものを直接的な論材とすべき段取りであります。ここでは、謂うところの三位一体の問題がマルクス・エンゲルスの弁証法においてはどうなっているか、それを支える了解の構えが近代合理主義の地平をいかに超えるものになっているか、これをヘーゲル弁証法について以上のべてきた論点と関連づけながら論じてみたいと思います。

〔一〕　まず三位一体の問題でありますが、レーニンが弁証法においては存在論と認識論と論理学とは別ものではないこと、三者の統一性ということを銘記しているのは御承知の通りであります。ところが、マルクス・エンゲルスがそのようなことを明示的に述べているかといえば、述べてはいない。それどころか、エンゲルスの或る発言などは、一見すると、三位一体性の否定を前提しているかのようにも受けとれる。そこで或る論者などは、レーニンの『哲学ノート』における三位一体性に関する発言はヘーゲルにひきずられた勇み足ではないか、と言い出す始末であります。たしかに『唯物論と経験批判論』での模写説の立場からすれば、存在論と認識論の統一ということはとうてい無理であることを否めません。が、近年の研究者たちは晩年のレーニンは『唯物論と経験批判論』の時代の主張から哲学的に脱皮したということを強調しております。レーニンが三位一体を主張したのは、この脱皮と相即するものかもしれません。ここではしかし、レーニンは措くことにしましょう。

エンゲルスは『自然弁証法』のなかで、「いわゆる客観的弁証法は自然全体を支配している。そして、いわゆる主観的弁証法、弁証法的思考は、自然のいたるところにみられる諸対立における運動の反映である」と書いており、『反デューリング論』では「近代唯物論は本質的に弁証法的であって、もはや諸科学のうえに立つ哲学を必要としない。それぞれの個別科学に対して、事物および事物に関する知識の全体的聯関のなかで、各自が占める地位を確然と理解するようにという要求が提出されるやいなや、全体的聯関を取扱う特別な学問は一切不要になる。そのときには、これまでの哲学のなかでなお独立に存続するのは、思考とその諸法則に関する学問――形式論理学と弁証法である。その他のものは、すべて、自然と歴史に関する実証的な学問に解消してしまう」と書いております。

こういう発言からみますと、エンゲルスは客観的弁証法といわゆる主観的弁証法とを模写説的なパラレリズムにおいているかのようにみえます。そして、客観的弁証法、ないしはそれに即した対象認識の体系は、旧来の個別科学がそれこそバラバラな分科の学であるかぎりで、個別科学とは区別された哲学の形を従来はとってきたにせよ、将来的には、実証的諸科学自身がそのような体系知として存立するようになるものと予料し、哲学としての哲学は、「思考とその諸法則に関する学」、内容的には「形式論理学と弁証法」だけが存続する、という具合に考えているようにみうけられます。ここでは、ヘーゲル的な意味での広義の存在論と論理学とが分断されうるもの、別々のものであるという前提的な了解が介在しているかのようにみえます。

しかるに、同じエンゲルスが、同じ『反デューリング論』の旧序文のなかでは、「どの時代の理論的思考も、従ってまた、われわれの時代のそれも、一つの歴史的所産であって、そうした歴史的所産は時代がことなるにつれてさまざまな形式をとり、また、きわめてさまざまな内容をもつものである。だから、思考に関する科学は、他のすべての科学と同様に、一つの歴史的な科学であり、人間の思考の歴史的発展に関する科学だということになる」と書いております。「旧序文」の全体的評価は別としまして、少くとも只今みた条りはまさしくマルクス・エンゲルスの持論でありますから、この思想はエンゲルス本人によって否定されたとは考えられません。とすれば、この文章は、先に引いた文章と矛盾撞着しないでしょうか？

この文章の考えかたからいえば、「思考とその諸法則に関する学」もまた「一つの歴史的な科学」である以上、それ自身ひとつの「実証的科学」に「解消する」筈であります。

尤も、先の文章を読み直してみるとき、次のようにも解釈でき、そのときには必ずしも矛盾しないとも考えられます。旧来は、バラバラな自然諸科学が分立し、また、歴史諸科学がバラバラに分立しており、科学そのものは、「事物とその知識に関する全体的聯関」を体系化しえていなかった。そこで、この全体的聯関を体系知のかたちにもたらそうとして哲学、すなわち、「自然哲学」と「精神哲学」（つまり広義の「歴史哲学」）が存在した。しかし、将来、諸科学そのものが「事物とその知識に関する知識の全体的聯関のなかで各自が占める地位を確然とさせる」ようになれば、諸科学の総体的知識に体系性を与えるべく「諸科学の上に立つ哲学」は不必要になる。そこには、統一的な自然科学と、統一的な歴史科学が体系知の二大部門として存立することになる。そうなっても、しかし「思考とその諸法則に関する学」は、そういう対象知の体系、自然科学としての自然科学にも、歴史科学としての歴史科学にも、そのまま還元されうるわけではない。そのかぎりで、自然科学および歴史科学と並んで、「思考とその諸法則に関する」第三の部門が存立することになる、云々。

このように理解すれば、「思考とその諸法則に関する学」は、それ自身、一種の歴史的な科学であるにせよ、自然科学という大部門とはもとより、歴史科学としての歴史科学という対象知の部門からも相対的に独立な一部門をなすことになり、先にみた二つの文章は矛盾しないわけであります。

その際、しかも、旧来の哲学、とりわけヘーゲル哲学という体系知に即していえば、次のような脈絡になります。旧来の哲学は、論理学と自然哲学と精神哲学――プラトンでいえば、弁証法と自然学と倫理学――という三大部門に分かれていた。古代や中世においては、諸科学としての諸科学は存在せず、人間の体系知はこれら三部門で総括されてきた。しかるに、近代になると諸科学が生まれ、哲学の三部門のほかに、哲学とは別に、対象知の諸分科が存在することになった。しかも、自然諸科学の対象と自然哲学の対象、歴史諸科学の対象と精神哲学の対象とは別物ではない。近代における科学と哲学との二重化は、しかるべき歴史的な事情から生じたものであるけれども、学問の内在的論理からいえばむしろ変則的なのであって、科学と哲学との二重化が永続するわけではない。近代科学の現状と将来性に鑑みていえば、自然諸科学の「上に立つ自然哲学」、歴史諸科学の「上に立つ精神哲学」が固有の存在性をもつかのように思えるのは、諸科学がまだバラバラな小宇宙をつくっており、統一的なコスモスをそれ自身の内的体系性において確立していないかぎりにおいてである。それゆえ、諸科学が弁証法的な体系性を確立するに至れば、「上に立つ哲学」は存在根拠を失い、科学と哲学との二重性は止揚される。自然諸科学と自然哲学、歴史諸科学と精神哲学との二重性が止揚されたとき、そこに成立するものを「統一的自然科学」「統一的歴史科学」と呼ぶか、「自然哲学」「精神哲学」という名で呼ぶか、このことそれ自体はむしろ単なる名称の問題たるにすぎない。但しそのものの内容が、これまで、「自然哲学」「精神哲学」として存在したものよりも、諸科学として存在したものにより近しいというかぎりで、科学と呼ぶ方がよりふさわしいではあろうが……。という次第で、哲学の歴史にひきつけていえば、エンゲルスの議論は、論理学、自然哲学、精神哲学、という三大部門に分ける図式を踏襲しているわけであります。

ここにおいて、しかも、将来における統一的自然科学、統一的歴史科学の体系性のロゴス――対象知はそれこそ「客観的弁証法」「客観的な矛盾」構造を対自的に認識するものであり、それは臆断の集成ではなくして「自己吟味」をメトーディッシュに経て体系化されるものの筈でありますから――それはまさしく弁証法を措いてはありえない。エンゲルスの謂う将来的な統一科学は、ヘーゲルの存在論が志向した（必ずしも実現したといわないけれども、ともあれ志向した）認識論・論理学との三位一体を排却するものではないし、また、ヘーゲルが「論理学」という部門を、自然哲学や精神哲学から相対的に独自化したことにしかるべき正当性があるかぎりで、エンゲルスとしても、「思考とその諸法則の学」を統一的自然科学の両部門から相対的に自立化させたのだと了解されます。

エンゲルスが、「弁証法とは、自然、人間社会、および思考の一般的な運動・発展の法則に関する学」「外的世界と人間の思考との一般的な運動法則に関する学」、「弁証法はあらゆる運動の最も一般的な諸法則に関する学」という言い方をしております際、ここに謂うところの弁証法は、「思考とその諸法則に関する学」よりも外延が大きく、それは明らかに、統一的自然科学および統一的歴史科学の領野をも貫徹するものの筈でありまして、彼が弁証法というものを単なる論理としてではなく、存在論的な次元を射程において考えていたことは確定的であります。

論理学と存在論との統一性、エンゲルスがヘーゲルにおけるこの意想を批判的に継承しようとしていたこと——批判点については後にふれますが——これは看取できますけれども、彼が認識論をも含めての三位一体性を考えていたことを示す条りは、決定的な引証に困難であることを否めません。私としては、『反デューリング論』からの或る除稿、同書第二版への序文や『自然弁証法』などから、一応の引証が可能だと考えますが、これはいずれにせよ断片的な引用で以っては決定的な論証力をもたないと思われますので、搦手から議論することにして、ここではとりあえず、エンゲルスはやはりヘーゲル的な意味での三位一体性を考えていたのだということを結論先取的に臆断しておきます。

この点マルクスはどうであったか？　存在論、認識論、論理学ということで、伝統的な形而上学的存在論、ロック・カント的な認識論、スコラ的ないし形式的論理学しか表象しない人びとを別とすれば、——そして、私どもが先ほどから語ってきたヘーゲルにおける三位一体的な存在論・認識論・論理学ということを斟酌していただけるかぎり——、かの余りにも有名な『経済学批判序説』における上向法を論じた条りを御想起ねがうだけで、もはや架言する必要はないでありましょう。

そこで、今や議論を一歩すすめることにして、マルクス主義的弁証法における三位一体性は一体いかにして可能になっているか？　ヘーゲル流の絶対的観念論を斥けつつ、しかも三位一体性を保証しうるとすれば、それはいかなる存在論的・認識論的な基底構造によってであるのか？　この問題について、以上の議論で確保してきた論点を手掛りにしながら、可及的に論考してみたいと思います。

〔二〕　マルクス・エンゲルスの弁証法における存在論と認識論と論理学との三位一体性を可能ならしめる所以の構造を問題にすることは、近代合理主義の拠って立つ地平をマルクス主義がいかに超克しているか、これの論考と直接的に相即します。

マルクス主義は、もとより、語の常識的な意味においては、客観そのものとそれについての観念とを区別しますし、ことさらに認識論的な場面でなく、常識的に語る場面では、客観そのものとそれの観念的模像といった常識的な思念に即した表現もとります。しかし、原理的な場面でいえば、ヘーゲルを踏んでカント的な「物自体」を斥けるのと相即的に、「観念」なるものがいわゆる意識内容として実在するという想定をも斥けることになります。このことにおいて、マルクス主義はかの近代哲学の三項図式そのものを斥け、これと相即的に、感性と悟性との近代哲学流の二元化を斥けます。

この間の事情については、多少とも説明を要するかもしれません。物的実在－意識内容－心的作用という三項図式の原型は、図式だけを形式化してしまえば、古代哲学の或る発想にまで溯ることができます。それはエイドラ説であります。近代哲学の三項図式は、これとは全く別様の存在論的了解に立脚しているのでありますけれども、議論の順序として、一たんふれておきます。物体からは絶えず薄皮のようにエイドラが剝がれて、それが空中をさまよっている、それが人間の体内に入ることによって物体の知覚が生ずる、知覚だけでなく一般に心像が生ずるのだという考えかたがそれであります。この説では、物体から放射される薄皮ともいうべきエイドラ（物体と同型・同色、但し非常に薄い）はそれ自身、物体であって、精神的な存在ではありませんが、知覚が生じている場面では認識主体たる人間のうちに入り込んでおり、そのようなものとしての「内なる模像」として考えられていた。ヨーロッパ中世における「形相《フォルマ》」（質料 materia との区別における forma）の認識についても、或る場面では同趣の考えかたもあったことが認められます。ところが、近代になって、物体と精神とが二元的に分離されるようになりますと、こういう考えかたは採れなくなる。精神の「内なる観念」はあくまで心的なものであって、外からそのまま入り込んでくるものではない、とされざるをえません。しかも、夢や記憶などという経験的事実、或いはまた連想というような内省的事実を説明するためにも、心のうちに在る観念――何らかの機縁で形成され、心のうちに蓄積され、備っている観念――というものが想定されるようになります。こうして、かつてのエイドラとは違うが、しかし「観念」「心像」というものが心の内に存在する、という具合に考えられる。

哲学的な省察が進んでくると、観念というものが心の内に備っている、というような発想は、文字通りの形では採られなくなりますけれども、この発想の図式そのものは維持されて、認識というものを説明するさいには、宛かもそういう仕組みになっているかのように論考されます。そのかぎり、そしてかの物心の二元的分離が大前提にあるかぎり、心の外なる事物と心の内なる観念とは截断されて、原像と模像という二つのものであるかのような取扱いをうけ、心の精神的作用は直接的には「観念」としか関わりをもつことができない、従って、外なる事物を知るといっても、それは心の内なる観念というかたちでそれが与えられうるかぎりにおいてである、ということになり、事物自体、「物自体」そのものは認識できないということになってしまいます。だがしかし、この種の議論をする人びとが好んで用いる比喩を逆手にとって申せば、カメラの乾板の個所に被写体の像が在るわけではない。なるほど、乾板をその個所におくと被写体の形で感光するかもしれないが、そこに「像」が在るのではなく、光線の束が入射しているだけであって、そこには〝発光体〟とカメラとの或る関わり Verhalten があるということ、事態はこれにつきるわけであります。もとより、カメラの乾板に達する光束は、レンズによる屈折を受けているでありましょうし、フィルターの影響をも受けているでありましょうが、しかしまさにそのようなものとして、〝発光体〟（反射体というべきところをこういっておきます）とカメラとの現実的な関わり方が現存するのであって、このことは決してカメラが〝発光体〟との直接的な〝志向関係〟にないということを意味するわけではありません。カントの「物自体」という概念は、もしわれわれと別種の認識主体がそれと志向的に関わる場合には、それがわれわれにとっての場合とは別様に意識されるであろう、ということを言うための限界概念としてならばあながち無意味ではありませんが、「物自体」「われわれの内なる表象」「意識作用」という三項図式を想定し、「物自体」と「現象体」とを二世界説的に分離するものとして立てられる限りでは、そういうものとしての「物自体」も、そういうものとしての「内なる表象」も、そもそも存在しないのだと申さざるをえません。ヘーゲルがカントの「物自体」と「現象体」との区別を批判しているのは、――ヘーゲルとしては幾つかの角度から批判しておりますが――最も根底的な場面に即していえば、まさしく只今申した点に懸っていると思います。そして、ヘーゲルの「物自体」批判を、マルクス・エンゲルスは継承しているのでありまして、彼らの「物自体」批判の意想は、まさしくそのことにおいて、ヤコービなどのそれとは異り、外的実在と意識内容とへの二世界論的二元化の図式、三項図式そのものに対する批判的超克になっていると私は理解します。

感性と知性との二元的区分に関してはどうであるか？　これまた、常識的な意味においてならば、マルクス・エンゲルスも両者の区別を立てるに吝かではない筈であります。しかし、原理的な次元では話が別になります。旧来の了解においては、かの三項図式的な発想のもとに、感性は受容性の能力、知性は自発性の能力とされております。つまり、感性は物自体によって触発され、受動的に観念をつくる能力、知性は心の自発的な作用、いうなれば自己触発によって観念をつくる能力とされております。そして、近代合理主義の logism と empiricism とのバイメタルが形成されるのは、或いはまた、カント的な経験的認識の理論が成立するのは、まさしくそのような了解のもとにおいてであります。フォイエルバッハがヘーゲルを批判するに際しても、彼としては明らかにこのような近代合理主義的な図式のもとで、感性と知性とを考えていた。これに対して、マルクスは、かの『フォイエルバッハに関するテーゼ』にみられるように、感性を単にそういう受動性の能力として了解する考えかたを否定します。そしてそのかぎりでは、むしろ観念論――ドイツ観念論――における対象定立的な能動性の方を高く評価する。つまり、対象的実在そのものと直接的に能動的に関わる「対象的活動」としての主体性という概念を批判的に継承するわけでありまして（ここにも物自体－感性的意識内容・知性的意識内容－能知、という図式に対する批判的見地が打出されているわけですが）、要するに、近代哲学流に理解され、近代合理主義の基礎になっているような感性と知性との二元的区別をマルクスは批判的に斥けているのであります。

更に申せば、マルクス・エンゲルスは、近代合理主義が前提するごとき意識（主観）の本源的な人称性と超歴史的な同型性という想定をも批判的に超克しております。この点については、三位一体性の構造に即して申し述べることにして、とりあえず以上申してきた範囲だけでみても、マルクス・エンゲルスが、ヘーゲルのカント批判を好便な媒介として踏襲しつつ、近代合理主義が拠って以って立つ所以の前提的了解の地平を超えているということ、少くとも、近代合理主義のそれとは異質の世界了解の構えに立っているということ、このことまではさしあたり確認しておけると思います。

マルクス・エンゲルスの弁証法が拠って立つ地平についてポジティヴに述べ、彼らがヘーゲルの絶対的観念論を唯物論的に転倒しつつ三位一体性をあらためて保証している論理構造について論点を集約していくこと、これが今や直接的な案件となります。

〔三〕　マルクス・エンゲルスは、三項図式を前提しないが故に、――この限りではヘーゲルの『精神現象学』にも相通ずることになりますが――フェノメナリスティックな場面から論考していくことになります。尤も、これまたヘーゲルにおける体系としての体系がそうでありますように、学的な上向的展開はフェノメノロギーの形をとるわけではありませんが、ここではヘーゲルの絶対的観念論との区別点をみるためにも、まずは卑近な場面から問題を立てておきます。

『資本論』の冒頭あたりを思い出していただくと話が進めやすいのですが、そして「歴史化された自然」「自然化された歴史」といった発想を伏線として念頭においていただくと一層好便なのでありますけれども、「商品」が使用価値として、また価値として現われる場合、謂うところの「使用価値」や「価値」という規定性は、商品体 Warenkörper が単なる物在としてもっている性質ではないし、況んや、それの物的な実質性でもありません。それでは、単なる〃主観的な規定性〃であるかといえば、決してそうではなく、対象的規定性であり、商品が使用価値であり且つ価値であるということは、「客観的弁証法」「客観的矛盾」構造であります。ただしかし、この客観的矛盾構造は、人間の実践、社会経済的活動に媒介されてはじめて存立するものであるというにとどまらず、存在論的・認識論的な被媒介性において存立するものであって、被措定的に現前する対象的矛盾構造をメタ・ホドスに吟味していくことを通じて、経済学的対象世界の上向法的体系知が成立することになります。

マルクス主義における存在論と認識論との統一という場合、そして、謂うところの存在はさしあたりフェノメナルな与件であると申します際、そもそも学的認識というものは、フェノメナルな所与、この即自的には直接的に現前するところのものを、それの被媒介性において把え返すことに存するという了解、これが根底にあることを先ずは銘記しておきたいと思います。

フェノメナルな与件の被媒介性と一口に申しますけれども、例えばこの机ひとつとってみましても、この色や肌ざわりは、私の感覚器官によって、さらにまた、私の中枢神経系の機能によって媒介されている。それはまた、上についている電灯の光線によって媒介されており、この空間を充たしている空気やチリなどによっても媒介されております。この机は、また、単なる物体としてではなく、演壇という機能に即してとらえるとき、ここで話をする人間、そちらの座席で聞いている人びと、こういった機能的な聯関においてはじめて机なのでありますし、この机を商品としてとらえかえすときには、そこでもまた極めて複雑な聯関によって媒介されていることが対自化されます。

与件の被媒介性は究めつくそうとすればそれこそ無際限であり、原理的にいえば、一つの与件を究めるためには、結局のところ、世界総体の聯関性を究めつくす必要が生ずるわけであります。ここにおいて、ヴィッセンシャフト、つまり、方法論的に整序された体系知が要求されます。やみくもに被媒介性を検討していったのでは埒があかない。しかも、客観的矛盾構造のゆえに、対象的事態がことごとくアンチノミーを呈し、従って、一つ一つの措定に関して自己吟味を要するとあっては、よほどしっかりしたメタ・ホドスが必要とされる。けだし、方法論的に秩序づけられた対象認識とその自己吟味の体系化が要請される所以であります。

ここでは存在論的・認識論的な討究に立入ることは割愛いたしますが、フェノメナルに現前する世界とその被媒介性を如実に究明していくとき、マルクスが『資本論』においてまずは「商品世界」に即して解明してみせたごとき「物神性」、間主体的・共同主観的な意味形象の物象化的現前、これが構造的な一契機として汎通的に存立しておりますから、存在と認識ということを悟性的に截断してしまうわけにはいかない。オブジェクト・レベルの対象的与件をメタ・レベルにおいて省察してみれば、与件はその都度すでに、共同主観的な認識形象の物象化的現前によって媒介されたものとして存立していることが対自化されます。

物象化された相で現前する意味形象の即自化、そのことにおいて具現する対象の定在と相在に関する具象的な体系、それが存在論的契機であり、この物象化的現前の即自対自的な省察、それが認識論的契機であり、この存在論的・認識論的省察の体系知的上向のメタ・ホドスが論理学的契機であるわけでありまして、存在論・認識論・論理学の三位一体性の鍵鑰はまさしく、共同主観的意味形象の物象化的現前の即自対自的な把捉に存するのであります。

この事態を、ヘーゲルは、かの疎外論の論理でとらえようとしましたが、そして、そこにおいて、ヘーゲルの弁証法はいわゆる主体‐客体の弁証法という構造をもつことになりましたが、『神聖家族』以降のマルクスはまさしくこの発想を斥け、やがては、ヘーゲル学派的な「思弁的構成の秘密」をインターズプエクティーフな反照関係の被媒介性を軸に積極的に把え返すことによって、ヘーゲル学派の弁証法を支えていた疎外論の論理を物象化論の論理によってアウフヘーベンいたします。

ヘーゲルの弁証法の観念論的顚倒を足で立たせるということ、それは只いま申した文脈において、疎外論の論理から物象化論の論理への世界了解の構えの転換を内実とするものであると申せます。

マルクス・エンゲルスの弁証法におきましては、あまつさえ、『ドイツ・イデオロギー』や『経済学批判要綱』にみられる言語観、言語と意識との関係についての洞見によって拓かれたところの、意識の本源的な社会性とインターズプエクティヴィテート、意識とその現実態たる言語との本源的な融即性が明識されており、これに定位することによって、近代合理主義が前提する近代主義的な人称的主観概念の埒が踰越されておりますし、ひいては、また、ヘーゲルにあっては即自的にとどまっていた判断ないし命題措定の物象化ということを明確に説く方向性が確立されております。因みに、論理ということがすぐれて問題になるのはいかなる次元においてであるか、これを問うてみれば明らかになりますように、論理が論理として問題になるのは、単なる観念の次元ではなく、判断や推論の次元であり、対象化していえば、命題や事態 Sachverhalt の次元においてであります。マルクス・エンゲルスは、命題論的・判断論的な次元においても、インターズプエクティヴィテートをとらえることによって、論理学と存在論と認識論との統一ということを真に保証しうる地平を先駆的に拓いていること、私どもはこのことを揚言できると思います。

マルクス主義的弁証法が近代合理主義の地平を超える所以のものは、この三位一体性ということそれ自体ではなく、それを可能ならしめる地平、命題論的な次元にまで射程の及ぶ物象化とその共同主観的な被媒介構造を対自的にとらえる地平、この地平を拓いたところに存すると申すべきでありましょう。近代合理主義の精神的構え、そこにおける logism と empiricism とのバイメタルにおいては命題論的意味と対象的事態、少くともこの次元に関しては二世界論的な構図を脱することができず、数数のアポリアに陥っておりますが、マルクス主義的弁証法は――けだしそれが単なる論理でも、単なる法則性でもなく、繰り返し強調しましたように、三位一体的な体系知である所以でもありますけれども――まさしく間《かん》主体的な、対自然的・間《かん》人間的な意味形象の物象化的現前の構造を即自対自的に把え返すことによって、近代合理主義の地平を劃する世界了解の構図の超克を開示しているということ、私がベトーネンしたいのはこのことであります。

私は、以上、マルクス主義的弁証法とは何か、それが近代合理主義の地平を超える所以のものについて、論理学・存在論・認識論の三位一体性ということ、単なる主観的弁証法でも単なる客観的弁証法でもないところのヘーゲル弁証法のそれとも相通ずる論理構制上の構造的特質、およびマルクス・エンゲルスの場合それを可能ならしめる世界了解の構え、という角度から卑見の一端を申し述べて参りましたが、これはマルクス主義的弁証法の一つの射影たるに止まり、他の視角から併せて光を投ずべきことは架言するまでもありません。本日の議論の範囲だけで申しても、それは、差当り、少くとも次の諸点を射程に収めて具体化する必要があります。

まず、狭義の論理学的な問題次元で申せば、形式論理学の基本的諸定律、同一律、矛盾律、排中律の位置づけと性格規定、概念の内包や外延の規定しかえし、判断の質・量・様相や本質規定、三段論法の格や式の処理、など、存在論的な場面に関していえば、世界の定在と相在についての基底的な了解の構制を、いわゆる弁証法の三法則、量より質への転化、対立物の相互浸透、否定の否定、をも勘案しつつ明確化すること、認識論的な場面に即していえば、近代認識論の二つの基本的タイプ、すなわち模写説と構成説とをいかなる仕方においてマルクス主義的弁証法はアウフヘーベンするのか――少くともこれらの諸問題には für es と für uns という構制とも絡めて正面から答える必要があり、マルクス主義的弁証法とは何か、という問題に関する十全な回答は、これらの問題群に対する解答を俟たねばなりません。

本日は、しかし、もはやこれらの問題に立入るだけの時間的余裕もありませんし、現在の私には既発表の幾つかの論稿で書いた以上のことを申し述べるだけの準備もありませんので、別の機会を期したいと思います。尚、共同主観的意味形象の物象化的現前とその構造という枢軸的な論点について、本日の話では単なる確言 Versicherung に終っております点は、世界の共同主観的存立構造を論考した三つの暫定稿(『世界の共同主観的存在構造』第I部、勁草書房刊)によって補っていただければ倖いであります。

第二章　上向法の存在論＝認識論的地平

本章は、『思想』一九七一年四月号所載「『上向法』の方法論的地平——マルクス主義的弁証法の基底」に字句上の修訂を施して再録したものである。

ヘーゲルの弁証法は難解にして晦渋であるとはいえ、〝仕掛け〟そのものは比較的容易に理解することができる。これに対してマルクス・エンゲルスの弁証法の場合、いわゆる「唯物論的転倒」の故に、もはやヘーゲル弁証法の仕組みをそのまま踏襲することは不可能になっており、一体いかにして弁証法的な論理展開が存在論的・認識論的に、ひいては方法論的に権利づけ rechtfertigen されうるのか、このことからして問題であり、或る意味ではヘーゲルの場合以上に「難解」であると云えよう。

筆者ごときにこの難題が解けよう筈もないが、旧稿「弁証法の唯物論的転倒は如何にして可能であったか」（『マルクス主義の成立過程』至誠堂刊、所収）において、マルクスにおける弁証法の確立の展相をシェマーティッシュに辿り、ヘーゲル弁証法とマルクス弁証法との構造的特質にもその埒内で関説を試み、「近代合理主義の歴史的相対化への Präludien」（『現代数学』第三巻、第七号、本書付論一）においては、近代合理主義の地平を超克するものとしての弁証法の位相を宣揚した経緯がある。これらの旧稿では、しかし、世界の存在様態に関する弁証法的了解の構えについて論考することはおろか、マルクス的弁証法の方法論的特質を論定することすら、他日に譲らざるをえなかった。筆者としては、蓋し、懸案の解消を期したい所以である。

本稿は、本来的には旧稿に対して先件をなす筈のこの案件に応えようと図るものである。が、問題の広袤が余りにも大きい。それ故、論題の大枠をいわゆる「上向法」とその周辺に限定しつつ、しかも、ここではまだ『資本論』の方法論的手続を踏査する前梯として、もっぱら方法論的基底に焦点を合わせることにしたい。

この限られた圏域での議論によっても、慧眼な読者には、筆者の看ずるマルクス主義的弁証法の輪郭――〝ロシア・マルクス主義〟流の弁証法理解との位相差――だけでなく、例えば「宇野理論」の経済学方法論に対して筆者の志向する論判 Auseinandersetzung の方向性などについても、大凡を瞰取して頂けるものと念う。

一　上向法の方法論的問題性の鍵鑰

マルクス経済学の弁証法的方法を我が邦では「上向法」と呼び慣わしている。これは福本和夫氏の命名といわれ、マルクス・エンゲルス自身は必ずしもそのような云い方をしているわけではない。が、それはマルクス・エンゲルスの方法を剴切に表わしている――少くとも『経済学批判』序説でマルクスの措定した方法に恰好な徴標を与えるものとなっている。それゆえ、われわれもこの語法を襲用しつつ、本節ではまずその問題論的構制 Problematik を一瞥し、端初《アルケー》の存在性格をめぐる難問に予備的な考察を試みておきたい。

〔一〕　マルクスが彼の「経済学の方法」について論じた『経済学批判』序説の「第三節」は余りにも有名であり、あらためて引用するまでもないと思われるが、行論の便宜上、その一端を援用するところから始めよう。

「十七世紀の経済学者たちは、生きた全体、すなわち、人口・国民・国家、等々から始め、分析によって、抽象的一般的な関係、例えば分業・貨幣・価値、等を見つけ出す」という途をとった。このような行き方は、しかし、学としての経済学にとって「正しい方法ではない」。「具体的なものは、それが現実の出発点であり、従ってまた、直観や表象の出発点であり、われわれの認識、研究にとって、それが〝より先のもの〟である」ことは確かである。だが、「実在的で具体的なもの」、例えば「人口は、それを構成する諸階級を無視しては、一つの抽象である。この諸階級というものは、これはこれでまた、その基礎をなしている諸要素、例えば賃労働、資本等々を知らずしては空語であり」、これら賃労働、資本等々は、その「前提」をなす「交換・分業・価格、等々」の規定を識らずしては「空無」である。――そもそも「具体的なものが具体的であるのは、多くの規定の総括だからであり、従って、多様なものの統一だからである」。

学としては、それゆえ、「抽象的一般者」から出立して、諸規定の総括たる具体的なものを「わがものとし、それを一つの精神的に具体的なもの ein geistig Konkretes として再生産」しなければならない。すなわち、抽象的なものから具体的なものへと上向する aufzusteigen 方法」を採らなければならない。云々。

「上向法」の基本的構図は、この「抽象的なものから具体的なものへ」という Verfahren に帰趨する。とすれば、「上向法」などと仰々しく言い立てたところで——プラトンの上昇《エクバシス》、下降《カタバシス》やユークリッド幾何学の方法は措くにしても——、ベーコンやデカルトの方法論に象徴される典型的な近代=ブルジョア・イデオロギーの方法論とも共通ではないのか？　現に、ベーコンは「単純本性の形相から事物を導出する」準則を立てており（『ノヴム・オルガヌム』第二巻、五）、デカルトに至っては「複雑な命題を段々とより単純な命題に還元していき、そのうえで、最も単純な命題の直観から……同じ諸階梯を通って登上していくことを試みるとき、正しく方法に則ることになる」と述べ（『規則論』第五則）、第六則では右に謂う「命題」を「事物」に推及しているではないか？　一体、「上向法」の方法論的特質などというものがどこに存するのであるか？

このありうべき疑念に答え、上向法が近代科学の方法論とはおよそ異質のものであること、それが新しい世界観的地平の開示と相即するものであること、これを示すためには、謂うところの「抽象的なもの」の存在性格を対自化することが鍵鑰となる。

議論を一歩進めよう。上向の起点をなす「抽象的なもの」は、マルクスの言によれば、「単純なもの」であり、また「一般的=普遍的《アルゲマイン》」なものである。そして、マルクス経済学の体系においては、商品がそれとして措定されている。

ここであらためて問題が生ずる。「商品」は果たして抽象的なものであるか？　或る意味では、それは「人口」「資本」等々よりも却って具体的ではないか！　商品は、常識的な意味では、必ずしも単純なものではなく、また、一般的なものでもない。この点を省みるとき、われわれは、単純、抽象的、一般的、これらの概念内容、および、そのようなものとして把捉されるところの「商品」なるものの存在性格について、問い返さざるをえない。そこでは、恐らく、常識的思念はもはやそのままでは通用しえないであろう。

端初の「商品」ないし「抽象的なもの」一般について、それはヘーゲル哲学体系における○○と類比的であるという云い方が許されるかもしれない。しかし、ヘーゲルの○○と云っても、人によって、受け取り方が区々まちまちであろうかと惧れられる。

われわれとしては、それゆえ、甚だ迂遠のようではあるけれども、次節での論考への伏線をも兼ねて、エンゲルスが彼の自然弁証法において上向の起点に据えている「抽象的なもの」に一顧を払い、そこから反照することにしよう。

〔二〕　エンゲルスの自然弁証法体系の構築案が盛られている遺稿『自然弁証法』は幾つかの層からなっており、さなきだに文献学上の問題が残されている（『日本読書新聞』一九七〇年十一月三十日号の拙稿を参照されたい）。ここでは、右の事情を念頭に収めつつも、一八七九年頃から八一年の五月にかけて構想されていた壮大な自然哲学体系を援用することにしたい。遺稿のこの層では『反デューリング論』執筆以前の時期に属する旧稿とは異って、もはや諸科学の科学論的な体系化ではなく、端的に自然そのもの——自然現象と自然法則——の弁証法的整序体系が構想されている。

「自然界は、一つの体系、諸物の総体的聯関を形成している。ここで物というのは、天体から原子、その存在が認められるとすればエーテル粒子にいたるまでの、あらゆる物質的存在者の謂いである。これら諸物が一つの聯関のうちにあるということは、それが相互に作用しあっているという事態を含意しており、この相互作用がまさに運動なのである。物質は運動なしには考えられない……そして、物質は創出も破壊もできない与件として存在する……」「物質はいかに転変しても物質でありつづける」。「とはいえ、真の具体的同一性は自己自身のうちに区別と変化を含んでいる」。

エンゲルスはこのような了解のうえに立って「自然」の理論的整序を図るのであるが、彼の自然弁証法体系は、宇宙生成論的・天体力学的な次元から、力学一般、熱・光・電気・磁気を射程におく物理学的次元、そして、化学的、生物学的な階梯に至るまでが、「物質の運動」ないし「運動する物質」の定在諸形態として、上向的に展開される構図になっている。

われわれがここで留目したいのは、この「運動する物質」という「抽象的なもの」である。それは「引」と「斥」（これらは力学的なそれだけでなく、電磁的、化学的、生物的な諸形態をとる）を本質的な属性とするもの、否、「引と斥との統一たる物質」として措定されているが、着目したいのは万象がこの「運動する物質」の定在諸形態として把捉されていることである。エンゲルスは、この

「運動する物質」を或る所では「エネルギー」と呼びかえており、力学的、光熱的、電磁的、化学的、諸形象が汎通的にそれの定在形態とされるわけである。このようなものとして、それは汎通的に普遍的であり、それ自身として規定しようとするとき、力学的、光熱的、電磁的、等々の特殊具体性をもたぬ「単純なもの」「抽象的なもの」である。

エンゲルスの措定したこの抽象的・普遍的な単純なものは、俗流唯物論者の表象する物質のごとき、万物がそれから出来ている実質ではない。電磁気がエネルギーの定在形態だからといってエネルギーから成っているのではないのと同様、エンゲルスの謂う「運動する物質」は、万物がそれから出来ている（組成されている）実体ではなくして、さしあたっては万象がそれの定在形態として存立するごときエトヴァスとして措定される。

ここで伝統的な発想からすれば、二論が岐れうる。第一は、例えば、英語・独語・仏語・日本語、等々が「言語」の定在諸形態だといっても、「言語」そのものは実在せず、それは共通の名称《オノマ》たるにすぎないのと同様、そういう「運動する物質」なるものは空無《ニヒツ》だという考えである。

第二は、例えば、原始神話のマヤがさまざまなものに化け、動物、植物、岩石、などさまざまな姿をとるのと同様に、「運動する物質」はその都度の質において実在するがゆえに、万物がそれから組成されているわけではないが、固有の実在性をもつという考えである。

エンゲルスは、或る個所では「物質そのものというのは純然たる思惟の創造物であり、純粋な抽象である」。「物質なるものは、物々の総体にほかならず……物質というような言葉は略語にすぎない」

と述べており、宛かも右に謂う第一途の発想をとっているかのようにもみえる。しかし、彼は同時にまた、すぐあとで援用するように、第二途の発想をとっているようにもみえる。「桜画報」ではないが、一体どうなっているのだ？

結論から先にいえば、エンゲルスは、第一途そのものを採っているわけでも、第二途そのものを採っているわけでもない。彼はマルクスと倶に、このような伝統的な発想の地平そのものを超克している。だが、われわれの日常的意識には彼らの新しい発想法が理解しにくいため、或る時には第一途、別の折には第二途というような射映で、それが見立てられてしまう。

われわれとしては、しかし、今暫くの間、これら伝統的発想の第二のものに仮託しながら議論を進めよう。

仮りに今〝第二の発想〟を採るとき、エンゲルスのいう「運動する物質」は、古代ギリシャの「最初の哲学者」タレスの水《ヒドール》やアナクシメネスの空気《アエール》に近いものとして表象できよう。（コメントを附するまでもなく、水といい空気といっても、具体的なそれではなく、万物がそれの定在諸形態（化け姿）であるごとき原質《アルケー》としての「水」や「空気」である）。

現にエンゲルスは、彼らミレトス学派の発想に随所で好意的な言辞を綴っており、例えば――ヘーゲルの『哲学史』から重引しつつ――次のように書いている。

「最初の哲学者たちについてアリストテレスの云うところによれば、〈すべての存在するものがそれから成っているところのそれ、すべてがそれから生成しきたり、また終りにはそれへと消滅していくところのそれ、このものが実有《ウシア》として常に同じものにとどまっていて、ただそれの様態においてのみ変化するところのそれを、彼ら最初の哲学者たちは存在するすべてのものの元物《ストイケイオン》、原質《アルケー》であると言っている。それゆえ、彼らの考えでは何ものも生成せず、消滅もしない。けだし、同一の本然《フイシス》が保持されているのだから〉――ここには原生的・自然生的な唯物論が既にある」云々。

ここには、先に引用した「物質は創出も破壊もできない与件として存在する……いかに転変しても物質でありつづける」という条りとの吻合もみられるではないか！

われわれの考えでは、しかし、ミレトス学派の原質《アルケー》がアリストテレスが伝えるように質料《ヒュレー》であり、元物《ストイケイオン》であるとすれば、エンゲルス自身の発想はそれとはおよそ異質であることを強調しなければならない。（後論参照）

だが、さしあたり先の仮託の線に沿って、〈どの特定の物でもないが、しかし同時に、どの物も斉しくそれであるところのもの〉〈万物がそれの定在諸形態として存在するところのそれ〉を以って原《アル》質《ケー》と呼ぶことにすれば、エンゲルスが上向の端初《アルケー》に措定した「抽象的一般者」は一種の原質《アルケー》として規定することができる。

〔三〕　マルクス経済学の体系において上向の端初《アルケー》をなす「抽象的一般者」たる「商品」は、経済学の領域的対象の総体に対して、前項で仮託した意味での原基《アルケー》である、と言うことができよう。

端初の「商品」は、貨幣商品、資本としての商品 etc. として特殊的に定在《ダーザイン》するものではないというだけでなく、それは、貨幣商品 etc. から対自的に区別された「商品としての商品」でもない。エンゲルスは、彼の自然哲学体系の一つの階梯的領域をなす生物界に関して、生物界という次元でのアルケーとしては、もはや「運動する物質」プロパーではなく、monera〔無核原生生物〕を立てるが、この生きた蛋白質という抽象的一般者〝原生アメーバ〟を以って、今日現に存在するアメーバとは区別さるべきことを説いている。われわれは、マルクスの端初商品に関しても、同一の論理で了解すべきであろう。ここでは『経済学批判』および『資本論』の冒頭にいう「原基形態」Elementarformen の字句解釈などに立入ることは一切割愛して臆断にとどめるけれども、論理的端初としての商品は、ヘーゲル論理学に比定していえば、むしろ「純粋有」に相当するものであって、商品としての商品、貨幣としての商品 etc. の「定有《ダーザイン》」ではなく、――これらすべてがそれの定在諸形態であるごとき原基――経済学という階梯的対象領域の汎通的原基《アルケー》である。

上向の端初をなす「抽象的なもの」は、かかる原基《アルケー》の直接態として「単純なもの」であり、それが普遍的＝一般的《アルゲマイン》であるのは、経済学的諸形象《ゲビルデ》が斉しくそれの定在諸形態であるという原質的普遍＝一般性においてである。

われわれは、今や、ベーコンやデカルトの方法、遡ってはユークリッド幾何学的な方法との相違という問題に回答への第一歩を試みつつ、次のように云うことができる。

ユークリッドやベーコン・デカルト的な方法は、一見「抽象的なものから具体的なものへ」という構図を含むかにみえつつも、その実質は〝単純な成素《ストイケイオン》からその複合体へ〟の進行たるにすぎない。

なるほど、そこでの〝単純なもの〟はより広汎な対象域において見出される規定性として、より〝普遍的〟であるかもしれないが、それはアルケーとしての存在論的普遍性ではなく、所詮は特殊的なものにすぎない。従って、そこでの進行は、特殊的なものから特殊的なものへの推転という域を出ない。

　これに対して、弁証法的上向にあっては、汎通的に普遍的なアルケーの抽象的直接態から特殊具体的な被媒介的な定在諸形態への累進がおこなわれる。

　手続論的に展開の論理からいって、また存在論的＝認識論的な背景からいって、これが如何にして可能であり、そして如何に権利づけられるか、まさしくここに「上向法」の全問題性《プロブレマティーク》が懸る。

　さしあたり銘記すべきことは、ヘーゲル哲学の場合とは異り、マルクス・エンゲルスにおいては「抽象的なものから具体的なものへと上向する方法は、ただ、具体的なものをわがものとし、それを一つの精神的に具体的なものとして再生産する思考にとっての様式たるにすぎないのであって、決して具体的なもの自体の成立過程ではない」ということである。マルクスの場合、歴史性と論理性とは必ずしも相即しない。それは Ça dépend であるとマルクスは明言する。

　これの由って来るところを省みるとき、われわれは前項以来のアルケーへの仮託をもはや止揚しなければならない。マルクスが端初《アルケー》に措定するところの「抽象的一般者」は、本来的な意味での原質《アルケー》ではない。それでは、それは前項にいう伝統的な発想の第一途を採って、単なる概念としての抽象的普遍と解すべきであるのか？　因みに、マルクスは「交換価値は範疇としてはノアの洪水以前的な定在をもっている」と云っている！　これは、かの「抽象的なもの」を「範疇」すなわち「最高類概念」

として理解すべきことを示すものではないのか？　結論的に答えれば「否」である。但し、それは単純な否定ではなく、発想の次元そのものの端的な止揚を要求する「否」である。

この端的な止揚を図るためにも、しかし、ここでは一たんかの〝第一途〟に仮託しつつ、『資本論』の冒頭商品の歴史性をめぐる往々にして不毛な争論をも防遏しておこう。

「抽象的一般者」、例えば「言語」そのものなどというものは、なるほど実在せず、実際に存在するのは、英独仏語・ラテン語・ギリシャ語・サンスクリット等々の具体的歴史的な諸言語だけである。そして、心理的過程としては、特定の言語を念頭におくことなくしては「言語」なるものを考えることすらできない。たとえ、インド・ヨーロッパ原語 Ursprache なるものを復元しえたとしても、それとて歴史的具体的な一言語であって「言語そのもの」ではない。しかし、インド・ヨーロッパ語系の「言語」そのものという抽象的概念に〝最も適合的な実在的言語はどれか〟という段になれば、かの「原語」とやらが最も適合的な表象を供するものと云えるかもしれない。『資本論』の冒頭商品についても同断であって、マルクスは恐らく発達した商品社会の商品を心理的には表象していたであろうけれども――そして富が「厖大な商品集成」として現象するのは発達した資本制のもとにおいてであるけれども――端初商品としての論理的要求に最も適合的なものという段になれば、それは或る条件下での単純商品だということもありうる。しかし、マルクスは、歴史的に実在するあれこれの単純商品について論じているわけではないし、いずれにせよ端初商品をそのまま体現した商品は――「言語」そのものをそのまま体現した歴史的言語が実在しないのと同様――実在しないのであって、〝冒頭商品はどの歴史的商品について論じているのか〟という仕方で歴史性を問うのは次元の交錯であると云わざるをえない。

端初の「商品」に関してわれわれの確認すべき論点は、もとよりこれで尽きるわけではない。本節における以上の立言にあっては、われわれ自身まだ分析的悟性の発想の平準を超えておらず、二極的に揺れつつ仮託的に語ることしか為し得ていない。今や、分析的悟性の地平そのものを自覚的に超出しつつ、上向法の存立基盤と存立構造を把え返さねばならない。そのためには、議論の領界を拡大しすぎるようではあるが、上向法の背景をなす弁証法的理性の世界了解の特質の一端を対自化しておくことが必要である。

二　上向手続の存在論的背景の稜線

上向法を存在論的・認識論的に支える世界観の構制を主題的に討究する作業は甫めから本稿の企図するところではない。だが、前節で未決のままに残さざるをえなかった論点を決裁するために、また、上向法の論理的展開を知るうえで是非とも必要な限りで、いくつかの基本的な相面に視線を向け——分析的悟性の世界了解との対照を念頭におきつつ——弁証法的理性の世界了解の特質について、稜線を辿っておこう。

〔一〕　ヘーゲルもマルクスも、弁証法的世界了解の特質について、概括的な仕方では論定していない。弁証法的世界観はまさしく弁証法的に了解するのほか途がない仕儀であって、その特質とやらを悟性的に抽出することは抑々不可能であるというべきかもしれない。

われわれとしては、しかし、ヘーゲルがハイデルベルグ時代に書き残した断章、グロックナーの所謂 Schriften aus der Heidelberger Zeit に見出される四箇条を摘録し、それと対蹠的な構制として、弁証法的上向法を支える存在論的了解の要諦を理解することができるように思う。

「学の視点に立つためには、次の諸前提を放棄することが必要である」といって、ヘーゲルは非弁証法的・悟性的立場の四つの前提を挙げる。

(1) 分立的な悟性的規定が固定的な妥当性をもつという前提
(2) 既成のものとして現前する所与としての基体という前提
(3) 固定的な述語と所与基体の関係としての認識という前提
(4) 認識する主観と、それとは統一されざる客観という前提

分析的悟性の立場的前提を鮮かに総括した右の四箇条は、一読して明らかな通り、決して並列的・同位的ではなく、重畳的に位階づけられている。すなわち、(1)は分析的悟性の直接的な見識であり、für uns には、この悟性的規定を実体化することにおいて(2)の基体が現成する。そして、これら両者の悟性判断的な関係づけ——ここでは、(1)の規定性が述語概念として(2)の基体すなわち実体的主語と

関係づけられるわけであるが――、それが分析的悟性の見地における認識たる(3)であり、この〝認識〟を分析的悟性の埒内で対自化し、認識論的に省察するとき(4)の見解が定立されることになる。

以下、右の諸提題に内実を与え返しつつ、それを止揚する弁証法的理性の世界了解を対自化していく段取りであるが、われわれとしては所謂「弁証法の三法則」論を横絲として絡めることにしよう。

命題(1)に関わる議論として、エンゲルスは『反デューリング論』の序説のなかで次のように書いている。

「自然の事物や現象を個々ばらばらに、総体的な聯関から截り離して……本質的に変易するものとしてではなく固定的に存立するものとして把握する習慣……、近世自然科学のもたらしたこの観方が、ベーコンやロックがそうしたように、自然科学から哲学へと移入されることによって、ここ数世紀の特殊に偏狭な観方、すなわち、形而上学的な思惟様式を作り出した」。

同書第二版への序文を援用していえば、これを止揚すべき「弁証法的自然観の核心」をなすところのものは、固定化された両極対立や部類区分は相対的な妥当性しかもたないということの認識、それは省察を通して認識主体によって自然のなかへと持込まれた durch unsere Reflexion in die Natur hineingetragen ものにすぎないという認識、この認識に存する。

「悟性としての思惟は――ヘーゲルが指摘する通り――固定的な規定性〔の自己同一性〕と他の規定に対するそれの区別性に固執しており、このような制限された抽象的なものがそれだけで〔他との被媒介的聯関なしに〕成立し存立するとみなしている」(『エンチクロペディ』第三版、第八〇節)。生はあくまで生であって死ではない、男はあくまで男であって女ではない、等々。——しかし、省察してみれば、このような悟性規定は維持できない。生という規定性は死という規定との相互聯関性においてのみはじめて存立しうるのであって、決して自存的ではない。こうして概念規定の次元ですでに、悟性的に截断され区別された他者と相関的であるが、現に存在する生あるものは必然的に死せるものへと転化し、対立物へと移行する。一切の規定性は、正しくは流動性と相関性を対自化しつつ措定されなければならない。

右の論点を敷衍しつつ、かつ、議論を一歩進めるために、或る論文から剴切な表現を援用していえば、分析的悟性が把持する要素的規定性は、当の分析における限りでは一定不変の固定的なものとして定立されており、〃それら相互間の関係は、個々の要素にとっては外的であり偶然的である。それ故、要素が全体に対して先行し、全体はそこから機械的に合成された派生的なものにすぎないことになる〃。これに対して〃弁証法的思考においては、個々の部分はその固定性から解かれて「流動的」(flüssig)になると同時に、それ自身が「透明」(durchsichtig)になり、内的必然性によって他に結びつく。——この間の事情については次項で論証することにして、まずは先を読もう——全体は、これら諸部分の存在と関係とをなりたたしめる原理であると共に、それ自身が一つの全体として存在するのは諸部分に分たれることにおいてであるという、有機的な構成をもつ。こうした事態において部分は「要素」ではなく「契機」(Moment)と名づけられる。そして、固定された要素からの機械的な合成という仕方で説明すれば事柄を理解《フェルシュテーエン》できたつもりになって満足している「悟性《フェルシュタント》」に対し、全体からの呼びかけに聴従《フェルネーメン》しつつ、契機のあいだの必然的運動を探索《スペクロール》する思考が、ヘーゲルのいわゆる「理性《フェルヌンフト》」であり「思弁《スペクラチオン》」である。もしこの理性の思弁的運動についても、それを成り立たしめている一定の「要素」となるものが求められるならば、それは「論理的なもの」であり、それがヘーゲルの意味での「概念」(Begriff) にほかならない〟のである。(山本信「思考と無限性」、『哲学雑誌』第七五一号、七六頁)。

以上、命題(1)に即して、機械論的要素主義の論理的構制との対蹠性を示唆しつつ、弁証法的世界了解の稜線の一部を照射した射影のうちに、実は「対立物の相互浸透」という命題の真の内実も即自的には与えられている。が、これを対自的に措定するためには、命題(2)から反照しなければならない。

〔二〕　われわれは抽象談義に終始することを避けるためにも、ここでは命題(2)に関わる論点を、稍々通俗的な場面から問題にしていきたい。

弁証法的世界了解の特質を語る際、人びとはしばしば「弁証法は形而上学的な観方とは反対に、事物を不断の変化の相において、しかも総体的な聯関の相において観ずる」という云い方をする。

だが、いかなる形而上学といえども、語の日常的な意味においてならば、決して「変化」を認めないわけではないし、また、「聯関」を無視するわけでもない。それゆえ、右の提題は、それだけでは、まだ何事をも語っていないに等しい。変化や聯関の相で観ずるという唯それだけで弁証法的に発想しているつもりになるとすれば、とんだ悲喜劇を生じかねない。

そこで問題になるのは、一方の「形而上学」＝非弁証法的な世界観が認めないのに対して他方の弁証法的世界観が積極的に主張する「変化」「聯関」とはいかなる意味、いかなる内実のものであるのか、これを明確に規定することである。

これを論定するためには、進化論の或る発想を思い泛かべるのが恰好であるように思う。われわれは、もとより、マルクス・エンゲルスが、進化論のマルサス主義を評しつつ、「動物たちよ、汝らもついに、ホッブスの描く人間の水準にまで貶しめられたか！」と慨嘆(？)したこと、「生存競争」と「自然淘汰」の理説を厳しく批判したことを忘失するものではない。しかし、『資本論』の跋文や『自然弁証法』にみられるように、彼ら自身、進化論の或る発想を高く評価し、現に、弁証法的な観方の〝一例解〟をそこに認めている。

進化論が〝例解〟たりうる所以のものは、それが「種」species そのものの変化を説くことにある。いかなる形而上学、いかなる反進化論も、個々の動物が成長変化していくこと、数的にも増殖していくこと、この「現象」的事実は認める。だが、伝統的な形而上学においては、生物の「種」は、その種類に属する生物、犬なら犬、猿なら猿の「本質」に照応する「実体」であると考えられてきた。「本質」や「実体」(すなわち、ヘーゲルの命題(2)に謂う「基体」)は不変である！　仔犬は成犬になる（変化する）が、あくまで犬であって、猫になったり、狼になったりするわけではない！「本質」や「実体」が変化すると考えるのは、化け猫や化け狸を認めるたぐいの神話的、非科学的な発想である！ないしは、錬金術師的な発想だ！　等々。——しかるべき根拠があってのことであるが、ともあれ、非弁証法的な世界観では、「種」そのもの、「本質」「実体」は自己同一性を保持する不変のものと考え、現象次元での量的変化は認めても、本質や実体の次元での変化（質的転化）は認めない。

これに対して、進化論は、生物の「種」つまり「本質」や「実体」そのものの次元における変化を認め、現象のみならず、事物の実体的本質をも変化の相において観ずる。しかも、猿なら猿という質を保った埒内での量的変化が「種」の質的変化に到るものと了解する。

弁証法的世界観が万象を変化の相において観ずるということの謂いは、そしてまた「量より質への転化」という命題の根底的な意義は、（ヘーゲル・マルクス・エンゲルスが挙げている炭水化物や水の沸騰などの例も、今日流の科学知識で評価するのではなく、当時の見方に即して理解しなければならないのであって）「本質」「実体」の次元に亙って万象を変易的なものとして了解すること――そのとき、スコラ的に定義された意味での「本質」「実体」という概念そのものが止揚さるべきことになる！――かかる存在観に存する。

われわれ日本人は「本質」や「実体」という概念を曖昧に用い、その変化をも安直に認めがちであるが、キリスト教文化圏の人びとにとっては『聖書』の教えからしても、生物に限らず天地万物の「種」（本質・実体）は天地創造このかた不生不滅不易だというのが根強い既成観念であって、進化論的ないし弁証法的な理説は世人の世界観的存在了解と真向から対立する。それはまさしく、中世以来のヨーロッパ的〝既成観念〟に対して、全く異端的な、革命的な存在了解であることを意味する。

哲学的にみて併せて重大なことには、「類」「種」の可易性にともなって、「概念」そのもの、そして「概念体系」そのものの抜本的な流動化が必須の要件となる。

諸学の即自的了解によれば「概念」は、「実体」ないし「本質」（本質的規定性）に照応するものとされており、伝統的な論理学は、元来は決して単なる思考規則ではなく、不変の「本質」「実体」という形而上的な存在の客観的法則に照応するものとされていた。しかるに、実体や本質そのものまで変易的だとすれば、理論体系が客観妥当性を要求するかぎり、概念とその聯関もまた、非固定的・可変的なものとして定立されなければならなくなる。

われわれが前項で先取的に立言しておいた概念規定の「流動性」Flüssigkeit という論点がここから帰結するわけである。

ここからまた、事物とその概念の「総体的聯関性」という弁証法的存在了解ひいては「対立物の相互浸透」という命題が定立されることになる。

この間の事情とその含意については若干の敷衍が要求されるかもしれない。まず概念に即していえば、もしも概念というものが固定的・不易的な「本質」なり「実体」なりに照応するものであれば、たとえそれの具体的な事物への〝適用〟に際しては劃然としないにしても（例えば、所与の化石が類人猿であるか原生人であるか、等）、概念そのものとしては明確な区別と截断（例えば、猿はあくまで猿であって人ではない、等）が存在論的な根拠をもちうる。しかるに、本質や実体が〝進化論的〟に変化する以上、例えば「猿」と「人」との区別は、相対的・相関的であり、この相関性においてしか概念規定できない。いま「猿」という概念に着目していえば、それは「人」との相関性だけでなく、進化系列上その前に位するものとの相関性において規定されるわけであるが、この先行する項はそれ自体その前の項との関係づけにおいて規定さるべきものであり、この前々項はそれはそれでまた……という次第で、原理的にいえば、すべての項との相関性においてのみはじめて概念規定が可能になる。そして、これが、事物の〝本質〟〝実体〟の真の在り方、如実の相を表わしているわけである。こうして、事物もその概念も、謂わば有機的全体の一分肢としてのみ存立する。視角をかえていえば、万象が有機体にも譬え得べき総体的な函数的聯関を形成している――このような存在様相において観ぜらるべきことになる。

　この総体的聯関性のもとにおける契機《モメンテ》たる諸物とその概念は――有機体の比喩ではまだ、手足や胴体といった分肢を実体的に自立化した相で表象されかねないとすれば――網の目に譬えることもできよう。網の目は、実体的・自立的に在るものではなく、聯関の結節としてのみ存立する。網は、編目という実体がまず在って、それの複合として存立するのではない。編目は第二次的・相対的に存立するにすぎず、それの存在性を汎通的な聯関性そのものに負うている。

　今やこの比喩に即することによって、世界は自存的実体の複合的聯関態として存立するのではなく、実は逆に、万象の各々は実体的自存性を有せず、もっぱら函数的《フンクチオネール》＝機能的な、しかも有機的・動力学的な総体的聯関の結節として、汎通的に相互貫通的な在り方において現存在するということ、これを具象的にイメージ・アップすることができよう。

　弁証法が事物を総体的聯関の相において観ずるということの真諦、そして「対立物の相互浸透」という命題（これが具体的に問題になるのはいわゆる「固有の他者」の間柄、なかんずく反照規定 Reflexionsbestimmung においてであるが）の基底は、まさしく如上の相での存在了解を内実とするものにほかならない。

以上、聊か通俗哲学流の〝解説〟に陥った憾みなしとしないが、このような水位にまで一たん議論の準位を落としてみることによって、前節で立言した〝アルケー〟の存在様相についても、稍々具象的な対自化が可能になるはずである。が、上向の論理を理解するためには、予めもう一つの論点を押出しておかねばならない。

〔三〕 弁証法における「否定の否定の法則」は、いわゆる正反合のトリアーデとも相即的であるが、この定律に関しては、他の二法則の場合以上に、さまざまな疑問が呈せられてきた。そのうち最も抜本的と思える疑念は次の形で表明される。——他の二法則は一応のところ客観そのものの法則性として認めうるが、否定の否定、いな、そもそも「否定」ということは判断主観のはたらきなのであって、それを以って客観的法則性とみなすことはできない、云々。

分析的悟性の見地からすれば、これは極めて尤もな疑念である。だが、弁証法的世界了解を理解するためには、このような一応尤もな疑念が依って以って生ずる所以の前提的発想そのものから脱却しなければならない。

ヘーゲルは、前掲の命題(3)(4)において、「固定的な述語の所与基体への関係としての認識という前提」「認識する主観と、それとは統一されざる客観という前提」——分析的悟性のこれら大前提を指摘していたが、今問題の疑念は、まさしくこれらの前提的発想から生ずるものにほかならない！

尤も、これをめぐるヘーゲルの思想は、彼一流の観念論とも関係しており、われわれは単純にヘーゲルを援用するわけにはいかない。だが、悪しき模写論の一源流だといって論難されるエンゲルスでさえ、先に一部を引用した『反デューリング論』第二版への序文のなかで、次のように書いている。「こういう対立や区別は、なるほど自然のうちに現われはするが in der Natur vorkommen、相対的な妥当性しかもたない……そういう固定性や絶対的妥当性なるものは、われわれ〔認識主体〕が省察を通して自然のなかへと持込んだもの durch unsere Reflexion in die Natur hineingetragenなのだ」云々。——ここには、認識主観が自然のなかへと hineinlegen した規定性が、直接的な意識にとっては、自然そのものの規定性であるかのように現出 vorkommen するということ、この認識論的な事態の指摘が含まれている。この限りで、エンゲルスといえども、認識主観が反照的 reflektierend に措定する規定性が即自的な意識にとっては対象そのものの客観的規定性として現われるということ、さしづめこのことまでは認知しているわけである。

偖、問題はここからである。このような読み込み hineinlesen は単なる錯覚、単なる迷妄であるのか？　それとも、認識にとって本質必然的な構造的一事実であるのか？

常識的な思念においては〝単に頭のなかで考えただけのこと〟と〝客観的にも見出される（検証された）事実〟とを悟性的に截断する。そして後者は認識主観とは全く関わりなしに、それ自身で存立すると信じている。判断的措定は（肯定的賓述であれ否定的賓述であれ）まったく主観内部の出来事であって、判断対象とは無関係だというのが分析的悟性の前提的了解である。だが、客観的な相貌で vorkommen する規定性が、実際には判断的主体の意味的措定によって hineinlegen された契機を含まないという保証がどこにあるのか？　それは誤てる前提的臆断ではないのか？

ヘーゲルは『エンチクロペディー』のなかで次のように書く。

「判断というと、人びとは普通、まず、主語と述語という二つの項の独立を考え、……述語は主語の外部に、われわれの頭のなかにある普遍的な規定であって、両者を私が結合することによって判断が成立すると考えている。しかし、〃なり〃という繋辞が主語について述語を云い表わすことによって、外面的主観的な包摂作用はふたたび否定され、判断は対象そのものの規定ととられるのである」。「判断は、主語が即自的にはそれであったところの述語規定性を対自的にするのであって、述語を主語と外面的に結合関係におくのではない」（第三版、第一六六、七節）。

読者のなかには、ヘーゲルではそうかもしれぬが、マルクス・エンゲルスの思想はそうではない旨を指摘されるむきもあることであろう。現にエンゲルスは「唯物論的自然観とは自然の在るがままの端的な把握以外のなにものでもない」ことを述べ、「弁証法の諸法則は、自然の歴史ならびに人類社会の歴史から抽象されるものである」と書いているではないか！　だが、これを以って上来の議論の無効を言い立てようとする論者は、ヘーゲルもまた『論理の科学』のなかで「絶対的方法は外的反省としての態度をとらず、対象そのもののうちから規定されたものを取り出す」と書いていることを銘記すべきであろう。

われわれは悟性的反省の次元と弁証法的理性の次元とを混淆してはならない。さもないと「方法は認識の様式、つまり、主観的に自己を知る概念の様式であるとともに事物の客観的な様式でもある」というヘーゲルの意想、そしてまた「われわれの主観的思惟と客観的世界とが同一の法則に従っている」というエンゲルスの意想を凡そ理解できない仕儀に陥ってしまう。

悟性的反省概念を hineinlegen して客観そのものの規定性と誤想する即自的な思念を対自的に止揚することにおいて存立するところの弁証法的理性は、もはや単なる主観的反省の地平を超えており、判断的意味措定がその都度、即自的意識には対象的規定性として物象化した相で現前するという本質必然的な構造を対自化している。が、判断的被措定が対象帰属的規定性として即自的に vorkommen するというその限りで、経験的意識にとっては思惟と与件とが同一の法則性を現前せしめる。――次節でみる通り、ヘーゲルの場合とマルクスの場合とでは、対象化的現前の構造把握が、まったく同じわけではない。しかし、さしあたり共通の構図として、右の点まで云っておくことができる。「否定の否定」遡っては「否定」が、思惟の圏域に属することであって対象の法則的規定性ではないという分析的悟性の〝批判〟〝疑念〟は、こうして命題(3)(4)の排却と止揚に伴って卻けられる。

この際、ヘーゲル自から云う通り、正反合という図式は弁証法にとって本質的ではない。否定の否定からの帰結、つまり「合」が最初の「正」と類似的かどうかということも本質必然的ではない。問題の眼目は、否定的進行の必然性（対象化された相でいえば運動・変化の必然性）、ならびに、二重否定が単純な肯定には復元されないこと（これは、次節でみるように、主語と述語との判断的〝結合〟が外的な関係づけではなく、主語対象性の Vorkommenheit を変様せしめるという構造的事態にもとづく）に存する。

以上、本項では、対象的与件そのものの規定性として現われるところのものが、判断的意味措定の物象化的対象化に媒介されているということ、弁証法的世界了解のこの契機を顕揚したが、今や、当の判断措定の対象化的物象化の存立構造をみなければならない。それがすなわち「精神的に具体的なものの再生産」を現出していく上向法の論理的展開の構造をみる所以ともなる。

三　上向法的展開の論理構造の要諦

われわれは、第一節において「抽象的なものから具体的なものへ」という上向法の構図における端初《アルケー》、「抽象的一般者」の存在性格をめぐって幾つかの論点を確保し、第二節において、万象をその「本質」「実体」の次元にわたって変易的・流動的と観ずる弁証法的世界了解にふれ、各事象は実体的・要素的自存性をもつものではなく、汎通的・総体的な聯関性によってその存在性を得ていること、しかも、対象的与件の現前的規定性は判断的措定の即自的な物象化によって媒介されているということ、このことの一端を論じておいた。その際、しかし、われわれとしては、まだ上向法と近代科学主義流の方法との構造的差異、原基《アルケー》の存在性をめぐるヘーゲルとマルクスとの了解の差異、その他いくつかの案件を遺したままになっている。

本節では、これらの案件をも射程に収めつつ、上向法の論理的展開の構造を主題化し、その特質を顕揚しておきたいと思う。

〔一〕　ここではまず、帰納法・演繹法、分析法・綜合法、発生的方法・批判的方法、これら既成の方法的手続との関連性をも視野に入れながら、上向法の方法論的構制を縁取っておこう。

議論の手掛りとして、具体的全体像を方法的に再構築する様式を二つのモデルを立てて表象しておきたい。

第一は、成素複合型であって、成素（それが実体であれ属性であれ、また、概念であれ命題であれ）を謂わば積木細工式に複合することによって、具体的与件を再構成するタイプである。

第二は、有機醸成型とも呼びうるものであって、或る原物《アルケー》が謂わば有機体的に自己分化を遂げた位相として具体的な与件を定位していくタイプである。これのイメージとしては、単細胞生物を起点とする生物の進化系統図よりも、鳥の卵（卵黄）が当初の均質・単純《アインファッハ》な在り方から、孵化過程の各位相を経て、雛鳥になっていく射映のほうが恰当であろう。

偖、通常の意味での（つまりカント・ヘーゲル的なそれではない）分析・綜合は、まさに成素複合型の存在了解を暗黙の前提としつつ、成素への分解と成素からの複合を手続とするものにほかならない。（カントの謂う分析・綜合も、主概念の成素への分解および主概念と他の成素との複合化に帰趨する)。帰納・演繹も、やはり、成素複合型の存在了解のもとで、共通な成素を抽出する手法、および、与件を既定の成素(命題)の幾つかの合則的な複合として提示してみせる手続にほかならない。批判的方法すなわちカント学派流の方法は、遡求される「可能性の制約」なるものが、有機的総体性ならざるところの、一種の基底的成素として了解されているかぎりで、これまた一種の成素遡求法に属する。それにひきかえ、発生的方法は、単なる成素合成法を包摂しうるとはいえ、典型的には有機醸成型の論理を採る。

弁証法的上向的方法はどうか? それはさしあたり、有機醸成型と構造的には類似する構制として形象化できる。とはいえ、それは醸成過程を、現実の時間的・歴史的な過程としてではなく、論理的な過程として了解するのであって、この点で、有機的発生論としての発生論的方法とは異質の、第三の型であると云わねばならない。

われわれは、ここでとりあえず、次の点を確説することができよう。弁証法的上向法は、ベーコン・デカルト的な近代科学主義の方法論、帰納・演繹的、分析・綜合的方法とは、――これの拠って立つ成素複合型のそれとは別様の存在了解をもち、――別様の方法論的手続を採る。同じ理由からして、また、経験論的方法と合理論的方法との止揚の上に立つと称する批判主義的方法とも異型である。さらにはまた、物理学主義的要素主義への反定立として生じた生物有機体主義的歴史主義の方法、すなわち、発生的方法という科学主義的方法の他半とも、存在了解を異にしつつ、方法論的手続を異にする。――弁証法的上向法は、しかし、帰納・演繹、分析・綜合、発生的・批判的、諸方法と同一準位で対立するものではなく、謂うなれば非ユークリッド幾何学がユークリッド幾何学を包摂するのと類比的な意味で、止揚的に包摂する。すなわち、発生論的方法を、歴史性と論理性とが合致する特別なケースとして、他の五者（帰納、演繹、分析、綜合、批判的方法）を成素の悟性的固定化を相対化し、それを暫定的措定として利用しうる限りで、自己のモメントたらしめる。

右の暫定的な確言に内実を与えるためにも、今や、弁証法的上向の論理構造を積極的に対自化しなければならない。

順序として、まずはヘーゲルが彼の「方法」について総括的に論じている『エンチクロペディ』第三三八節以下を一瞥しておこう。われわれとしては、この際、かの黄卵という端初＝原質《アルケー》と、その自己分化的な孵化過程を具体的に表象しながら読んでいくことができる。「直接的なものである端初」、ヘーゲルは〃抽象的なもの〃たる「この有はまだ即自的にしか規定されていない概念として、普遍的なものである」ことを確認する。そして、「進展」すなわち「理念の自己分割の措定」を挙げ、この自己分割において措定される規定性、「それは相関的であり、区別されたものの関係」であることを述べる。この「進展」は、ヘーゲルによれば「分析的であると同時に綜合的でもある」。けだし、「内在的な弁証法によって措定されるのは直接的な概念に含まれているものだけであるから、それは分析的であり、しかし、同時に、直接的な概念のうちにはまだ区別が措定されていなかったのであるから、それは綜合的でもある」所以である。（まさに『資本論』第一巻、第一章、第一節を髣髴たらしめるではないか！）このあと、有、本質、概念のそれぞれにおける「進展の抽象的形式」を概述したうえで、ヘーゲルは次のように書く。「このように即自有から出立して区別と止揚とを介して自己を自己自身と聯関づける概念、それが実現された概念すなわち理念である。理念は（方法において）絶対に最初のものであるから、理念にとってはこの終結は、同時に、端初は直接的なもの、理念は成果、という仮象の消滅にほかならない。そして、それは理念が一つの統一体であるという認識である」。「これによって理念は体系的な全体として顕われる」。

マルクス・エンゲルスの上向法の場合はどうか？　われわれとしては、右のヘーゲルを援用しえんがためにも、取り敢えず二つの相違点を確認しておかねばならない。一つには、マルクス・エンゲルスの弁証法にあっては、ヘーゲルのように「終局を以って端初となす円環」が形成されず、歴史的相対性の自覚のうえに立って、謂うなれば「球」的に閉じ且つ開いていること。二つには、ヘーゲルは、発生論者流に時間性と論理性を重ねるわけではないが、しかし、彼にあっては「理性的なものが現実的であり」「論理的なものは直接的に普遍であると同時に有《ザイン》である」とされている限りで、歴史性と論理性とが二重写しになっているのに対して、マルクス・エンゲルスはそれを自覚的に卻けることである。

この相違、ならびに、それに淵源する方法論的相違を明確にしつつ、マルクス・エンゲルスにおける上向法的展開の論理を知るためには、懸案《ペンディング》になっている原基《アルケー》の問題の決裁が先決要求となる。

〔二〕　マルクス経済学の〝アルケー〟たる「商品」は、もとより、汎神論的な「主体＝実体」ではない。それはまた、単なる概念としての普遍的一般者でもない。結論先取的にいえば、それは伝統的な「現象体」と「可想体」の対立を超える地平、従って、「唯名論」と「実念論」の対立を超克する地平と相即する第三の存在形象である。

われわれは、第一節において、この「等三の存在形象」を直示的に説きがたいかぎりで、ミレトス学派の原質《アルケー》になぞらえたのであったが、第二節での議論と関連づけるために、ここでは一たんヘーゲルの〝アルケー〟を踏み台にしよう。

ヘーゲル哲学体系の〝アルケー〟たる「精神」は、汎神論的な「主体＝実体」であることにおいて、彼の観ずる世界は謂うなれば汎神論的な〝一大有機体〟をなし、万象はこれの自己分化的〝諸分肢〟として存立する。そして、各分肢は、芽・蕾・花・実……というように質的変化を閲歴し、不断の変化相のもとに在りつつも、動態的な有機的総聯関を形成しており、実体的自存性をもつことなき契機として、かの〝アルケー〟の自己分化的自己限定としてのみ存在性を得ている。

われわれが第二節で論考したところに拠れば、マルクス・エンゲルスの体系における〝アルケー〟も、右のごときヘーゲル的世界像を構造的には保持・継承しうるものでなければならない。それはいわゆる〈物質〉であるか？　この〈物質〉なるものが、実質的には、もしヘーゲルの「精神」の別名にすぎないのであれば、それはなるほどヘーゲル的世界像を、構造的にはほぼそのままの構図で継承しうるであろう。だが、マルクス・エンゲルスの〝アルケー〟は、決して質料《ヒュレー》的な元物《ストイケイオン》ではない。いわゆる〝自然界〟に関しても同断であるが、ここでは経済学的対象領域の〝アルケー〟たる「商品」に即して直截にみていこう。『経済学批判』の書評のなかで、エンゲルスは次のように書いている。

「経済学は商品を以って端初とする。……生産物が商品であるのは、しかし、人と人とのあいだの関係、……生産者と消費者とのあいだの関係がそれに結びついている限りにおいてである。……経済学は、物を取り扱うのではなくして、人と人とのあいだの諸関係、究極的には、階級と階級とのあいだの諸関係を取り扱うのである。尤も、この諸関係はつねに物と結びついており、物として現象する」（傍点は廣松）。

われわれは、ここで〝商品とは実は関係のことだ〟などと云おうとするのではない。さしあたり銘記したいのは、経済学が取り扱うのは物ではなく、間《かん》人間的諸関係（当然一定の〝自然物〟との相関を契機とする間人間的諸関係）だという論点、併せてまた、この間人間的諸関係が、日常的・直接的な意識にとっては、物象化されて「物として現象する」という論点である。

エンゲルスは、この物象化現象の故に「ブルジョア経済学者の頭のなかでひどい混乱」が生じていることを指摘する。すなわち彼らは商品という物、物の性質、物と物との関係を取扱っているものと私念し、〝物神性〟に幻惑されている始末だというのである。これに対して、「マルクスがはじめて、当の聯関が経済学の全体に妥当することを発見し、このことによって難問を解消」した、とエンゲルスは賞揚する。

商品という「物として現象する」ところの――だが実は、一定の間《かん》人間的な――諸関係、これが経済学の汎通的な真の対象的与件である。われわれはこの論点を念頭において、マルクスが彼の方法を論じた『経済学批判』序説の或る条りに着目しよう。

「ヘーゲルは、法哲学を、正当にも、最も単純な法的主体関連たる占有を以って端初としている。占有は、はるかに具体的な諸関係たる家族や支配隷属関係以前には実在しない。とはいえ……このより単純な範疇は、単純な家族や部族体の関係として現象する」。

ここにみるように、マルクスはヘーゲル法哲学における「占有」、すなわち、彼の経済学における商品に照応するところの〝アルケー〟を、間人間的関係として〝理解〟し、その限りで「正当」であると評価している。彼自身の経済学体系に関してはどうか？

マルクスは「Subjekt たる社会が常に表象されていなければならない」という。ここに謂う Subjekt は、文脈からみて、客体に対する主体の意味ではなく、むしろ〝超文法的主語〟＝基体の意味に近いものであって、対象的与件の〝本体〟を指している。それでは、経済学的理論展開に際して貫通的に表象さるべき「社会」、この〝本体〟は何か？　『要綱』の援用が許されるならば「社会は諸個人から成り立っているのではない。社会とは諸個人の相互的関わり合いそのものの謂いである」。

われわれは、こうして、マルクス経済学の〝アルケー〟たる「商品」は、物象的な姿態で表象されるにもせよ、一定の間人間的諸関係＝社会的諸関係であること、これを暫定的に押さえることができる。勿論、それは社会的諸関係プロパーではなく、一定の限定された社会的諸関係である。この故に、マルクス経済学は、それ自体が一定の社会（市民社会）の理論として現存在するのであり、社会的諸関係プロパーの理論たる唯物史観に対して、階梯的（但し、必ずしも時代的でない）一領域を形成する。この階梯的領域に関しては、恰度、自然弁証法プロパーに対して、monera を〝領域的アルケー〟とする生物圏が位するのと類比的な意味において、「商品」において形象化される一定の社会的諸関係が〝領域的アルケー〟をなす。蛇足を憚らずにいえば、「商品」がかかる性格のものであるがゆえに、『序説』でのマルクスは「国家、外国貿易、世界市場」までをも〝アルケー〟「商品」の定在諸形態として射程に収めることができたのだと思われる。

偖、〝アルケー〟が、その真実相においては物的なものではなくして、「関係」であるということ、この把捉は、マルクス・エンゲルスが真に新しい地平を拓いたことを意味する。第二節でみておいた通り、弁証法的存在了解は、伝統的な意味での実体概念を破砕し、万象を「流動」の相、しかも、有機的聯関の相において観ずる。だがヘーゲルにあっては、実念論的な傾斜をとどめつつ〝アルケー〟の実体性がまだ残渣をとどめていた。しかるに、マルクス・エンゲルスは、〝アルケー〟を質料《ヒュレー》化することを端的に断って、弁証法的存在了解を完現するのである。新しい地平の開示というのは、しかし、この「完現」そのことの謂いではなく、況や、実体概念から関係概念ないしは函数概念への転換といった次元のことではない。では、それは何の謂いであるか？

臆断を惧れずにいえば、謂うところの「関係」が、「実体」に対して悟性的に対置される意味での〝関係〟ではなくして、「現象体」と「可想体」、唯名論と実念論との対立を依って以って止揚しうるごとき存在性格のものとして——古代哲学以来の ὄν という意味での存在ならざる共同主観的＝間主体的な Gelten として——開示されていること、これに拠って、新しいアルケーを基にした存在論＝認識論的地平が拓かれるに至ったことの謂いである。

このことの主題的な討究は別稿に譲らざるをえないが、とりあえず或る一点からそれを照射しておくためにも、今や上向法の論理的展開の構造に論点を移そう。

〔三〕　上向法の論理的展開、すなわち「抽象的なものが思惟の途を通って具体的なものの再生産」に至る構造的論理、これをつぶさにみるためには『資本論』の行文を稍々立入って討究しなければならない。ここでは、しかし、その前梯ともなるべき方法論的（その限りでの哲学的）基底にしぼって、先決要求に応えておこう。

上向的な思惟の歩み Schritt は、いうまでもなく判断的措定によって進行する。が、具体的なものの再生産、これをもたらす判断的措定は、成素の複合化ではない。それは、むしろ、ヘーゲル流にいえば Ur-teilen〔原始‐分割〕である。

「判断の意義は概念の特殊化にある」。「概念はそれ自身の活動によって自己を諸契機へ区別するのであって、この区別の措定されたものが判断である」。「対象にあれこれの述語を帰するのはわれわれの主観的行為ではなく、われわれは対象を、その概念によって措定されている規定態において考察するのである」。

ヘーゲルは「概念」を主体化することによって、このように、かの有機醸成型のイメージに適合的な仕方で論ずる。これに対して、マルクスは、概念の主体＝実体化という一種の物象化的顚倒を卻けつつ、しかも、ヘーゲル的上向の論理を対自的に ereignen する。

判断というと、常識的には、しばしば、客観的な主語対象と主観的な述語概念との結合であるかのように私念されている。しかしながら、判断は、たとえ、主語Sと述語Pとの〝結合〟を一契機とするにもせよ、判断の本質はそこにあるわけではない。判断論の学説史上、二重対象説や二重作用説が登場する所以でもあるが、〈SがPである〉こと、この〈こと〉に関する肯定的・否定的態度決定、このことの対妥当・向妥当性 Gegen-und Hingültigkeit が事の中枢をなす。

ところで、〈SがPである〉こと、例えば〈花が咲いている〉〈花が赤い〉こと、このことは物ではない。花という物は赤いかもしれないが、〈花が赤い〉は赤くもなければ、咲きもせず枯れもしない。さりとて、それは決して単なる主観的な表象結合ではなく、確乎として対象的に現前する事態 Sachverhalt である。単なる命題ならざる「事態」としての〈SがPである〉ことは、いわゆる経験的実在物 realitas ではなく、況や形而上学的な実在物でもないが、固有の実在性をもっている。

この〈こと〉は、しかも、往々にして物化される。〈花が赤い〉→赤い花、といった例では、赤い花はもともと物なのであって、物化の所産ではないと云われるにしても、〈花が去年と同様に美しく咲いている〉→去年と同様に美しく咲いている花、という例を挙げれば、〈事〉の物化を否めないであろう。しかも、実をいえば、われわれが日常単なる物と考えているものは、反省してみれば〈事〉

の物化に俟っている。現に、花からして――それが単なる something ではなく、況や葉、茎 etc. ならざる「花」として現前するのは――〈これは花である〉という判断的に措定された〈事〉の物化に媒介されている。この機制《メカニズム》（これは物象化の一つのケースなのであって、物象化一般はより広袤が大きいのだが）によって、われわれは日常意識においては「関係」そのものをすら物化して表象してしまう。しかし、「関係」がわれわれ人間の対象意識にとって対自的に現前する第一次性に即すれば、それはまさしく〈事〉としてである。

ここで顧みるに、端初の「商品」、この〝アルケー〟はその真実態においては「物」ではなくして「関係」であった。それは、しかも、われわれにとってそれが für-gelten する第一次性に即していえば〈事〉としての関係であることを今や立言しうる。（この〈事〉が、物的実在でも、主観的表象でも、況や形而上学的実在でもないが、固有の存立性 Bestand ないし Geltung をもつことに鑑みることによって、マルクス・エンゲルスの〝アルケー〟が第三の存在形象であり、唯名論・実念論の対立を超える新しい地平の開示と相即的である旨を上述した所以のものが、追認されうるであろう）。

惟えば、〝アルケー〟の原始的自己分割というのは、〈物〉化されていた〈事〉をその契機の区別性と同一性において、分析的・綜合的に対自化することにほかならない。ヘーゲルは〈事〉の物化、しかも主体＝実体化という物象化的顚倒に陥りつつも、即自的にはこの間の事情をとらえていたのであり、その限りで彼は「あらゆる物 Dinge が判断である」と云うことができたのである。（物化されていた〈事〉の判断的 Ur-teilen、そしてまた、判断的に措定された〈事〉の物化、この機制を対自化するとき、「否定の否定」に関連して上述しておいた〝述語判断的措定の物象化的現前〟をめぐる論点が、今や基礎づけられる筈である）。

上向的な判断措定において究極的な主語をなす〝アルケー〟は、物化されていた〈事〉の〝自己分化的〟述語措定を通じて〝自己を展開〟するが、この過程は、主語に立つところの「抽象的なもの」〝アルケー〟を「具体的なもの」として措定していく過程と相即する。

卑俗な例に即していえば、花が赤い、花が咲いている、花が……という措定は、主語の自己同一性（〝アルケー〟の自己同一性！）の故に、単なる並列ではなく、第一措定（花が赤い）から第二措定（花が咲いている）への進行においては、主語は第一措定によってそれの賓述的自己規定を対自化されており、〈赤い花が咲いている〉ことが措定されることになる。この機制によって、当初の単なる無規定的な花が、赤い花、赤い咲いている花、赤い咲いている……なる花、というように、具体的な規定性において即自対自化される。

この過程は、外形的にみれば、述語規定を次々に主語に繰り込んでいき、主語を重層的に具体化していく過程ということができる。マルクス経済学の論理展開の一班に即していえば、抽象的＝単純（対自的には未規定的）であった「商品」が、その規定性を重層的に即自対自化しつつ、かくかくしかじかの商品が貨幣である、かくかくしかじか云々の貨幣商品が資本である、……という仕方で、重層的により具体的なものとして措定されていく。この際、しかし、上述のところから既に明らかであろう通り、述語が成素複合的に累加されていくのではない。〝アルケー〟たる主語が〈事〉として即自的にはそれであったところの規定性が自己分化的に対自化され、erkannt になっていくのである。この機制によって、「抽象的なもの」が「思考という途を通って」「具体的なものとして再生産」される。われわれは、是に拠って、近代科学主義的な分析的悟性の世界了解を卻けつつ弁証法的存在了解と整合しうるかたちで、――しかも、ヘーゲル弁証法を「唯物論的に転倒」した新しい地平において、成素複合型でも有機醸成形でもない仕方で――「抽象的なものから具体的なものへと上向」していくマルクス的弁証法のメタ・ホドスを向自化できる。

以上の立言では、しかし、〈物〉との区別における〈事〉の存在性格、〈事〉の物化する機制については、まだ、シェマーティッシュに論点を押出したという域を出ない。これを立入って討究するためには、判断形象の意味論的構造ならびに判断措定の主体的契機――因みに、マルクスならマルクスの学理的展開が当人だけの私念ではなく、世人（読者）に理解されるものである以上、判断措定は著者個人の営為ではなく、読者との〃共犯〃行為、共同主観的な営為としてのみ、上向が可能になる筈である――の形成する存在論的・認識論的な聯関構造の究明が必要とされる。（別著においてこの作業の一班を遂行しておいたとはいえ、ここではそれを直接の前提として臆言するわけにもいくまい）。

本稿では、それゆえ、基底的な論点と骨骼を不得要領ながらも挙示したところで一たん筆を擱き、稿をあらためて懸案に応えつつ、『資本論』ならびに『自然弁証法』に即して上向法の手続論的な次元にも立入ることを期したいと念う。〔この主題については拙著『資本論の哲学』（現代評論社刊）を参照〕

II　ヘーゲルとマルクスとの連環

第三章　疎外論の論理をめぐる問題構制

以下の一文は、専修大学「黒門祭」（一九七三年度）におけるシンポジウムの基調発題の記録に加筆して成ったものである。

はじめに一言おことわりして、あらかじめ御諒承ねがっておきたいのでありますが、本日は講演会ではなく、シンポジウムでありますから、こまかい論点は討論のなかで出すということで、この基調発言では外枠みたいなところを申しておきたいと思います。

「疎外論から物象化論へ」という一般的な標題になっておりましても、ディスカッションの中心は、いずれにせよマルクスに即したものになるものと予想されます。が、初めからマルクスに密着した議論に終始するのでは、この問題の位置づけがとかく曖昧になるおそれもあることですし、敢て間口を拡げておくことにいたします。そこで、只今ここで述べてみたいのは、疎外論の論理構制《ロギスティーク》ないし体系《ジステマ》構制《ティーク》のもつ意味、これをヘーゲルやヘーゲル左派までを念頭において考えておき、それに対して「物象化論」のロギスティークを顕揚しておくこと、ほぼこういったモチーフであります。尤も物象化論のほうについては討論のなかで積極的に申し上げる機会が予期されるのにひきかえ、疎外論のほうにはそれの積極的意義——と申しても、思想史的にみての意義でありまして、私自身がそれを採ろうというわけではありませんが——体系構制法の構えの大きさ、こういう方面のことがらは討論の際にはむしろおろそかになるおそれがありますので、ここではどちらかといえば疎外論の側に力点を置いた話になろうかと存じます。

さて、そこで疎外論ということでありますが、疎外論という体系構制法《ジステマティーク》などと申しますと、今日ではむしろ奇異の感を与えかねないほどになっております。疎外というのは「或るものごとが非本来的な状態、転倒したような状態にあることを表わす概念ではないか?」と言われかねません。日常用語としてすっかり流行語的に使われるにつれて、疎外という概念がまったく曖昧になってしまっております。そしてこのことが、疎外論と物象化論との区別をも見えにくくしている事情がありますので、言葉の問題に論及するところから始めます。こう申しますと、会場にはもうさっそく、退屈そうな顔が散見されますけれども、例えばですね、同じく「車」といっても平安時代の人々なら牛車を考えただろうし、江戸時代の人々なら馬車を考えただろうし、現代の人々なら、マイ・カー、自動車を表象するという具合にちがうわけで、牛車を念頭において話をしているのに、自動車のつもりで聞かれたのでは、落語の「コンニャク問答」みたいになるおそれがあります。もっとも、「車」の例では、概念の指示する具体物がちがうだけで「車」という概念内容は一貫して同じだと言われるかもしれませんけれども、疎外という概念の場合には、指示する事態だけでなく、概念内容そのものがすっかり曖昧になってしまっているように見受けるので、敢てこういうところから話を始めるわけです。

疎外、つまり、ドイツ語でいうと Entfremdung という言葉は、解説書などを読みますと、ゲーテが『ラモーの甥』をドイツ語に訳した際に、aliénation d'esprit 精神のアリエナシオンを Entfremdung des Geistes と訳したのが最初だというようなことが書いてあります。それをヘーゲルが『精神現象学』を書いている最中に読んで〝これは使える〟ということで、真似して使った、云々という話であります。アリエナシオン・デスプリ、つまり精神錯乱であってすっかり別人みたいになってしまう。しかし、ラモーの甥は、すっかり自己性を失っているわけではなく、しかるべくして正気の姿にもどる、こういう含みで書いてある本が少くない。それからもう一つは、ホッブスやルソーが社会契約理論の場面で、権利の譲渡といった意味で用いた alienation のドイツ語訳だという説があります。しかし、どうでしょうか、名詞形で世間にひろまった経緯は或いはそうかもしれませんけれども、entfremden という動詞の形でならルター訳の聖書でも既に使われていることがグリムの辞典に出ておりますし、疎外 entfremden という言葉をフランス語や英語からのそういう翻訳だと考えてしまうわけにはいかない。この点は、ヘーゲルやフォイエルバッハが、疎外 Entfremdung とほぼ同義に使っている外化 Entäußerung という概念を併せて考える場合には、特にはっきりして参ります。

結論から先にいえば、フィヒテやヘーゲルやヘーゲル左派の連中が、哲学用語として外化・疎外という言葉を用いた際には、ルター訳の聖書に出てくる外化・疎外という観念、すぐれてキリスト教神学的な観念との連続性をもっていると私は思います。もちろん、それは近代哲学流に改作されていますから、ルター訳聖書での宗教的観念そのままではない。しかし、このキリスト教的な表象との連続と不連続を念頭におかずしては、ヘーゲル学派における疎外・外化の概念、さかのぼっては、疎外論の祖ともいわれるフィヒテの外化の概念を正しく受けとめることはできない、と考えるわけです。

標準ドイツ語というものは、ルター訳の聖書を通じて成立したという事情にありますし、ヘーゲルの場合には、神学徒として、彼自身聖書のドイツ語訳の作業を試みておりますから、ルター訳の聖書を直接に読んだことはまず間違いない。こういう経緯を考えに入れますと、ヘーゲルが「外化」ということを表わすのに Entäußerung という表現と Äußerung という表現、つまり前綴 ent のついている形とついていない形との両方を使っていることも判る気がします。というのはヘーゲルの時代、ルター訳聖書がそのまま使われていたわけではなく、ルター訳では前綴 ent がついていなかった個所に、ent をつけるようになってきていた。日常用語としてなら、äußern と entäußern とは違うけれども、聖書の或る特別な神学的概念としては、同義語というか、標記法の違いということになります。それでは、聖書で sich äußern, sich entäußern という言葉は、どういう神学的概念をこめて使われているのか? ドイツ語の日常的用法を知っている諸君は、ポルノ的な或る事態を連想されるかもしれませんが、グリムの辞典の用例には採られておりませんので、ルター訳の聖書には、ポルノ的なあの用法はないと思います。グリム辞典の編纂の方針からいって、もしあれば聖書での用例が出ている筈ですから……。また、人間が神に身心を献げつくすといった意味を、sich entäußern の今日における日常的語法から連想するむきもありましょうが、これも出ていなかったと記憶します。ルター訳の聖書では、神が人間に姿を変えて、つまり、神が自己を人間の姿にやつして地上に現われるということ、キリスト教神学式にいえば「受肉」「肉化」「化体」、日本語で何と訳すのが一番適切か知りませんが要するに incarnatio の事態を表わすのに使われているわけです。フィヒテやヘーゲルの用語法は、これと関連があると私は睨んでおります。因みに、フィヒテは Versuch einer Kritik aller Offenbarung という『啓示批判』論文でデビューしたのでありますが、――これは勿論ヘーゲル左派の啓示宗教批判とは次元が違いますけれども――彼がこの論文のなかで「神の理念はわれわれ人間の内なるものの外化 Entäußerung だ」と主張した際、『聖書』の「神は自己を外化 äußerte sich して、人間の姿をとった nahm an」という命題へのアンチを秘めていた筈であります。

こう申しても、疑いの眼で見られるかもしれませんね。日本には、グリムの辞典に相当するような辞書がまだ存在しないけれども、ドイツの学者なり、英仏の学者なりが、ドイツ語での疎外・外化という概念の起源を調べる場合には、まっさきにグリムの辞典を引いてみたはずではないか、ヨーロッパの学者たちがそういうことを報告していないとすれば、やはり、『ラモーの甥』のドイツ語訳なり、ホッブスやルソーの用語のドイツ語訳なりから始まるというのが本当ではないか、おそらくそう反問されることでありましょう。しかしです。ついひとむかし前までは、ヘーゲル学者たちは「疎外」とか「外化」とかいう概念には余り注意していなかったというのが事実でして、その証拠にはグロックナー版のヘーゲル全集の索引には「疎外」の項がない。こういうヘーゲルの概念に注目したのは、むしろマルクス研究者の側なのであります。ところが、一昔前までのヨーロッパのマルクス学者というのはどうもおおらかな人が多かったようで、真先に当たるべきものにあたってもみなかったのでしょうか……。一方ではまた Entfremdung という言葉が十九世紀ごろから日常用語としてもかなり定着しているという事情もあります。現にヘーゲルですら最晩年の著作では夫婦間の「不和」という意味で疎外という言葉を用いている例がある程でして、私どもは日常的用法と哲学的概念としての用法を区別する必要があるわけであります。云わずもがなのところに話を脱線させてしまいましたが、ともあれヘーゲルにおける「外化」「疎外」という概念は、ルター訳の聖書以来の或る観念と連続性があるということ、この点をまず念頭に置いていただきたい。そうしておかないと、フィヒテやヘーゲルが、そしてまたヘーゲル左派が、この伝統的な宗教的発想を踏みながら、それを近代哲学的な概念へと改鋳し、この旧くて〝新しい〟概念図式を用いながらどういう大仕掛けな世界観的な事業をやったか、つまり「疎外論」という体系構制とその論理構制のスケールの大きさ、射程の長さが、理解しにくいことになります。

明敏な諸君は、以上の、一見本質的でないような議論のうちに、ヘーゲルの体系構制の秘密、そしてまた、ヘーゲル哲学が、ギリシャ哲学から中世ヨーロッパ哲学=神学までをも含めて、ヨーロッパ哲学の総体を一つの壮大な体系に仕立て直したといわれる事情、それを可能ならしめた概念図式、これについて私の言いたいことのポイントが予示されていることをいちはやく見抜いておられると思います。そういう諸君には、ことあらためて正面から議論するのは無用であり、退屈であろうかとは思いますけれども、若干の論点だけは押出しておかねば議論になりません。そこで次には、とりあえずヘーゲルに藉口しながら、疎外論の思想史的な意義を顕揚しておきます。

ヘーゲル哲学は「単に近代哲学の頂点であるだけでなく、ギリシャ以来のヨーロッパ哲学の一つの決算である」、という言い方がしばしばなされます。はたして、真に決算であるかどうかは別問題ですけれども、或る種の人々がヘーゲル哲学をそういう視角で評価する所以のものを考えてみると、疎外論のジステマティークの思想史的意義もはっきりして参ります。

何分にも話が大きいので、正規に論じ始めれば、古代、中世、近代におけるヨーロッパ哲学の総体的把握が必要になりますが、近代哲学ではあの「主観と客観」、それも前者はすぐれて人間の意識、人間的理性であり、後者はすぐれて物質的自然、機械論的に了解された脱アニマ的な物質的定在であること、まずはこの点を踏んでおきましょう。これとの関連でいえば、ギリシャ哲学の場合には、あのロゴスやヌース、いうなれば汎神論的に宇宙に充満していて、しかも、秩序ある体系つまり、コスモスの原理になっているそういう精神的な存在と、もう一つには、有機体的に了解された自然概念がある。中世ヨーロッパの神学＝哲学では、もとより、かの人格神こそがすぐれて精神的な存在であるわけですが、ここでは「普遍的存在者」と「個別的存在者」、超越的形而上学的な存在の世界と地上的形而下的な世界との二世界の存在了解が根底にある。そして、とりあえず、ギリシャ哲学とキリスト教哲学との世界観の構図をつなぐかたちで「形相」と「質料」との二要素的結合で地上的世界を理解していく構えがある。こういう事柄を一通り念頭において、ヘーゲルではどういう体系的構制で、こういった諸契機が統一的に把え返されて配位されているか、このことを考えてみると、大よその消息は判るはずであります。

『精神現象学』の序文におけるヘーゲルの哲学的宣言ともいうべき個所で、彼ヘーゲルが真なる存在das Wahreを単に実体としてではなく同時に主体でもあるような実体として把え返すべきこと、主体＝実体、実体＝主体というテーゼを打出していることは周知の通りであります。このさい、主体はさしあたりかのヘーゲル特有の「精神」であるわけですが、ヘーゲルのいうこのガイストは近代哲学流に理解された人間諸個人の精神ではない。それは、ギリシャ哲学におけるロゴスやヌースに類縁性をもつような超個人的で、しかも汎神論的な精神である。それでは、キリスト教哲学におけるすぐれて主体的・精神的な存在であるかの人格神と無関係であるかといえば、もちろんそうではありませんし、また、近代哲学流の「主体」とも無関係ではない。では、どういう具合に〝統一〟されているか、これを解く鍵が主体＝実体というテーゼになりますし、それにもとづいた体系構制の論理が疎外論だということになります。視角を変えていえば、疎外論の論理というのは、古代・中世的な発想や概念図式と近代哲学流のそれとをまさに結合して議論できるような、そういう論理構制になっているわけであります。――この点を押さえるためにも「実体」の側をみてみるのが便利であります。

「実体」といいますと、近代人は質料主義的に了解しがちでありますから、何はおいても物質的定在、それも機械論的・要素主義的にと申しましょうか、非霊魂的な、何かしら物体的な、独立自存の真実在といったものを考えますけれども、ヨーロッパの伝統では、実体というものはむしろ霊魂と二重写しに考えられるということは、あらためて留意を求めるまでもありません。もちろん、ギリシャには近形相主義的な実体観と質料主義的な実体観との双方がありますが、その際の質料的実体といっても近代人が読み込むような唯物論的なものではないのが普通であって、霊魂的な実質性と切り離しては考えがたいのが実情であります。しかも、この実体は、或る本質的な存在であり、普遍的な存在であるものと了解されていた。そして、中世キリスト教哲学における「普遍者」と「個別者」という二元的区別は、先に申しましたように、ギリシャ的な「形相」と「質料」という二元性の図式と結びつけて考えられた。これはキリスト教の体系、キリスト教神学の確立期にプラトン主義との結合を介して成立していたし、あとで、スコラ哲学がアリストテレス哲学との結合をおこなったさいにも形をかえて定式化された次第なのであります。単純化していうのは危険ですけれども、プラトンにおけるかのイデア、この形相的実体が神の天地創造の神学的説明と結びつく場面で、イデアというのは天地創造に先立って、ないしは、天地創造のさいに、神の思惟のうちにあった観念だ、という議論がでて参ります。この神の思惟のうちなるイデアが地上的な定在となって現われることにおいて、地上の事物的世界が成立するという議論であります。同じくキリスト教神学と申しましても、スコラの後期になって参りますと、もっと洗練された議論が立てられるようになりますが、しかしいずれにせよ、「形相」という「普遍」、「実体」と地上の現実的世界との関連づけにおいて、形相的普遍・実体が宿ることにおいて地上の事物が存在性をうるとみなされる。が、神様はそれとは別のところにある。そして、形相を宿らせるのは、究極的にいえば、「神」であることになります。「神」は、それ自身、純粋形相であり、真の普遍、無限実体であるにしても、この「神」そのものが地上的世界にまるごと現れ出ることはない。地上の世界に対してはいうなれば諸々の形相を送り出し、そのことによって現実界を成立せしめる。

このかぎりでは、「形相」としての実体は、それ自身が真に能動的な主体ではなくして、真の主体的能因たる神に対しては受動的たるにとどまるわけであります。こういう中世神学的な了解に対して、ヘーゲルは形相的・イデア的な実体ともう一方の「神」とを別々に立てるのではなく、神格を汎神論的な主体とすることにおいて、形相・イデアとしての実体を主体的な能因たらしめる。それが、一言でいえば、実体を主体として把え返すというテーゼになるのであります。

只今の言い方は、強引に簡略化し図式化して申しているので、ミスリーディングかもしれませんが、さしあたり、次の点を御理解いただければ足りると思います。それは「普遍」的「本質」と「個別」的「実存」との関係を、かの神の「受肉」incarnatioの構図、しかも「三位一体」の論理構制を推及することによって説明する方式を、ヘーゲルが押出したということであります。

「普遍」「本質」というものが、独立の実体として存在するのか、それは単なる名辞たるにすぎず、実在するのは「個別」「実存」だけであるのか、この点をめぐるいわゆる「普遍論争」が中世ヨーロッパの哲学界の最大の係争事であったことは御承知のところであります。近代人は、「唯名論《ノミナリズム》」の立場、つまり「普遍」とか「本質」とかいうものは独立自存するものではなく、実在するのは個別的に実存する諸事物だけだという考え方をとるのが普通であると申せましょう。しかし、神学的にはこれでは困るわけで、正統派の思想では「実念論」すなわち、概念的本質、普遍が独立に存在する、この地上とは別の世界に実在する、そしてこの〝真実在〟の世界が地上の〝現象界〟に存在性を賦与している、という立場がとられます。唯名論と実念論との論争に関して、トマス・アクィナス、この中世最大の神学者は、いわば中間派的な態度をとって、universalia in rebus の見地に立った。このことは先刻御承知だと思いますが、つまり、トマスは、普遍・本質は実体として存在するのではあるが、個別的実存と離れ離れに存在するのではなく、具体的な事物に宿るというかたちで実在するのだという見地をとったわけであります。ヘーゲルもこの見地を踏襲したと申してよい。がしかし、彼の場合、スピノザの「実体」の介在がありますし、トマスにおいては関係づけのメカニズムがはっきりしなかった普遍と個別との関係を、特有の方式で説く。そのことによって、普遍論争に一つの〝決着〟をつけることができたと称される所以の議論を打立てた。それを支える論理構制がまさしく「外化」「疎外」のロギスティークなのであります。

ここで問題になるのが、先ほどから申しております「化肉」インカルナチオの構図、つまり、神が自己を外化してイエス・キリストとなって現われ給うということ、この神人 Gottmensch はしかし、かの三位の一体性、神と精霊と人との実体的一体性を保っているという発想の構図であり、これをイエス・キリストという特定人格の場合だけでなく、汎神論的に一般化する構図であります。もちろん、ヘーゲル本人は、こういう汎神論的な立論を正面から押出しているわけではない。彼は、実体がまさに同時に主体であるということを論拠にして、汎神論を批判してさえおります。がしかし、ヘーゲル哲学に対して、汎神論であるとの批判が正統派の陣営その他から直ちに提出された通り、彼の論理でいえばどうみても一種の汎神論的な世界了解になっているわけであります。

このように申しただけでは、ヘーゲルの旧くささのほうが目立って、ヘーゲル哲学が近代哲学の一つの決算であるとか、「ヘーゲル哲学においては、古代ギリシャ、中世ヨーロッパ哲学がアウフヘーベンされており、グレコ・ヘブライ思想が新たな統一にもたらされている」、とか称される所以のものが、却って判りにくくなるかもしれませんので、ここあたりで、一たん視角を変えて論じておき、そのあとで只今の論点を逆照射したいと思います。

学説史みたいな議論をするつもりはありませんが、ヘーゲルおよびヘーゲル左派の姿勢を理解する前梯として、フィヒテに一言しておきますと、フィヒテはカント哲学の徒として出発したわけですから、彼の特有な主体概念であるあの「自我」das Ich というのはもともとは決して超人間的なものではなかった。人間的自我だったわけです。けれども、彼の体系が熟していくにつれて、それは超個人的・超人間的な自我になっていく。フィヒテ哲学では、自我と非我=客観とが二元的に存在するのではなく、自我が自分自身を非我として自己定立する。そこではじめて、非我=客観なるものが存在するようになる。御承知の通り、フィヒテとしてはそういう了解と論理で体系を立てたわけであります。このフィヒテの哲学が、ヘーゲル左派の連中には、あらためて——と申すのは、ヘーゲルを介してだけでなく、直接的に——影響するという経過があるのですが、その点にはふれぬとしまして、ともあれ、フィヒテ哲学によって、主体たる自我——といっても、個人の自我ではなく、大きな自我、大きな主体——の自己定立、自己変身によって客観的実在界が成立するという壮大な観念論、客観的観念論の哲学が登場することになった。ヘーゲルとしても、この構図を承けつぐことになります。

この際、いうところの「大きな主体」「大きな自我」の何たるかに注意する必要がある。ヘーゲルでいえば、それは「絶対精神」になるわけだし、フィヒテの「自我」も諸個人の自我ではない。実質的にいえば、それは「神」であるには違いない。しかしです。単にそれを「神様」だと言っただけでは、ドイツ観念論の新しさ、思想史的な意義を理解することはできません。それはもはや、伝統的なキリスト教の神そのままではない。フィヒテの場合には、それは「事行」Tathandlung として把えられているし、元来の経緯から言って、カントの「先験的な主観」、それも実践理性の優位における先験的な主観、先験的な主体であるわけで、或る意味では「人間」であるわけです。ヘーゲルの「絶対精神」といっても、これまた、神格と二重写しであることは確かだけれども、青年時代のヘーゲルは最初からそういう神的な精神を考えていたのではなく、絶対精神という概念に高められていったもとのものは「人倫的実体」としての「人間」だったわけです。もちろん、人間といっても、諸個人としての人間ではなく、フォイエルバッハ式にいえば、類的存在としての、類的本質としての人間だといっていいものであった、というのが事実であります。――ヘーゲル左派の連中は、青年時代のヘーゲルの思想を知ることなく、独自に展開した次第ですが、しかし、或る意味でいうと、ヘーゲル左派と同趣の思考をヘーゲル本人がすでに青年時代に経過していたと申すこともできます。

こういう事情を念頭において申せば、フィヒテ・ヘーゲルの「大きい主体」「大きい自我」「絶対的な精神」というのは、或る意味では人間にほかならない、諸個人としての人間でこそないけれども、類としての人間、そこまでいわないまでも民族としての人間、そういう「大我」としての人間の謂いになっている。ということはです。そういう「大きな主体」の自己定立、自己変身によって客観世界が成立するのだという彼らの考え方は、神学的な表象と二重写しになっているとは申せ、或る意味からいうと、まさしく「人間」を神の座にまで高め、人間を世界の造物主にまで祀り上げたものということもできる事情にあるわけであります。近代哲学は「人間主義」であり、人間存在を世界のヒポケーメノンとみなすという意味で Subjektivismus であるといわれますが、いわゆる主観的観念論では、人間を、せいぜいのところ「観念の世界」に対する造物主の位置に据えたにとどまるのに対して、また、カントの先験的観念論では人間的主観はたかだか「現象界」の半造物主たるにとどまったのに対して、フィヒテからシェリングを経てヘーゲルにいたりますと、真実在の世界全体に対して、「大我」としての人間が造物主的な位置を占めることになった次第であります。もちろん、これは第三者的にみて言えることなのであって、ドイツ観念論の哲学者たちは、神学的発想の構図に即して論考したにとどまります。しかしともあれ、大我たる人間を神の座にまで高めたということ、この点において、ドイツ観念論の頂点たるヘーゲル哲学は近代哲学、近代の Subjektivismus の哲学の〝完成〟であるということができる所以であります。

　この Subjektivismus は、しかし、いわゆる主観的観念論とは異って、個別的主観から独立ないわゆる客観と他方の極たる主観との存在論的な二元性をそれなりの方式で〝止揚〟しておりますし、ヘーゲルの絶対的観念論は、絶対的観念論の枠内においてではありますけれども、主観主義と客観主義とをアウフヘーベンする姿勢と構図になっている。このことは認めうると思います。

ここであらためて問題になるのが、この主観と客観、理念と現実、無限者と有限者、本質と実存、普遍と個別、こういう二元的対立性をどういう論理構制でヘーゲルは止揚・統一したのか、ということでありますが、それを支える構図・論理の構造、これが先に申しておいた incarnatio の論理構制、実体＝主体、主体＝実体の自己定立、自己変身、いな、自己外化と憑自的自己獲得の論理にほかならないのでありまして、しかも、そこでは、かのキリスト教における、パラダイス－堕罪－救済的恢復という了解とも相即する形で、自己疎外と自己回復が説かれることになります。

形相的理念と物質的実在、普遍と個別、本質と実存、それに、機械論的な了解と有機体論的了解、ロゴスや人格神といった論点にはのちほど立返って別の角度から論考するつもりでありますけれども、以上の話の範囲からしても、ヘーゲル哲学がヨーロッパ哲学の綜合であり一決算であると称されるいい所以のもの、そして、そこにおいて疎外論の論理の占める意義といったことについては、一通りの御諒解は得られたのではないかと思います。

そこで、そろそろ、ヘーゲル左派の疎外論ということをも射程に入れた議論に進んでおくのが順当でありましょう。

ところで、ヘーゲル左派と一口に申しましても、いくつかの系列がありますし、こまかい議論になれば決して一からげに論ずるわけには参りませんけれども、当面の文脈で思い切って申してしまえば、彼らはヘーゲルの哲学は結局のところ一種の神学にすぎないといってヘーゲルを批判する。ということはつまり、ヘーゲルのいう「精神」、これが結局は神の別名にすぎない、といって批判したことを意味します。ヘーゲル左派は、ヘーゲルを批判するとはいっても、一応はあくまでヘーゲル学派であり、さしあたっては内在的に批判するわけでして、ヘーゲルが「絶対的精神」とか呼んで神格化しているところのものは、実は人間の精神なんだ、個々人の精神そのままではないけれども、人類としての人間の精神なんだ、という指摘をおこなっていく。そこで、彼らヘーゲル左派がフィヒテを再評価した経緯もお判りいただけると思います。

ヘーゲル左派のこういうヘーゲル批判は、先ほどちょっとふれておきましたヘーゲルの青年時代の思想を想起し、今日ヘーゲルを第三者的に評価・理解する見地からみますと、いささか微苦笑を禁じえない点もありますが、ともあれ、ヘーゲルにおけるかの主体＝実体のもつ二重的性格、つまり、神と人間との二重写しを批判しつつ、それを「人間」として純化していくという方向を左派が辿ったということ、このことは容易に看取できる筈であります。実際、ヘーゲルのいう「絶対精神」というのは、人類つまり類としての人間、人間の本性のことなのだ、それをヘーゲルは神学的に転倒してとらえてしまっている、「絶対精神」とは、実際には「人類の自己意識」、「人間の類的本質」なのである云々、こういう仕方で、ヘーゲル左派の連中は、ヘーゲルの絶対的精神という主体＝実体を、Menschheit, Selbstbewußtsein, Gattungswesen といった「大我的人間」として改釈し、置き換えていったのでありまして、そこではかつて造物主としての神が占めていた位置に、文字通り、類としての人間精神、人間の類的本質が祀り上げられていくという過程がみられたのであります。

ヘーゲルは、地上的世界、自然界、文化界は絶対的精神が自己を外化・疎外して定在しているものだと説きましたが――そのさい、かの神がイエス・キリストという地上的な姿に身を変ずるという外化の論理がとられたことはくりかえすまでもありますまい――ヘーゲル左派の、たとえば、ブルーノ・バウエルなどは、一時期、宇宙全体を以って人類の「自己意識」の疎外態であると本気で主張しております。マルクスの学位論文を読まれた諸君は、当時まだはっきりと観念論の立場を表明していたマルクスが、バウエルに倣って、天体界をもって「自己意識」の定在だと書いていることを記憶しておられるでありましょう。

ともあれ、ヘーゲル左派においては、当初のあいだヘーゲルの体系と論理の構図はそのまま受けついで、第三者的にみれば、ただ、かの主体=実体たる「絶対精神」を改釈的に置換していったのでありますから、そこではヘーゲルがヨーロッパ哲学の〝決算〟を遂行しえた所以の論理構制はそのまま生かされえたと申せます。しかも、人間主義的な主体概念を明確にかかげたという点では、左派こそが近代哲学の頂点と呼ばるべきかもしれません。

しかしながら、ヘーゲルでは神と二重写しにされていたかの自己疎外の主体を次第に人間、現実的な人間にひきつけて改釈していきますと、主体の自己疎外によって自然界が成立したといった議論、つまり、神の自己疎外による自然界の創造的成立という議論はどうしても無理になって参ります。そこで、フォイエルバッハは、自然界については唯物論の見地に立って、自然は自存性をもつことを認めるにいたります。しかし、彼が、前方では唯物論者だが後方では観念論者だと自称した所以でもありますけれども、自然界ならざる精神的・文化的世界については彼は観念論的な了解を崩しません。まさしくここにおいて、彼としては疎外論の論理を用いての具象的・歴史的な行論の場をあらためて拓き直したといえる地歩を築いた次第であります。

私は、ただいま、非常に大急ぎでフォイエルバッハにまで言及いたしましたが、本来ならばもう少しきめのこまかい話をしなければならないことは申すまでもありません。ヘーゲル左派の一番手たるシュトラウスは、ヘーゲル哲学そのものを批判したのではなく、ヘーゲル宗教哲学をヘーゲルの論理で押し進めていくとどうなるかという方向性でヘーゲルの宗教哲学、従ってまた、ユダヤ・キリスト教を討究したわけであります。先ほどは、私ども今日の見地からヘーゲルの主体概念を問題にしましたから、絶対精神と「人間」「人類の精神」の二重写しを云々したのでしたが、シュトラウスの時代には青年ヘーゲルの手稿など知られておりませんでしたし、もっとヘーゲル哲学の建前に密着したかたちで議論が進められたのは当然であります。そこでどうなったかと申せば、ヘーゲルはかの神人、イエス・キリストという特定人格における一回かぎりの神の化肉という伝統的な観念を崩していなかったのに対して、シュトラウスは、神の自己外化、神の化肉ということは、決してイエスにおける一回起的な出来ごとではなくして、実は万人における事実であると主張し、聖書に書かれているイエスの件は、人間一般の事実を象徴的に表現したものだと説明いたします。これは正統的キリスト教の立場から言えば、とんでもない異端の説になりましょうが、ヘーゲル哲学の論理から言えば当然そうなる筈である。と申すのは、ヘーゲルは、彼の哲学体系の第一部たる論理学から第二部たる自然哲学への移り行きのところで特にはっきりと打出しておりますように、主体＝実体たるかの「精神」、「絶対理念」が自己を外化・疎外することにおいて、自然存在へと変身すること、そのことにおいて自然界が成立する（宗教的にいえば天地創造が成就される）ことを説いているのでありますし、ヘーゲルの〝汎神論的な〟哲学からすれば万物に神が宿っているのでなければならない。それも、プラトンやトマスの方式でのイデア・形相の地上的実現ではなく、まさしくかの「外化」つまり、変身、化肉という仕方での定在でなければならないからであります。

という次第で、自然界の諸事物はひとまずおくとしましても、「人間」という存在に関していえば、各人は神的な絶対理念を宿していることになります。いや、単に神を「宿して」いるどころか、各人はその本質的性格においては神人であり、神の化肉であるということになります。この本質的性格においてーー伝統的には「理性」の分有ということで言われていたのと同じ論理構造でーー人間は万人が本質的に同型・平等だということになる。しかも、伝統的理論では、人間は神的理性を分与されているとはいっても、神の本体は別のところに存在すると考えられていたのに対して、ヘーゲルの発想ではそうはならない。この点についてはあとで、無限者と有限者、普遍と個別、本質と実存、こういった対立概念（それに対応する存在）をヘーゲルはどういう了解の構えで処理したかをお話しすることによって説明する予定ですので、ここではとりあえず断定的に申しておきますけれども、神の本体がどこかしらにあって、他方にそれの変身・外化した定在があるわけではない。まさに三位一体的に実体的には同一なのであります。ということになれば、人間諸個人の総体、人類総体（という姿をとって定在しているもの）とは別に、神様が超越的世界に別在しているわけではないことになる。

ここまで話が進めば、あと一歩で逆転が起こることは容易に御理解いただけると思います。類としての人間、この類的存在、人間の類的本質を離れて神などというものが別世界に存在するわけではない、となると、実在するのは人間の類的本質なのであって、神様などというものは、実際には、別に存在するわけではない、つまり、神などという超越的存在は実在しはしないのだ、ということになります。現に、こういう逆転をフォイエルバッハがやってのけたわけであります。

そこであらためて問題が生じます。それは、つまり、神様などというものが、人間とは別に存在すると人々が信じ込むのはどうしてなのか？　そして、そういう「神」というものに人々が却って拘束され、そういう神とやらを人々が崇拝し、そういう「神」とやらの前に人々がひざまづいているという現状はどうやって成立するのか？　これを説明してみせる必要が生ずる道理であります。ここにおいて、かの「主語と述語との入れ換え」が遂行される。神の述語とされていたところのものは人間の述語なのだ。そして神が自己を疎外して人間を定立するのではなく、逆に、人間的本質が自己を疎外して神を定立するのだ、と立論されるにいたります。自己疎外の主体＝実体が、「神」から「人間」（といっても、人間の類的本質）へと逆転してつかまれる。こうして、人間の類的本質の自己疎外ということで、宗教的諸形象の成立と存立が説明されることになった次第であります。

ヘーゲルは、彼の壮大な哲学体系において世界の総体を精神の自己疎外と自己回復の動態で把えましたが、彼は必ずしも抽象的一般的に論じたわけではなく、宗教哲学や歴史哲学や法哲学にみられますように、社会や国家や歴史、それにもろもろの文化形象を、かの「絶対的な精神」の諸階梯、諸定在に即して、主体＝実体たる精神の自己疎外態、その自己回復の諸段階と運動態に即して、論じております。ヘーゲル左派としては、そこで当然、「絶対精神」を「人間」――類としての人間精神、自己意識、類的本質――と読み換えたうえで、歴史、法、文化といった諸形象をヘーゲルの論理を踏みながら説明していくことになります。

ヘーゲル左派というのは多士済々でありますから、或る者はヘーゲル歴史哲学の批判的・継承的展開を、或る者はヘーゲル法哲学・国家論の内在的批判を、というように作業を進めますが、左派というのが元来、宗教哲学批判の場から始ったという経緯もあり、フォイエルバッハの『キリスト教の本質』が出て以後、フォイエルバッハの宗教批判の論理を推及するという仕方で、社会的歴史的形象の批判を試みるものが現われるようになって参りました。彼らは、国家の権威・権力、法の権威・規制力、道徳の権威・規範力、こういったものをも「宗教」ということで一括しつつ批判していったわけであります。ヨーロッパ、特に当時はまだ後進国であったドイツにおいては、国家にせよ法にせよ道徳にせよ、キリスト教という宗教と不可分であり、宗教的権威と相資相依のあいだがらにありましたから、彼らがこういう政治・社会的な形象を「宗教」ということで批判し、宗教批判のロジックで議論したのも決していわれのないことではなかった所以であります。

詳しい議論は省きますが、国家の権威・権力、王権というものは、決して神権に発する神授のものではない、それは人間的理性の事実に根ざすものである。こういう議論がストレートに出て来うるわけです。ドイツにも、カントやフィヒテなどのように、社会＝国家契約論を採った者もなかったわけではありませんけれど、ヘーゲル学派の時代にはもはや社会＝国家契約論のごときは、そのままの形では通用しえない。しかし、ブルジョア革命の前夜にあった当時のドイツでは、神授説的な王権、旧い国家の絶対権を批判しつつ、人間、つまり国民の権利、国民の主権ということを権利づけるような理論的作業が要求される。ドイツ・ロマン主義流の、ないしはまた、ドイツ歴史学派流の国家論では、そういう理論的・イデオロギー的な課題に十全に応えることはできない。ここでは人間的本質の疎外ということで理論構制を立てることが恰好なものになりえます。あまつさえ、国家論・権力論というものは、国民主権論の前提的了解から出発する場合には、つまり、本来的には権力は国民自身に属していた筈のものだという了解から出発する場合には、一体なぜ国家権力なるものが、国民から自立化し、却って対立的に国民を拘束、抑圧するものになっているのか、この現状 status quo を説明することが理論上の課題になります。ルソー式にいえば「人間は自由に生まれついている。しかるに、現状ではいたるところ鎖でつながれている」。このような〝疎外的事態〟が生じた所以のものを説明する必要があるわけであります。ここまで申しあげれば、俗にルソー的疎外論といわれるもの――これはヘーゲルの疎外論とは論理の構造が違いますけれども、理想的な自然状態、頽落と理想状態への回帰というシェーマでは共通点があり、人間の本性、人間の本来的な在り方という了解から出発する点でもヘーゲル左派と一定の共通性をもつわけですが――ともあれ、俗にいう「ルソー的疎外論」による国家＝社会論を連想していただけるでありましょうし、ヘーゲル左派的な疎外論に立脚した国家論というものについても、一応の推察はつけていただけると思います。法や道徳の問題についての、ヘーゲル左派的な疎外論にもとづく論議に関しても、もはや立入るを要せぬでありましょう。

ここで、しかし、是非とも銘記しておきたいのは、「宗教＝神」に対するフォイエルバッハの批判の論理を「地上の神」たる貨幣、ひいては財産の威力、この財産ないし貨幣というマンモン的な神、ユダヤの神エホバならざる（ユダヤ商人的な現世の神）「貨幣」という「神」の批判に推及する試み、それも、歴史哲学的な人類史的な回顧と展望をもち、社会主義的革命の思想と結合したかたちでの「貨幣」批判、これがヘーゲル左派のあいだに出現するようになったという事実であります。

つまり、フォイエルバッハの宗教批判の論理、疎外論の論理を社会経済の場面に、そして人類史に適用し、そのことによって、社会主義革命の理論を「疎外論」で基礎づけようとする試みであります。それは、モーゼス・ヘス、それにカール・グリューンとその一派のいわゆる「真正社会主義」――『ドイツ・イデオロギー』の第二巻は、この「真正社会主義」の批判に当てられており、『共産党宣言』でも批判的に言及されていることは御承知のところでありますが――この連中が展開したものでありますけれども、一時期のマルクス自身、これにコミットいたします。

マルクスが、いわゆる「真正社会主義者」の一員だった時期があるかどうかという問題は、事実の問題というよりも、評価にかかわる問題でありますから、議論を保留します。カール・グリューン一派の機関誌みたいになっていた或る雑誌に（ヘスやエンゲルスがグリューンと大喧嘩をやっていた最中の一八四五年春の時点に）マルクスが一文を寄稿しているという事実はありますけれども、こういう外面的な事実はここで論ずるつもりはありません。問題は、思想上・理論上の構制であります。

今や、初期マルクスの疎外論に関説すべき段取りであります。本日のシンポジウムでは『経哲手稿』や同じくパリ時代の『経済学ノート』、フリードリヒ・リスト批判の遺稿、それからまた、翌る一八四五年に出版された『神聖家族』、四五～六年に執筆された遺稿『ドイツ・イデオロギー』、こういった文献についてかなり立入った分析を施しつつ、さらには、後年におけるマルクスの経済学関係の著作や手稿などを勘案して、疎外論と物象化論、両者の関連性と相違、これの検討がおこなわれることになるものと予想いたします。従いまして、こまかい議論は討論の際まで持越すのが妥当かと考えます。さりとて、いわゆる概説風にアウト・ラインを描いておくという作業も芸のない話ですし、ここに御出席の諸君のうちには、私がこれまで著書や論文集の形で発表して参りました当該の立論を先刻御承知のむきもあろうかと思いますので、レジュメ風の議論は省かせて頂きます。――もし必要ということで司会の方から求められればこの限りではありませんが……

で、ここでは、先ほどらいの話とのつながりに即して初期マルクス疎外論の論理構制を大胆に顕揚しておき、ありうべき無用の誤解を防ぐために若干のコメントをつける、そういう発言にとどめることにいたします。

初期マルクスといえば、大てい『経哲手稿』あたりから、遡ってもせいぜい『独仏年誌』に発表された二論文あたりから議論を始める例が多いわけですが、ヘーゲルやヘーゲル学派とのつながりを計算に入れて論考するためには、『ライン新聞』の時代や、さらにさかのぼって『学位論文』の時代まで念頭におく必要があります。ここでは、学生時代にまで遡れとは言いませんが、私が初期マルクスということで学位論文あたりまで考慮に入れて論じている若干の議論に対して、『経哲手稿』だけを論拠にして「マルクスはそんなことは言っていない」というような御批判を賜ったりすることがあるものですから、あらかじめ一言しておく次第です。

マルクスは、周知の通り、法学徒としてスタートしましたし、ヘーゲル哲学といってもとりわけ「法哲学」につよい関心をいだいていたこと、そして『ライン新聞』時代を通じて、ヘーゲル法哲学と内在的に対決し、それを内在的に批判・超克せざるをえない局面に達したこと、このことは――本州大学の黒沢惟昭氏が本年（一九七三）度の「本州大学紀要」で克明に描出しておられますが――不十分ながらも私自身くりかえし論じて参りましたので内容には立入りません。ただ、マルクスの場合、ヘーゲル左派とはいっても、「宗教」の問題よりも、ヘーゲルが法哲学で扱っているような方面、つまり、国家や市民社会といった歴史的・社会的な形象に関心があったということ、そして、彼がヘーゲル法哲学、なかんずく市民社会論の批判を志向したことが彼の理論形成の経緯を大いに規定しているということ、このことだけは銘記したいと思います。

これと関連して、シュタインを通じて知ったフランス社会主義・共産主義についての知識、パリに移ってから接触したフランス人やドイツ人の社会主義者たちから得たインパクトといったことが問題になりますし、遡っては『ライン新聞』時代に実見・当面した幾つかの社会問題・政治問題ということも絡んで参ります。総じてまた、いわゆるフォルム・メルツ、三月革命以前期のドイツ・フランスの思想界や時代思潮といった背景も問題になって参ります。しかし、ここでは敢て論理構制に着眼するというかぎりで、そういう具体的な形成史上のファクターについては割愛を許されるだろうと思う次第です。

尤も、ヘーゲル法哲学の学徒ということを強調しますと、法哲学の場面ではなるほどヘーゲルのいう「人倫」、つまり、フォイエルバッハの類的存在に通ずるような主体概念が立てられているし、ヘーゲル哲学をフォイエルバッハの道具立てで内在的に批判していくという作業がすぐ連想される。このことは認めるけれども、学位論文はどうだ、自然哲学ではないか、という反問を生ずるかもしれません。たしかに、学位論文として提出された範囲では自然哲学であります。——準備過程や元来のモチーフからいえば、決して自然哲学に限定されていたわけではありませんけれども、一応はそう言えます。——それにまた、学位論文を仕上げた前後の時期には、マルクス自身、バウエルと一緒になって、宗教批判の著作を出す計画があったではないか、という御指摘を賜るかもしれません。これもその通りであります。

学生時代後半のマルクスは、大先輩、――ベルリン大学で受講したかぎりでは先生――であるブルーノ・バウエルの影響を強く受けておりますし、フリードリッヒ・ケッペンとの交友もありというこ とで、しかも遡っていえば、バウエル一派が左派に推転する渦中にドクトル・クラブの一員として参加していたという経緯からしても、マルクスはもちろん法哲学だけにかかずらわっていたわけではありません。現に、学位論文では、バウエルの強い影響のもとに、観念論の立場を標榜しつつ、天体界を「自己意識」の疎外態として観じており、――バウエルの「自己意識」はもちろん、ヘーゲルの「絶対精神」の単純な読み換えではありませんけれども、――論理としてはヘーゲルの主張する「精神」の自己疎外態としての自然、精神が自己を外化することによって自然界が成立するのだという発想を、この時点でのマルクスも採っていたことに留目させられます。それにまた、かの「具体的普遍」の発想、本質と実存、普遍と個別、必然と自由、形相と質料、こういう二元性の弁証法的統一のモチーフ、ヘーゲルにあってはまさしくかの外化・疎外と憑自的自己獲得の論理によって確保されていた論理の構制を学位論文のマルクスは踏襲しております。

こういった事実は、私とて承知しているつもりであります。疎外論で論考される「疎外」と呼ばれる事態、疎外という概念の（論理学でいう意味での）外延 Umfang を、何かしら私有財産制のもとに特有な労働大衆のミゼラブルな状態に限定してしまうような通俗的な議論では、マルクスの疎外論が文典に現われるのは『ユダヤ人問題』や『ヘーゲル法哲学批判序説』あたりからだ、とされている看がありますけれども、学位論文のマルクスはヘーゲルの疎外論、バウエルの疎外論にもっと密着した線で発想していたのだということ、このことを私としてはむしろ強調しておきたいほどであります。しかし、ここでは、こういう但し書や断り書めいた話は割愛して、『経哲手稿』を念頭においた議論に進みたいと思います。

『経哲手稿』におけるマルクスは、私有財産を人間の類的本質の自己疎外的定在としてベグライフェンし、そして、この自己疎外態から人間の類的本質が自己回復していく運動として共産主義を定礎する、こういう構図で論述しております。もちろん、マルクスは、「自然の人間への化成」といった大がかりな歴史哲学的な展望のもとに論じておりますので、私有財産と共産主義の問題が唯一的な論材というわけではありませんけれども、大づかみな構図としては、そう申してよいでありましょう。

モーゼス・ヘスとの影響関係の考証はここでの課題外でありますが、これが、フォイエルバッハの宗教批判の論理を社会経済問題、とりわけ「貨幣体制」と「社会主義」の問題に適用して論じたヘスと共通する姿勢になっていることは、誰しも認める筈であります。『経哲手稿』でマルクスのとっている主体概念は、Gattungswesen 類的存在、類的本質存在というフォイエルバッハのそれの踏襲であること、但し、マルクスはフォイエルバッハのいう類的存在という規定の一モメントたるゲマインシャフト（相互的な関わり合い——共同態、これは共同体としての Gemeinwesen 共同本質にと通じていく含みをもっております）ということをフォイエルバッハよりも具体性をもたせて表象していること、このことも誰しも認めるところであります。マルクスは、しかし、人間存在を同時に「自己活動」Selbstbetätigung（これの疎外態が「労働」つまり「疎外された労働」というかぎりでの「労働」）の主体としてとらえており、この点ではヘスの主体概念と共通します。

こういう類的存在としての人間という主体＝実体の自己疎外と自己回復の運動として、マルクスは私有財産（制）と共産主義を論ずる。フォイエルバッハが天上の神について、人間の類的本質の自己疎外と、その自己回復を説いたのとそれは同一構造の論理構制になっている。まずはこの点を押さえておくべきだと考えます。

ところが、こういう提言をいたしますと、世間では、さっそく、フォイエルバッハとマルクスとの相違にこそ着目すべきだという異論というか反対提案が持出されます。私はもちろん、相違面を無視するつもりはありませんし、フォイエルバッハの宗教批判の議論の仕組みとマルクスの『経哲手稿』での議論の手続 Verfahren がそっくり同じだなどと申しているわけではない。相違面の検討はあとでディスカッションのなかでどうしても問題になると思いますので、ここでは大枠でどうかということで、とりあえず構図の共通性を云っておくわけです。

私としましては、まさしく、この構図における議論を通じて、マルクス主義における三つの源泉の綜合的統一と呼ばれている事態――成立史的な過程の問題としてではなく、思想史上の位置づけと先行思想との関連づけとして私は申しているつもりです――がはじめて可能になったと考えております。が、このことはあらためて詳言を要せぬと思いますので、ここでは無用の誤解を防ぐべく或る事に関説しておきましょう。

『経哲手稿』のマルクスは、たしかにフォイエルバッハのいう類的存在、類的本質という概念をキー・コンセプト（鍵概念）にして議論を展開している。そこまでは確かだとしても、しかし、マルクスは決して「類的本質存在」という「大我」「大きな主体」を主体=実体としているわけではないのではないか？　なるほど、フィヒテは「自我」、ヘーゲルは「絶対精神」、シュトラウスはMenschheit、バウエルは「自己意識」、そしてフォイエルバッハは「類的本質存在」としての「人間」という「大きな主体」「超個人的な大我」を主体として、そういう主体の自己疎外を論じたかもしれない。しかし、マルクスはそうではないのではないか？　『経哲手稿』を読んでみると、労働者、生身の労働者の疎外が論ぜられている云々、このような反問がしばしば提出されます。

こういうことは、ヘーゲルやヘーゲル学派の哲学について、一応も二応もの知識をお持ちの諸君の前で言うのは気がひけますが——私がそういう常識以前的事項の断り書きをしなかったのがいけなかったのでしょうか——世間では時折、ただいま申し述べたような反問ないし反論が私に対して差向けられているようであります。ですから、失礼をもかえりみず、一言申しておくことをお許し頂きたい。

私は、先程、フィヒテやヘーゲルにおける「自我」や「絶対精神」という「大きな主体」の自己疎外を云々し、ヘーゲル左派においては、それが「神」的な主体から、個人でこそなけれ「人間」的主体へと逆転せしめられたこと、しかし、疎外論の論理構制の図式に留目する限りでは、かのイエス・キリストにおける神の「受肉的変身」の構図が連続していることを指摘しました。このことの指摘それ自体は何ら新しいことではなく、哲学者たちにとっては旧くからの常識の筈ですし、ヘーゲル左派出身のマックス・シュティルナーがいちはやく指摘し、若いエンゲルスにもショックと共感を与えた事項であります。シュティルナーは、フォイエルバッハにおいては、結局のところ「人間」なるものが神の座にすげかえられただけで、唯一者的諸個人は、この「人間」「類的本質存在」とやら（つまり「神」の別名であるところのもの）の前に依然として拝跪させられる云々といって批判し、ヘーゲル主義的発想からの脱却を主唱した。それが『経哲手稿』が書かれた年の年末近くになって出た『唯一者とその所有』、あのベストセラーでの主張であることはあらためて紹介するまでもありますまい。

係争点は、まず第一に、フィヒテの「自我」やヘーゲルの「絶対精神」、或いはまたヘーゲル左派の「人間」「類的本質存在」といったものが、諸個人とどういう関係にあるか、そこでは諸個人は主体として扱われてはいないのか、ということであります。私の本日の話をもし皮相に受取られたむきがあるとすれば、かの主体＝実体として立てられるところのものは神様の別名みたいなもので、従って、諸個人とは全く別の存在だろうと推測されるかもしれません。

こういうことを申すのは常識以前だからというので気がひける所以ですけれども、ヘーゲルやヘーゲル左派のいう「大きい主体」が諸個人と全く無関係の存在ではあろう筈がないこと、ヘーゲルやその学派でも諸個人という次元での主体が無視されているわけでは決してないということ、このことは彼らの著作を読んでみるまでもなく、哲学史の常識があれば判るはずであります。カントとドイツ観念論とのつながり、カントにおける「経験的主体」と「先験的主体」との関係づけ、このモチーフがドイツ観念論の展開にとってどういう意味をもったか、このことを想起しただけで思い半ばに過ぎようというものであります。

ヘーゲルの「内在的批判」としてヘーゲル左派が出現しえた所以でもありますけれども、ヘーゲルは「絶対精神」という主体＝実体の自己疎外と自己回復という論理構制で論じているとは申しても、主体＝実体はつねに「絶対精神」という形で登場するわけではない。自然という定在にある場合まで申すと話がややこしくなりますけれど、それは「主観的精神」「客観的精神」「絶対的精神」といった諸段階を踏んで本姿を現わすことですし、それぞれの段階においてもまたその都度具体的な形をとって登場する。端的な話、それは個人の形で現われうる。例えば、ヘーゲルの歴史哲学は、いかに世界理性という形での絶対精神の顕現であるといっても、ヘーゲルは人間諸個人をぬきにして歴史哲学を講じているわけではなく、そこにはあの有名な世界史的個人も登場するわけです。それでは、そういう個人なり、民族なりといった主体、つまり、さしあたり主体的な活動当事者として登場するところの能動的主体が、究極的な真の主体であるかといえばそうではない。しからばヘーゲルの場合、諸個人は単なる操り人形であるかといえばそうでもない。ここにおいてかの「理性の狡智」という一種独得の議論による各人の主体性と法則的必然性との関係づけがおこなわれるわけです。真の主体は個々人といった次元での主体ではない。諸個人という能動的主体においてはたらいているのは民族精神といった次元での主体であり、この民族精神といった次元での歴史の主体においてはたらいているのは世界理性であり、世界理性は……といった構造になっているわけであります。このことは、イエス・キリストという主体においてはたらいている真の主体は実はそこに化体している神であるということ、しからばイエス・キリストは操り人形にすぎないかといえば、決して単なる操り人形ではなくて、一応の主体性をもった当事主体であるということ、こういう構図の継承という事情を勘考していただければ話が通ずると思います。

フォイエルバッハの場合にも、やはり同様な事情にあるわけでして、彼の場合、類的存在という概念そのものが多義的ですので、一義的に言い切るのは不正確になりますけれども、諸個人が類的活動をおこなうわけです。類とかいう独立自存の大きな主体がどこかしらにいてはたらくのではなく、それはあくまで諸個人において定在する。ヘーゲル以来の発想で、普遍・本質・類というものは、個別・実存・個から離れてどこかしら超越的世界に自存するわけではない。諸個人において類的本質存在が本質発揮（Wesensäußerung＝本質外化）をおこなうわけです。或るフランス哲学の研究者が、「フォイエルバッハは類的本質存在としての人間を論じていると聞いていたが、実際に読んでみると彼は実存を論じている、フォイエルバッハは実存概念の発見者だ」と大真面目で言っているのを耳にしたことがありますが、こういう〝大発見〟が生ずるぐらい、フォイエルバッハは具体的な諸個人に即した議論をしているわけです。そうでなければ「感性」「感覚」ということをあれほど強調し、唯物論の立場に立つことはできないわけで、フォイエルバッハの主体概念が「類的存在」「類的本質」だと聞いて、彼は具体的な諸個人を無視していると思い込むとすれば、早合点もいいところで、とんだ悲喜劇になってしまうわけです。

ここまで申しあげれば、『経哲手稿』におけるマルクスが、諸個人を当事主体にした議論をおこなっているということと、類的本質存在という究極的な主体＝実体の措定とは決して直ちに背反するわけではないこと、――ヘーゲル左派においては主体が大我的であるのにマルクスにあっては『経哲手稿』でもすでに主体が具体的な諸個人に定位されている云々、ということで区別しようとする議論がヘーゲルやその学派の主体についての無知にもとづくものであること――これはもはや容易に御理解いただけると思います。現にマルクスは、『経哲手稿』のなかで、労働というものは本来的には「類活動」「類生命」の発揮なのであるということ、本来的には類的存在・類的本質の自己活動的発揮なのだということをくりかえし論点としながら議論を進めております。『経哲手稿』では、本来的な主体＝実体たる Gattungswesen としての「人間」と労働主体として登場する労働者とがいかなる脈絡におかれているか、これについては討論のなかで必要とあればテキストに即して具体的に申しあげることにしまして、ここでは、とりあえず、シュティルナーやヘスや、また『フォイエルバッハに関するテーゼ』におけるマルクスのフォイエルバッハの「類的存在」という主体概念に対する批判が、決して正鵠を失したものではないということを申し添えるにとどめます。

先ほどヘーゲルやフォイエルバッハにおいて、さしあたっての当事主体として登場するところの能動者と真の主体、究極的な主体との区別と関連を勘考すべきことを申し述べた議論からして、もはや絮言を要せぬことですけれども――フォイエルバッハを読んでみると彼は決して「人間」という「抽象」Abstraktum の議論に陥ってはいない。実存的な次元で論じている。だから『テーゼ』におけるマルクスや、さかのぼってはまたヘスやシュティルナーの「類的本質存在」批判は見当外れだ云々、といった論議は、概念構成と発想の基本に即するかぎり、それこそ笑止であって、マルクス達の批判は十全のいわれがあると私は思います。

この問題にふれることは、しかし、結局のところ、疎外論の論理構成そのものの限界ないし難点ということに関連して参りますので、視角をかえて論じてみることにいたします。

初期マルクスの疎外論――疎外論の論理構制にもとづいた立論がどういう難点を孕んでおり、従ってマルクス自身が一時期の疎外論をどのように止揚していくことになったか、この点の分析と追跡はのちほど具体的な話になると思いますので、ここではとりあえずヘーゲル学派的な疎外論の論理構制《ロギスティーク》そのものの難点をストレートに問題にしておき、そのこととの関連で物象化論の地平ということを示唆的に論じておきたいと思います。

私は先に、普遍と個別、本質と実存、形相と質料、自由と必然、主観と客観、こういった伝統的な二元的対立をヘーゲルが弁証法的に統一したこと、それを彼に可能ならしめた論理の鍵がかの「外化」「疎外」のロギスティークに存するということ、この間の論脈を申し述べ、ヘーゲル哲学が古代このかたのヨーロッパ哲学の決算であると称されている所以の事情について多少とも論じておきました。尤も、そのさいにも留保しておきましたように、ヘーゲル哲学がはたして、伝統的な二元性の対立をいい真に止揚統一しえているか、それがはたして真の「決算」たりえているかどうか、これは別途に検討を要する事柄であります。普遍必然的なものと個別偶然的なもの、自由と必然、形相と質料、こういった伝統的な二元性の対立を、主観・客観という近代的なシェーマの土俵内にとりこんで、統一的に把え返そうとする努力、いわゆる主観性と客観性とを存在論的にも新しい視座から規定し返そうとする努力、これはカント哲学においてすでにみられることであり、――尤も、こういうことは、偉大な哲学体系の場合には、どこにでもみられると言われるかもしれませんけれども――カント自身すでに古代ギリシャ哲学このかたのヨーロッパ哲学の統一的な体系的再構築という課題意識をもっていたと申せます。が、カントの場合には、二元の接合にすぎないと評されうるのに対して、何といってもヘーゲルの場合には、一応の統一であることが認められうる。論者たちが、ヘーゲル哲学においてこそかの〝決算〟が成就されたと称する所以でありましょう。このことを一応は認めたうえで、しかし、それが果たして真の解決になっているかどうか、われわれとしてはあらためて検討を要する。そして、ヘーゲルにおける成否の鍵が、とどのつまりは疎外論の論理構制に関わって参ります。

普遍と個別、本質と実存、形相と質料、無限者と有限者、これらの統一的把握が、主観と客観との統一的把握にかかわってくるし、絶対精神と個別的な人間的精神との統一的把握にもかかわってくる。ヘーゲルにいわせれば、無限者と有限者、普遍と特殊、こういったものが別々に存在し、いわば同位的な対立をなすのであれば、無限者や普遍者と称されるものも、有限者や特殊者と並ぶ、もう一つの有限的・特殊的な定在になってしまうから、それはもはや無限者でも普遍者でもないとされざるをえなくなる。それゆえ、無限者と有限者、普遍者と特殊者……といった対立性において思念されているところの存在は、本当には、別々に定在するのではなく、全き弁証法的統一の相で「区別と同一との同一」として存在するのでなければならない、というわけであります。ここにおいて、ヨーロッパ人は、かの神人の表象、三位一体の表象に訴えると容易に納得してしまう。神格を別在させないために実体＝主体ということにして、普遍・本質・形相といった実体そのものを同時に主体として自己外化自己疎外せしめる。このことによって、中世をつらぬいたかの普遍論争、ギリシャにおける形相主義と質料主義との対立、こういったものも〃解決〃する。疎外の概念がまさにキー・コンセプトをなしているわけであります。

しかしながら、三位一体のキリスト教的な想念を離れて考え直してみるとき、はたして普遍・本質・形相と個別・実存・質料との関係づけが、疎外・外化という把握で解決されているのでありましょうか？　人間の類的本質と個的実存との関係ひとつをとってみても、すっきりと解決されているとは言いがたい筈であります。マルクス・エンゲルスが『神聖家族』のなかで、ヘーゲル学派の思弁的構成の秘密を暴露して、「果物」という普遍・実体（として思念されているところのもの）の例に即して批判しているのが、まさしくこの論点にかかわることとは容易に御理解いただけると思います。

遡って考えますに、三位一体の教説そのものが、実は明瞭であるようで必ずしも明瞭ではない。旧くからこの点をめぐって異端説が現われた所以でもあります。

フォイエルバッハやマルクスの場合には、しかし、そもそも神の化肉ということを認めないのであるから、そういうことは無関係ではないのか？　こう反問されるでありましょう。問題なのは、しかし、有神論か無神論かということではなく、彼らの了解を支えている論理構制であります。マルクスが、学位論文でも『ヘーゲル国法論批判』でも、『独仏年誌』の二論文でも、本質と実存、類と個、形相と質料、こういった二元性の止揚統一をくりかえし強調していることは御記憶だと思います。『経哲手稿』では、共産主義の第三形態を論じた個所で「この共産主義は人間と自然との……実存と本質との、対象化と自己確証との、自由と必然との、個と類とのあいだの争いの真の解決である。これは歴史の謎の解かれたものであり、自分をこの解決として自覚している」と書かれております。このことも御記憶のはずであります。それでは、一体、いかなる構制において、本質と実存、類と個、自由と必然、普遍と個別……こういった二元性が止揚・統一されるのか？　フォイエルバッハにせよ、初期のマルクスにせよ、この間の論理を明示的には説きません。彼らが疎外論の論理を採っていたかぎり、かの普遍・本質・形相……の自己外化と自己回復という論理によって、それが当然に保証されているものと思念していたとしても無理からぬものがあります。神的な主体＝実体の自己疎外と自己回復というのは、実は逆で、人間的本質の自己疎外と自己回復という事実の転倒された表象だというわけですけれども、論理の構造そのものは同じなのですから、ヘーゲルの場合〃保証〃されていた普遍と個別、本質と実存との統一関係はそのまま維持される筈だと思念されたのでありましょう。

考えてみれば、しかし、三位一体の既成観念を大前提として認めてしまうのでないかぎり、もともとヘーゲルの場合にも、当の統一は「保証」されてはいなかったわけで、この点の飛躍は主述転倒してみたところで埋まるわけではない。飛躍がいよいよ見え易くなるという次第なのであります。

ヘーゲルやヘーゲル左派の場合、普遍・本質・類・形相といったものは、個別・実存・個・質料と別世界に独立自存するわけではないけれども、universalia in rebus の相で現存する実体であること（実体＝主体であること）このことまでは既定の了解事項になっている。だから、フォイエルバッハは類的本質存在の自己疎外を論じえたのだし、一時期のマルクスもそれを踏襲しえた。しかし、今や普遍・本質・類の自己外化という「思弁的構成」の秘密に気付いた以上は、そもそも、普遍・類・本質……といったものが実体＝主体として実在するのかどうか、この点に抜本的な省察を施す必要が出てくる。現に、マックス・シュティルナーは、普遍・類といったものの実体性を否認する唯名論的な立場をとるに至ったし、それに触発されて、エンゲルスも「唯名論＝唯物論」を云々する一時期を迎えることになります。マルクスでさえ、後の一時期、かなり唯名論に傾斜したような発言をすることがあります。が、マルクスの場合、そう単純な軌跡にはなりません。

単に唯名論の立場に移行して、普遍とか本質とか類とかいうものは、名辞たるにすぎず、そういうものは実在しないといって済ませてしまうわけにはいきません。ヘーゲル哲学の立場を通ってきている者にとって、唯名論への単純な回帰などということは、とうてい困難であります。

そこで、人々がこれまで、普遍とか本質とか類とか……形相とか……そういうことで実体（＝主体）として思念してきたところのものは、真実にはいかなるものであるのか、一体なにをどう錯視することにおいてそういう思念が生ずるのか、そういう錯視を成立せしめる所以のものは何か、このことを省察しなければならない。それは同時にまた、普遍・類……の化肉的定在として思念されてきた個別、個、実存の側についても、それの実体性について考え直すことを要求せずにはおかぬ問題状況であります。

マルクスは『フォイエルバッハに関するテーゼ』のなかで、人間の本質とは、社会的諸関係の総体であるというかの有名な提題を打出し、関係の第一次性に即して、本質と実存、全体と個体、普遍と個別、こういうものの両極と関係を把え返していく姿勢をいちはやく見せます。この省察が進めば、やがて、疎外論の論理構制の秘密、主体＝実体の自己外化という想念の秘密も、おのずから明らかになっていきます。

翻って考えれば、実は、ヘーゲルの論理、いな、ヘーゲルの存在了解のうちに、そういう把え返しの場を提供する契機が秘められていたことにわれわれは気づきます。

ヘーゲルは『精神哲学』のなかで「個人の具体的な存在には、彼が他の人間ならびに世界一般とのあいだに形成している諸関係の総体が属している。この総体性は個人に内在的であり、この総体性が個人の現実性をなす」と明言しております。フォイエルバッハにも、類的本質をゲマインシャフト、すなわち「相互的関わり合い」ということで規定している個所があります。このゆえにこそ『経哲手稿』のマルクスは、「フォイエルバッハが社会的関係をも同様に原理としており、云々」と書き——このかぎりでは『テーゼ』での批判的言明とは、言葉の上では相反する立言をおこないえたという事情が認められます。

それでは、「関係の第一次性」に定位するというのは、ヘーゲル・フォイエルバッハ以来の基本的な存在了解なのであるか？　私はそうは考えません。がしかし、ヘーゲル・フォイエルバッハにおいて既に孕まれていたこの契機、——疎外論から物象化論への推転ということを、学説史的な連続性と不連続性という視軸で第三者的に跡づけるさいには、——この契機を忘れることは許されないと思いますし、本日の話としてはこのモメントに関説することを介して、先には残してきたヘーゲルの有機体主義的・全体観的な世界了解の問題と、普遍・本質の問題との関連、いわゆる「具体的普遍」の問題にも好便に議論を進めることができます。

ヘーゲル弁証法の世界観は一種の全体論《ホーリズム》だという言い方がしばしばなされます。そしてマルクスの世界観についても、それと同趣的にみる見解があります。機械論的・要素主義的な見地に立つ人々の眼からみれば、そうみえるのも無理からぬことは否めません。しかし、ヘーゲルの場合はともかくとしても、マルクスの世界観を有機体主義的なホーリズムだとみなすのは、短見と申すべきでありましょう。

ここで問題になるのが「関係の第一次性」ということであります。が、これにふれるためにも、ヘーゲルの場合について、若干考えておく必要があります。

古典的な言い方をすれば、アリストテレスの有名な定式に従って「全体が部分に先立つか、それとも、部分が全体に先立つか」という二者択一、このどちらをとるかに応じて、世界観、存在観の対立が生じます。原子論的・機械論的・要素主義的な観方では、部分が全体に先立つという了解の構えになっており、これが近代的な見方における主流であることは申すまでもありません。これに対して、古代・中世における主流的な見方では、生物有機体主義的な世界観の構えと相即的に、全体が部分に先立つものと了解されていたわけでありますが、ヘーゲルの場合にもこれに通ずるものになっている。全体というのは決して実体的に自存する諸部分の加算的総和ではなくして、全体こそが実体であり真実態であるという考え方、ヘーゲルの場合には、しかも、全体が諸分肢に謂うなれば宿ることにおいて諸分肢もはじめて存在するのだと考えられる。かの主体＝実体は、「全体でもある」と申すこともできるでありましょう。

ヘーゲルのこの考え方、遡っては、要素主義と全体主義との対照、これを説明するためには生物有機体に即しながら、機械的存在との対比を試みるのが好便でありますが――そしてなかんずく、全体が分肢に宿るという発想の構図を理解するためには生命体と器官との関係に即するのが便利でありますけれども――時間の節約をはかりつつ、マルクスのほうに話を移す通路を確保する意味で、ここでは社会観の例を持出してみることで次善とすることにいたします。

近代的社会観の場合、例えば社会契約論の発想にみられますように、諸個人という自立的な実体がまず在って、こういう実体的諸個人の結合体として第二次的に社会＝国家というものが成立するという考え方が一方にある。というよりも、これのほうが主流的な見解であるといったほうが実情かもしれません。それに対して、ヘーゲルが一種の社会有機体論ふうの発想をすることは周知のところでありましょう。社会＝国家という全体、ないしは民族という全体があって、諸個人というものはこの全体から存在性を得ている。生物有機体の諸器官が独立自存しうるものではなく、生命体という有機的全体から存在性を得てはじめて諸器官が器官として存在するのと類比的に、諸個人というものは全体を俟ってはじめて存在するものである。諸個人の精神といっても、それは民族精神の一具現であって、云々、という議論であります。ヘーゲルの場合、社会＝国家ないし民族という全体を実体化する考え方が諸個人を実体化する考え方へのアンチとして立てられるわけでありますが、ここでもまたもや、かの普遍・本質・類的実体が個別・実存・個的定在において具現し、体化されるという構図、「具体的普遍」というヘーゲルの想念を支えるかの外化の構図に逢着する次第であります。先ほど指摘しておきましたように、しかし、まさしくこの論理に問題がある。汎神論的な化体の論理を対自的に問い返してみるとき、そこには比喩はあっても、真の説明はないことにわれわれは気づきます。

マルクスのマテリアリスティッシュな存在観がヘーゲルと岐れていくのも、まさにこの存在了解の構えに関してであると申せます。普遍・形相・類・全体といったものを実体化してしまう発想、そしてこの実体＝主体の外化、個別的定在への〝宿り〟肉化、といった神学的表象ないしは比喩で説かれていた事態の秘密の暴露がいちはやく志向されたことには先に一言しておきましたが、マルクスとしては唯名論《ノミナリズム》に逆転するわけではない。つまり、質料・個・個別的定在を唯一的な実体として自存化させてしまうわけではありません。

この間の事情を手取り早く理解していただくためには、マルクスの社会観の構えの想起を求めるのが好便であります。私がいまさら言葉を費すまでもなく、マルクスは、諸個人を実体化させてしまう社会契約論式の発想を批判すると同時に、社会を実体化させてしまう社会有機体論式の発想をも併せて批判し、これら双方に対して「社会とは諸個人の関わり合いそのものの一総体である」といい、諸個人の側についても、これまた余りにも有名な言葉でありますが、「人間の本質は社会的諸関係の総体である」と立言します。

社会観の場面において、マルクスは要素主義的な発想を卻けつつ、しかも、全体主義をそのまま採ることなく、これをも批判することによって「関係の第一次性」に定位する世界了解の構えを示している。ヘーゲルとマルクスとの存在観の構えには一見あい通ずるものがあるとはいえ、看過すべからざる相違があると申す所以でもあります。

私は只今、社会観という次元で申しましたが、ヘーゲルやヘーゲル左派におけるあの大きな主体＝実体、それの原型ともいうべき人倫的実体、それのくだった型の一つたる類的存在、これと社会概念との内的な脈絡を一考していただければ、社会観次元でのマルクスの新しい把え方が、かの主体＝実体のとらえ返しに通ずることは容易に御理解いただけると思います。私は、ヘーゲルから左派を介してマルクスへと到る展開を、決して単なる主体＝実体概念の変遷ということに還元してしまうつもりはありません。問題の眼目は、ゲシュタルト・チェンジを見易くするためのメルクマールの設定をどうするかということ、にかかわる事柄なのであります。ヘーゲル左派が、ヘーゲルの主体＝実体たる絶対的精神にどう対処したか、シュトラウスの実体に対してバウエルがどう対処したか、バウエルやフォイエルバッハの主体＝実体たる「自己意識」や「類的本質存在」に対して、シュティルナーやヘスやマルクスがどう対処したか、こういうことを辿って参りますと、慥かに、ヘーゲル左派の展開過程は先人の措定した主体＝実体、実体＝主体の概念的内実を対自的に批判・置換していった過程として観ずることができますけれども、それはゲシュタルト・チェンジの一指標として扱うのが正鵠を射る所以になると私は考えます。ここでは、しかも、マルクスにおける推転に留目すれば当座の議論としては足るでありましょう。

マルクスとしては、一方では社会や国家という形で実体化して表象されているところのもの、そして、他方では諸個人という形で実体化して表象されているところのもの、これら両極的な思念における〝実体〟の真実態をとらえ返すわけでありますが、それを可能ならしめる地平が「関係の第一次性」に定位する了解の構えと相即するのであります。このことは、ヘーゲル左派において「大きな我」「大きな主体」として実体化されていたところの「類的本質存在」としての「実体」「自己意識」等々、ならびに、他方の極をなす近代啓蒙主義的な個我、ヘーゲルがいう意味での「実体的諸個人」、これら両極化された〝実体〟の真実態の把え返しに通じますし、ヘーゲル主義的に了解されていた普遍・本質・類・形相と個別・実存・個・質料との関係の真実態を把え返すことにも通ずる所以となります。ここでは、もはや、化肉の表象に比喩的に訴えることでは済まされないだけでなく、主体＝実体というかたちで思念されていたところのもの、および、それの疎外態として思念されていたところのもの、これらの契機そのものを正しく把え返し、正しい関係づけにおいて説明し返すことが要求される。この意味において、ヘーゲルの存在観やその論理そのものをオブジェクト・レベルにおく、もう一段次元の高い省察が必要になった次第であります。

ここに拓かれた新しい地平に照応するジステマティークを私は物象化論のジステマティークと呼ぶのでありますが、物象化論の世界観的地平、ならびに、物象化論の論理構成ということを論考する場合、少くとも三つの問題次元を一応は区分したうえで、総体的な統一性を問題にしていくのが本道だと思います。

第一は、普遍・本質と個別・実存との関係が問題になる象面であって、学史的な文脈でいえば、伝統的な「唯名論 対 実念論」の同位対立の地平をどう把え返し、どう超克しているか。第二は、全体と部分（類体と個体）との関係ということが問題になる象面であって、「要素主義 対 全体主義」の同位対立の地平をどう把え返し、どう超克しているか。第三は、主体と客体（主観と客観）との関係が問題になる象面であって、学史的な脈絡でいえば、いわゆる Subjektivismus と Objektivismus 「人間主義 対 科学主義」の対立する地平をどう超克しているか、という射影で論じうる次元、以上の三つであります。

これら三つの次元に即した論考を私なりにこれまで文書の形で発表して参った次第でありますが、

ここで蒸し返すには及ばないでありましょうし、本日のシンポジウムではそこまで間口を拡げるわけにもいかないと思います。

本日のシンポジウムでは、論点をしぼるというよりも、一種の便法として、謂うところの三つの象面が比較的みえやすい論材に即しては如何かと考えます。それは、『資本論』における価値形態論から物神性論にかけての議論に定位する行き方であります。私は、もとより、この論材に限定せよと申しているわけでは毛頭ありませんけれども、この論材に即する場合には、初期におけるいわゆる〝労働疎外論〟との連続的不連続性も好便に論考できますし、『ドイツ・イデオロギー』における分業や協働の論理構成の討究とも絡め易くなるように思います。

如何でしょうか、私としましては、協働の役柄的編成とか、間主体的《インタースブエクティーフ》な対他‐対自的な構造とか、俗に übersinnlich なゲビルデと称されているところのものの存在性格とか、Intersubjektivität の存立構造とその諸契機について、予示的に申し述べておいたほうが行論に便利な論件を残してはおりますけれども――また、かの主体＝実体、全体＝類体、普遍＝本質、といったかたちで思念されていたところのものが、マルクスにおいて、関係の第一次性に即してどう把え返されるにいたったか、それにともなって、いわゆる「主体‐客体」の二元的相関の論理、その一斑たる外化・疎外の論理がどう止揚されるにいたったか、シェーマだけでもあらかじめ申し述べておいたほうが便利かとも思いますけれども――私の持論を簡約に復唱するだけでは無用の再説になりかねませんので、必要な諸点は具体的な立言のなかに繰り込むことにいたしまして、ここで一たん降壇することにいたします。

第四章　ヘーゲルの社会思想とマルクス

本稿は『構造』一九七〇年八月号に掲載した「ヘーゲルの社会思想と初期マルクス——類と個の問題に即して——」の再録である。

近年、ヘーゲルの社会思想とマルクス主義の社会理論との関連について、あらためて討究する気運がみられる。ひと昔まえまでは、ヘーゲル‐マルクス論といえば、殆んど弁証法の問題に局限される慨があった、これを顧みるとき、近年の趨向はそれ自体、留意に値するであろう。筆者の看ずるところでは、しかも、そこには単なる思想史的・学説史的な継承関係を追認するという以上のモチーフが秘められているように見受けられる。それは、一言でいえば、マルクス主義の発想法そのものを追体験しつつ、そのことによって、マルクス主義の思想的地平を明確化しようという志向に支えられており、ヘーゲル‐マルクス論をそのための恰好な通路 Zugang とする意想である。

本稿も右の問題意識に発する覚え書きであって、ここでは就中、マルクスの人間観‐社会観ひいては国家観の根底を支える発想法の特質を対自化すべく、ヨーロッパ思想史における伝統的な問題の一つであるところの——そして、これにどう答えるかが、当の理説の世界観的な地平とも吻合する——類と個の問題に定位する。

一　三つの予備作業

本題に立入る前に、予備作業というよりもむしろ Vorbemerkungen として、三つの契機に分けて問題の辺縁を照射しておきたい。その第一は、ヘーゲル社会思想のいわゆる〝反動的性格〟、第二は初期マルクスがヘーゲルの社会思想を受け留めた姿勢、第三は「類と個」をめぐる伝統的な普遍論争の或る含意に関わるものであって、合して後論への好便な伏線となる筈である。

〔一〕　ヘーゲルの社会思想――狭義の社会思想ならびに国家思想を包摂した広義の社会思想――については「プロイセン絶対主義権力の御用学問」「反動思想」という評価が人口に膾炙している。この〝通説〟には決していわれがないわけではない。とすれば、ヘーゲルの社会思想とマルクス主義との内面的なつながりを認めることは、とりもなおさずマルクス主義と反動思想との近親性を容認することとにはならぬか？　現に或る種の論者たちは、そのことを指摘してマルクス主義を嘲笑する。それに対する反発もあって、マルクス主義者たちのあいだには、とかくヘーゲルの社会思想とマルクス主義との断絶を強調する傾向がある。マルクスはヘーゲル弁証法の合理的核心をもっぱら継承したのであって「ヘーゲル社会思想のごときは捨棄された最たるものの一つである」というわけである。ヘーゲル－マルクス論といえばもっぱら論理学・弁証法に局限する傾向も、実はこのような経緯に根差している。

われわれとしては、しかし、そもそもヘーゲルの社会思想は果たしてそれほど反動的であるか、このことからして問い返さねばならない。

ヘーゲル（一七七〇～一八三一）の社会思想は一八四八年のドイツ・ブルジョア革命以後の時点からふりかえって評価するとき、いかにも反動的に思えるであろう。ルドルフ・ハイムが『ヘーゲルとその時代』（一八五七）で打出した見方が定着したのも、ハイムとその時代に鑑みれば一向に不思議ではない。実際、ヘーゲルがベルリン大学に招聘された事情とか、一八一五年および一八一六年のヴュルテンベルク公国の議会 Landstände の批評とか、『法の哲学』序文におけるフリース批判とか、ヘーゲルがプロイセン国家権力の御用学者であったということを告発するための傍証材料にも事欠かない。

だがしかし、ドイツのブルジョア革命が現実の日程にのぼりはじめた一八四〇年代には、フリードリッヒ・ヴィルヘルム四世のヘーゲル学派弾圧にもみられるように、ヘーゲル哲学はもはやプロイセンの御用学問ではなかった。それどころか、それはヘーゲル左派哲学の形をとって、むしろ革命派のイデオロギーとなった。それは、しかも、単なる偶然ではなく、ヘーゲルの社会思想そのものの根本性格に根差している。この間の事情については一八四一年の正月早々、弱冠二十歳のエンゲルスが、いちはやく指摘に及んでいる。

「為政者当局は――と『アルント論』のなかで青年エンゲルスは書く――ヘーゲル体系の錯綜した形式と彼一流の堅い文体のなかみを嚙み分けて徹底的に検討するという労を払わなかった。当局は、この哲学が理論という静謐な波止場から大事件のさかまく大海原にやがて乗り出していくということ、現行の実践に切りつけんものと既に剣を抜き放っているということ、これを知る由もなかった。……当局がヘーゲルを庇護し、ヘーゲルの教説を殆んどプロイセンの国家哲学にまで持ち上げたのは、今日かれらが明らかに後悔のほぞをかんでいる通り、恥さらしもいいところであった。……〃プロイセン国家哲学〃から若枝がすくすくと伸びてきた」。「ヘーゲルの論戦は、国家権力によって忌避された相手、つまり、合理主義や世界同胞主義的な自由主義に向けられていたではないか！　だがしかし、ヘーゲルが戦ったのは、一層高い視座に席を譲らせるため」であって、決して単なる反動的な対応ではなかったのである、云々。

けだし、ヘーゲルの社会思想を目して、拙速に反動的と断ずるわけにはいかない所以であって、われわれは時代的背景を勘案しつつ、その思想的内実に即して論判しなければならない。

〔二〕　マルクスは『ヘーゲル法哲学批判序説』の周知の個所で次のように言う。「われわれドイツ人は自分たちの後代の歴史を思想のなかで、つまり哲学のなかで経験ずみである。……だから、実在の歴史の未定稿 œuvres incomplètes を批判するかわりに、観念の歴史の遺稿 œuvres posthumes つまり哲学を批判すれば、われわれの批判は、現代がそれこそ問題だ That is the question といっている当の問題の真只中に立つことになる」。「ドイツ国民はその実在的状態の直接の否定をその観念的状態のうちにもっており、そしてこの観念的状態を直接に実施したものを近隣の諸国民を観てすでに重々体験しつくしている」。

この含蓄に富む立言の真の意味を了解するためには稍々立入った分析を必要とするが、差当って次のことだけは文面そのものから明らかであろう。それはヘーゲル法哲学で措定されている社会思想が単なるドイツの現状の定式化ではなく、その「後代の歴史」、つまり先進国たるイギリスやフランスで既に実現している社会状態を先取り的に定式化したものであるということ、従ってヘーゲル社会思想の批判的超克は先進国英仏が現に直面している社会問題の批判的超克と相即するという受け留めかたである。

この故に、ヘーゲル法哲学ひいてはヘーゲル社会思想の批判は、青年マルクスにとって、後進国ドイツの現状に対する批判どころか、その後史に対する批判、すなわち、先進国がすでに到達している状態に対する批判を意味しえたのであった。

当時のヘーゲル学派にとっては、ヘーゲルの社会思想は先進国の実在的状態はおろか、先進国における「観念的状態」をすら超えるものとして理解されていた。E・ガンス（マルクスはベルリン大学時代に彼の講義を聴いた）はサン・シモンの社会主義をヘーゲル法哲学のコルポラチオンに比定しており、L・v・シュタイン（マルクスは『ライン新聞』時代に彼の著書を読んだ）はフランス社会主義を「法哲学」に比定している。畢竟するに、彼らの理解するところでは、ヘーゲルの社会思想は先進国英仏の社会主義をも超える高次の内容をもつものであった。

今日われわれの眼からみれば、後進国ドイツ青年の夜郎自大に微苦笑を禁じえないにせよ、しかし、そこには期せずして新しい思想的な質が胚胎していたことをも同時に認めることができる。

先に引用した『ヘーゲル法哲学批判序説』は、あらためて想起を求めるまでもなく、マルクスが遺稿『ヘーゲル国法論批判』にみられるがごとき、烈々たるヘーゲル批判をおこなった後での労作である。マルクスはすでにヘーゲル法哲学の「現状肯定主義」を剔抉しそれを酷しく卻けている。それにもかかわらず、マルクスは敢てヘーゲルの社会思想がドイツの後史を先取りしていることを認める。これは矛盾ではないのか？　一見自己矛盾にみえるこの事態のうちに、人間観・社会観・国家観の方面におけるヘーゲル－マルクス関係の謎を解く鍵が秘められている。また、当時のマルクスがフランス社会主義や共産主義に対してとった一見奇妙な態度を理解するための親鍵も、それと一連である。

臆断を惧れずに直截にいえば、それは人間における類と個との関係に関する――従ってまた、本質と実存との関係に関する――了解の仕方に淵源する。それは、しかも、類と個、本質と実存との関係の理論的な把握様式という域にとどまることなく、類と個とのあいだの真にあるべき関係、即自対自的に実現さるべき関係についての基底的な了解に懸っている。

今や右の論点に議論を移すべき段取りであるが、ここでとりあえず想起と銘記を求めておきたいのは、初期マルクスが彼の理想社会を定立する際つねに類と個との特有 eigentümlich な関係を問題にしているという事実――『ヘーゲル国法論批判』においては「類が即自対自的に実存として定在する」ところの「民主制国家」という人倫的共同体が志向され、『ユダヤ人問題』においては、「現実の個体的な人間が個体的人間のままで類的存在となる」ところの「人間的解放」としてそれが式述されており、『経哲手稿』においては、共産主義が「実存と本質との、個と類とのあいだの抗争の真の解決」として謳いあげられており、このあるべき人間的社会の定在を視軸にして現状批判がおこなわれていること——である。これは一体なにを意味するのか？　これを知るためにも、われわれはヘーゲルの社会思想、それを支える彼の人間観に遡らねばならない。

〔三〕　類と個との関係を考える場合、遡っては類そのものについて考える場合、今日のわれわれは——類や種そのものが実体的に実在するというような考え方を卻けて——とかく唯名論 nominalism 的に発想しがちである。普遍、つまり「類」や「種」そのものが実体的に実在するというがごとき〝形而上学的〟な発想を斥けて、経験的に実在する諸個物にしか実在性を認めない実証主義的唯名論の発想こそが慥かに近代的世界観の視座と緊合する。唯名論への傾動はいわれなしとしない。だが、実念論 realism と唯名論との対立が生ずる地平を超えたところにマルクス主義の地平が拓けるのであり、ヘーゲルにおける類と個の関係の処理方式は当の旋回の過渡をなしているのであって、既成の発想にとらわれている限り、ヘーゲル－マルクス的社会思想の真諦を逸することになり了る。

われわれは今ここで中世哲学史の復習をするつもりはないが、類と個をめぐる問題がいかなる因縁でつながっているか、後論にとって不可欠な限りで、二三の相面を再確認しておこう。

中世哲学史を通ずる最大の係争問題であった「普遍論争」すなわち類と個との関係にかかわる論争は、周知の通り、普遍 universalia つまり「類」や「種」は果たして実体として実在するか否かという問題提起に発する。キリスト教神学の立場にとって、もし類や種が実体として実在しないとすれば――換言すれば、実在するのは個々の個物だけであって、類や種は単なる共通の名称にすぎないとすれば――由々しいことになる。もしも個々の個物しか実在しないとすれば、父なる神と聖霊と子なるイエス・キリストの三者は全く別々のものになってしまって三位一体の教説――三位の実体的同一性の教説が崩れる。また、個物しか実在しないとすれば、アダムとイヴの罪は立言しえても、万人が、つまり類としての人間が原罪を負っているとはいえなくなる。さらにはまた、神と人間との契約が一義性を失うことになるし、人は生まれながらにして教会に属するというカトリックの大命題の基礎が危くなる、等々――。そこでキリスト教＝スコラ神学では、類や種そのものが何らかの仕方で実体として実在すること（神が創造したもうたのは、直接的にはこの類や種である！）、そして個物はこの形而上学的な実体である類や種と一定の形而上学的な存在論的関係をもつ限りで、その個物としての地上的実在性を得ているのであること、（類としての人間が原罪を負っており、この類＝実体を分有するが故に万人が原罪を負う！）これらのことを説明しうるような理論体系を構築してきた。

今日われわれの眼からみるときそれがいかに牽強附会の印象を与えるにしても、普遍実在論＝実念論の発想は、中世の生物態的 biomorph な世界観の地平においてはそれこそがむしろナチュラルであったことを銘記する必要があろう。霊魂の不滅と遍在――不滅な霊魂はかの形而上学的実体の普遍性を分有しつつ個物における形相として存立することにおいてその個物を当の個物たらしめる。個々の犬は犬の、猫は猫の、個々人は人間の霊魂＝形相をもつことにおいて、犬や猫や人なのであり、もしかの普遍的実体、類や種が形而上学的に実在しないならば、個々の犬や猫や人も実在しえない。けだし、犬が犬であり、猫が猫であるのは、それぞれの類や種という普遍的実体を分有することにおいてであるからである、云々。

唯名論が単なる実念論へのアンチテーゼという射程を超えて中世的世界観の全体に対する頂門の一針たりえた所以も今や明らかであろう。普遍、類や種が形而上的な実体として実在しないとすれば、すなわち、実在するのは個物だけであり、類や種は単なる共通の名称にすぎないとすれば、中世的な世界了解の根本図式が倒壊する。

われわれはここで中世的世界観と近代的世界観との根本的図式の相違を論ずるには及ばないであろう。ここでは唯、主観‐客観図式の確立と相即的に、既に唯名論が実体性を奪っていた普遍（類や種）が高々のところ主観に属する観念に貶置されたということ、普遍は反省的概念の普遍性として、諸個物に見出される共通規定性の一総体として了解されるようになったということ——、そして、われわれはとかくこの近代的発想法の埒内にあるが、ヘーゲル‐マルクス的発想を了解するためには、この近代的唯名論の発想を努めて括弧に収める必要があること、これを対自化しうれば足る。

以上三つの契機に即して Vorbemerkungen を試みてきたが、この予備的作業を承けて、今や比較的好便に本題に移りうる筈である。

二　類と個の問題性

本節ではヘーゲルからヘーゲル左派を経てマルクスへと〝不連続的に連続〞する人間観――というよりも人間存在に関する基底的な了解――に焦点を据えながら問題にアプローチすることにしよう。ここでは「類」と「個」との関係が直截に問題の中枢を占める。

〔一〕　ヘーゲルにおける類と個との関係は、中世最大のスコラ哲学者トマス・アクィナスの universalia in rebus という処理方式に近いということが指摘される。トマスは universalia ante rem「普遍は個物に先立つ」という典型的な実念論を採ることなく、「普遍は個物の中に存在する」という立場を採り、しかもこの見方をアリストテレスの所説と調和せしめつつ、形相‐質料論《ヒュロ・モルフィズム》を巧みに展開することによって、キリスト教神学をあらためて体系化した。ヘーゲル哲学が、このトマスの哲学、そしてアリストテレスの理説とのあいだに相通ずる契機をもっていることは確かである。しかしながら、近代哲学の媒介を経たヘーゲルにあっては、決して古代‐中世の哲学と一直線に連なるわけではない。

ヘーゲルは、確かに、唯名論に対するよりは遙かに実念論に近い立場を採る。或る意味では、ヘーゲルは実念論者であるといったほうが正確かもしれない。彼は、スピノザ的実体との関係をひとまず措いて言えば、普遍的実体たるプラトン的イデアを主体化し、主体=実体たる絶対的イデーたらしめ、それを個物に内在化せしめることによって一種の汎神論的な世界像を描いたということができる。

われわれとしては、しかし、右の限りでは前近代的にみえるヘーゲル哲学の体系が、優れて近代的な世界了解によって支えられていることを看過できない。これを知る鍵となるのが人間存在に関する彼の基底的な了解である。

ヘーゲルは『小論理学』のなかで、人間における類と個の関係について次のように明言している。「普遍は個々のものを包括する外的な紐帯のごときものではない」。「普遍は個別的なものの実体である。例えば、カイウス、ティチウス、セムプロニウス、その他或る都市ないしは或る国の住民を考えてみれば、彼らのすべてが人間であるということは、単なる彼らに共通な事柄なのではなく、それは彼らの普遍であり、類なのであって、もしもこの類が存在しなければ、個々の人間は全く存在しえないであろう。——これにひきかえ、人々がそう呼んでいるにすぎぬ普遍、すなわち、すべての個体に共通なものにすぎぬ普遍の場合にはそうではない——。……個々の人間は、彼がまず第一に普遍的に人間そのものである限りにおいてのみ、特殊の人間たりうるのである」。

これは伝統的な発想そのままではないか？　ヘーゲルの新しさなどというものがどこにみられるというのだ？

ヘーゲルの人間観、いなヘーゲルの全哲学を正しく理解するためには、彼が若い時分から抱懐していた「人倫哲学」の意想を知らねばならない。それはドイツ・ロマン主義の基底的な発想とも同根に根差している。人間諸個人は単なる諸個人ではない。民族的英雄の場合に歴然とする通り、個人は民族精神ともいうべきものの具現者である。民族精神が諸個人に宿り、民族精神が諸個人において具現する。個人が個人であるのは当の民族精神を体現する限りにおいてであって、もし民族精神が存在しないとすれば、諸個人もまた当の諸個人としては存在しないであろう。ヘーゲルはこのような場面から発想したのであって、彼は決してスコラ哲学的な知識から発想したのではなかった。

民族という全体が部分たる諸個人に先立つ――この限りで、ヘーゲルはアリストテレス的な発想を復権する。が、その間の論理については多少の説明を要する。ヘーゲルのいう民族精神は民族意識といった主観的な精神ではない。それは諸個人の主観的な意識から独立に、それに先立って、民族の宗教（直ちにはキリスト教的でないことに注意!）、民族の芸術、政治、歴史として、客観的に存在する「客観的な精神」である。尤も、諸個人の精神から独立といっても、それは諸個人と完く無関係に存在するわけではなく、また、民族の宗教、民族の芸術、民族の政治、歴史というものがばらばらに自存するわけではない。それらは諸個人とその営為に担われつつ、実体的な統一性をなしている。それが「民族」であり、「国家」である――とヘーゲルは考えるわけであって、ここにおいて彼はアリストテレスを承けて「民族は、本性上、個別者に先立つ。けだし個別者は孤々には独立自存のものではなく、すべての部分がそうであるように、全体と一つの統一をなさねばならぬ所以である。共同的に存在しえぬ者、ないしは、その独立性のゆえに欠くるところなきものは、民族の部分ではなくして獣か神かである」と主張する。

ここにいう民族、つまり、諸個人に先立つ全体としての共同体、これをイデアリジーレンして実体化したものが青年ヘーゲルのいう人倫的実体であり、他のコンテクストでいえば、それが主体＝実体としての人倫的精神となるわけである。

ところで、初期ヘーゲルにおいては、この人倫的精神が最高の座を占め、後期におけるがごとき絶対精神（神）は登場しない。初期における「人倫的精神」が後期における客観的精神ならびに絶対的精神をカヴァーするということができる。この限りでは、ヘーゲルは人間(人倫)の側から発想していったのであり、ヘーゲルにおける絶対精神＝神の原型は人間＝人倫であった——ヘーゲル左派は初期ヘーゲルの遺稿を知らなかったのだが——ということもできる。

ヘーゲルの哲学は、ともあれ、元来はこのような人間主義的な構えに発するものであり、ヘーゲル主義的体系化の要石をなしたものは、右に指摘した意味での、人倫という在り方における類‐個の関係にほかならなかったのである。

〔二〕 ヘーゲル左派の思想的展開は、第三者的にみれば、後期ヘーゲルの絶対精神をその原型たる人倫に復せしめる過程として開始された。その輪軸となったものが、ヘーゲルにおける「神人」Gottmensch の概念である。

絶対的な実体であるところの絶対者は同時に主体として自己を外化する運動の相において在り、そのことにおいて精神としての実を示す——、イエス・キリストにおける神の受肉はこのことを象徴的に告げ知らせるものである――とヘーゲルは考えた。

ヘーゲルの思想からすれば、左派のシュトラウスが考えたように神はイエスという一人格において一回起的に現われ給うのではなく、人類の世界史的展開の全過程を通じて次第に自己を現わし給うのでなければならない。神の受肉はイエスという一人格における事件ではなく、万人における事実の筈であり、キリストはその象徴として理解さるべきである。ところで、神が世界史的にすべての人間、すなわち人類（Menschheit＝人間性）において自己を具現するとすれば、神はこの人間性＝人間の総体＝人類のうちに定在するということになる。しかも、「事物のうちなる普遍」universalia in rebus という発想からすれば、神はこの人類を離れて存在するのではなく、神は人類を措いては存在しないことになる筈である。こうして、神と人間性の総体、類としての人間とがイーコールで結ばれてしかるべきことになる。そして、人間の本質、人間の類的本質は、イエス・キリストが象徴的に告知するように、神にほかならない、ということになる！

こうして、「人間の類的本質」と「神」とがイコールで結ばれるや、主語と述語を入れ換えて、神とは人間の類的本質なりという命題が当然に立てられることになる。

それでは人間の類的本質とは何か？　それは通常の思考においては「神的」と考えられているところのものにほかならない筈である。しかし、個人が単なる個人のままで全知であったり全能であったりするわけではない。それは類としての総体性における人間の述語なのであり、人間の類的本質とは初期ヘーゲルが考えた意味での人倫性 Sittlichkeit にほかなるものではない。この人倫的共同体、フォイエルバッハ式にいえば人間のゲマインシャフト（Gemeinschaft＝相互的作用聯関態＝共同態）こそが人間の類的本質である——と考えられる。

「人間の本質はゲマインシャフトに存する」とフォイエルバッハはいう。これを承けて、初期マルクスは「人間の本質はゾチエテートである」「人間の本質はゲマインヴェーゼンである」という。このフォイエルバッハ－マルクスの間には、質的な飛躍が萌芽的に秘められているが、まずは連続する契機からみておこう。

フォイエルバッハが人間を類的存在として規定するとき、そこには、人間が他の動物とは異って、自己の類すなわち人類を対象的に自覚しうる存在という意味も含まれてはいるが、「思惟する限り、私は個人としてではなく類的存在としての人間なのである」ということ、「思惟において、私自身のうちに他人が存在する。私自身は同時に我でありかつ汝である。しかも、限定された特定個人としての汝ではなく、〝汝〟一般、すなわち類としての汝である」ということを含意しており、人間は個体的存在のままで、既に単なる個体的存在ではなくして同時に類としての存在であると考えられている。思惟において、個体は汝一般すなわち類との間の内的対話というゲマインシャフトリッヒ（相互作用的）な関係に立つというこの考え——人間は思惟の主体としてはもはや単なる個我ではなく共同主観的な主体であるというこの考え——は愛という人間的営為にも拡大され、隣人愛、人類愛の主体としての人間の類性に推及される。（キリスト教の神性が愛とされるのはこの人間の類的本質の疎外された投影にほかならない、と彼は考える）。

初期マルクスは、フォイエルバッハの類的共同性を思惟や愛に局限することなく、社会的生活の共同性一般に拡張して把えるヴェクトルを辿り、「人間の本質は Sozietät である」「人間はその個体的生活において同時に類的生活を営む」という言い方をいちはやくするわけであるが、実をいえば、この発想のパターンそのものは初期ヘーゲルの人倫の思想を裏打ちしているものでもあったし、後期のヘーゲルにおいても「個人の具体的存在には彼が他の人間ならびに世界一般とのあいだに形成している諸関係の総体が属している。この総体性が個人の現実性をなす」（『精神哲学』）ことが強調されているのであって、「人間の本質は、その現実性においては、社会的諸関係の総体である」という『フォイエルバッハに関するテーゼ』の余りにも有名なマルクスの人間把捉がヘーゲルのそれと意想外に近いことを人は容易に認めうるであろう。

思想史的な事実的過程としてはヘーゲル左派の介在を俟つとはいえ、そして、その過程ではじめて人間が神から最終的に解放されたのであるとはいえ、人間存在の在り方に関する了解という点では、ヘーゲルとマルクスとの間には極めて近いものがある。

〔三〕　ヘーゲルがゾーオン・ポリティコンというアリストテレスの人間把捉を復権したことは先に紹介した通りであるが、マルクスもまた——ヘーゲルとはおそらく独立に——当の命題を復権したのであった。

マルクスは『経済学批判』序説のなかで、「人間は文字通りの意味でゾーオン・ポリティコンである。単に社会的 gesellig な動物というにとどまらず、社会の内においてのみ個別化する〔個人となる〕ことのできる動物なのである」と書く。このアリストテレスの人間規定は中世のスコラ哲学でも踏襲され、古代から中世を通じて、ヨーロッパ思想界の通念を形成したにもせよ、近代ヨーロッパにおいてはしかるべくして失権したのであった。なるほど、人間が gesellig な動物であるということは強ちに否定されたわけではない。しかし、唯名論的な発想、そして要素主義的な発想という近代思想の地平においては、全体が部分に先立つという了解は卻けられざるをえなかったし、社会契約説に典型的に現われるように諸個人が社会に先立つものとして了解されている。別の折に指摘しておいた通り、近代においては社会有機体説といえども結局はこの範にもれない。

マルクスは彼の復権したアリストテレス流の人間把捉が近代思想の主流に対してアンチテーゼをなすことを自覚していた。

「アダム・スミスやリカードは――とマルクスは書く――バラバラな個人としての狩漁人から出発しているが、こういうバラバラな個人としての狩漁人なるものは、十八世紀のロビンソン物語の没幻想的な構想物に属するものであって、……ルソーの社会契約も同様なのだが、それは自然主義にもとづくものではない。……それは、むしろ、十六世紀以来準備され、十八世紀に巨歩を進めた〝市民社会《ブルジョア》〟を過去に振込んだものである」。

この限りで、近代の社会思想が「個人が全体に先立つ」という発想に捉われたのは、――アリストテレスやトマスの「全体が個に先立つ」という思想が当時の歴史的現実の即自的追認であったのと同様――十六世紀以来の歴史的現実の即自的投影として、決していわれのないものではない。しかし、近代社会における人間の在り方がいかにアトミスティックにみえようとも、それは皮相の見であって、人間はあくまでゾーオン・ポリティコンとして定在している。「バラバラな個人というこの見地を生み出す時代こそが――とマルクスはいう――実はまさしく社会的諸関係がこれまでのうち最も発展している時代なのである」。

ヘーゲルやマルクスは、近代ブルジョア社会の一見アトミスティッシュな相在の根底に、トタリティッシュな現実性を看取し、これに即して理論を構築したのであった。ヘーゲルは彼の客観的精神の所説にみられるように精神の共同主観性とその物象化を彼なりに把えており、マルクスもまた人間生活のトタリスティッシュな現実性を把え、意識の単なる共同主観性という域を超えて、それが本源的に社会的な所産であること、しかもこの共同主観的な形象 Gebilde がヘーゲルの謂う客観的精神として物象化される所以とそのメカニズムを究明しえたのであった。

われわれは今ここでドイツ・ロマン主義の思想的位相やそこにみられる共通の了解に立入る遑を有せぬが、ヘーゲル－マルクス的な把捉が、デカルト的コギトーの主体としての個体的実体性の見地とは異った了解に支えられていること、――社会契約説的発想に対するヘーゲルやマルクスの批判が単なる事実学の次元での批判ではなく、より根底的な人間存在の了解に支えられていること――この点には格別の留意を促しておきたい。

この際、併せて留意を求めたいのは、マルクスが人間存在の本源的な共同性をベグライフェンするにあたって、我がうちなる神性＝類性、我がうちなる我即汝、我即汝一般、我即類というフォイエルバッハ的な了解が媒辞になったにもせよ、それは元来、普遍としての類が universalia in rebus という仕方で個体に宿るというヘーゲル的な了解の〝唯物論的な〟把え返しに負うという事情である。構造だけに即するならば、「個体のうちなる普遍」をいかなるものとして把え返すかに枢軸が懸っていた。

マルクスは人間の問題から社会の問題へとアプローチしたということができるが、このアプローチは人間の本質たるゲマインシャフト、人間の本質たるゾチエテートの学的追求の深化という途を辿ったのであって、モンテスキューやルソーが言葉のうえでは同じく人間の問題から社会の問題へと進んだといわれうるのとはおよそ内実を異にするわけである。初期マルクスにとっては、〝社会〟は外的な環境的条件ではなくして、人間の類的本質としての裡なるナトゥラであった。もとより、マルクスは当のアプローチそのものの過程でこのヘーゲル学派的な視角とモチーフそのものを止揚して新しい視界を拓くに至ったのであって、右の立言はあくまで初期マルクスに限定を要するが、しかし、ともあれそれがモチヴェイションになったことは看過してならないはずである。

われわれは、以上、ヘーゲルからシュトラウスやフォイエルバッハを経て、初期マルクスへと連接する基本的な視角を追認してきたが、社会思想をめぐるヘーゲル－マルクス関係は、理説の具体的な内容に即してもあらためて留意に値する契機を孕んでいる。節を改めてその一端をみておこう。

三　社会概念の脈絡

ヘーゲルは、社会としての社会をいかように観じ、その内的な編成原理をいかように把えたか？ ここではヘーゲルにおける狭義の社会思想に視線を向け、それがマルクス主義の社会理論といかなる内在的な脈絡を形成しているか、その一斑を截り出しておきたい。

〔一〕　ヘーゲルは彼自から誇る通り、市民社会と国家とを次元の異るものとして明確に区別した。たしかに、言葉のうえでの区別としては、幾人かの思想家の先例を挙げることもできようが、しかし、ヘーゲルにいわせれば先行思想家たちのいう「国家」は市民社会の次元を超えていない。特殊ヘーゲル的な含意での国家の次元は暫らく措き、差当ってはまず市民社会から問題にしていけば、広く知られているように、彼の表象する市民社会は、彼が古典派経済学を通じて学び知ったイギリス社会の現実に定位されている。

　抽象的にいえば、ヘーゲル哲学体系における市民社会は、家族と国家の中間に位するネガティヴな形態であって、人倫的共同体の自己疎外態である。ここにおいては人倫的共同体の類的統一性が解体し、各人はバラバラなアトムとして相互に対立し合い、万人の万人に対する戦いが現出する。この意味において、市民社会は原子論的な体系、Atomistik の体制であるといわれる。

市民社会は、しかし、このような人倫的共同体の自己疎外態であるとはいえ、それはあくまで人倫的共同性の一つの在り方なのであり、悟性国家としての統一性をもち、それなりの仕方で普遍性の原理と特殊性の原理とを弁証法的に貫徹せしめる。

市民社会の成員としては「諸個人はおのれ自身の利益を目的とする私的人格」である。しかし「各人は他の人々と関わり合うことなくしては自分の目的を十全に成就することはできない」。このゆえに、各人が各々の利己的な目的を実現しようと図ることにおいて、いわば期せずして「全面的な相互依存の体系」が形成される。――この限りで、辛じて類的共同性、人倫的統一性が自己矛盾的に保たれることになる。

ヘーゲルの『法の哲学』によれば、「市民社会は次の三つの契機を含むものとして存立する。

A　個々人の労働によって、また他のすべての人々の労働と欲求の満足とによって、欲求を媒介し個々人を満足せしめること――欲求の体系。

B　この体系に含まれている自由という普遍的なものの現実性、すなわち所有（財産）を司法活動によって保護すること。

C　右の両体系のうちに残存している偶然性に対してあらかじめ配慮すること、そして内務行政と職業団体によって特殊的利益を一つの共同的なものとして配慮し管理すること」。

右にみるように、ヘーゲルのいう市民社会は、単なる経済の王国ではなく、司法活動や内務行政を含む「悟性国家」であるが、しかし、この「悟性国家」はあくまで経済の論理に立脚するものであり、ここにおける擬似的な共同性、擬似的な類的統一性も経済の論理——欲求と労働の論理にもとづくものである。

ヘーゲルが市民社会の矛盾的統一をいかなる具体相においてみていたかは後に討究することにして、差当って留意したいのは彼が市民社会を欲求と労働の体系として把えている点である。

欲求は、ヘーゲルによれば、本源的に社会的であり、自然的な欲求と精神的な要求との二契機が繫合しているのであるが、「欲求は当の主体によってというよりも、むしろ、その欲求を生ぜしめることによって儲けようとする人々によって創り出される」というのが市民社会における実情である。こうして「特殊化されたもろもろの欲求を満たすのに適した手段〔消費手段〕を作製し獲得する媒介作用、それが労働であって、労働は自然が供する素材を多様化された欲求を充足する目的のために、多種多様な過程で種別化〔特殊化〕する。……ところで、労働における普遍的で客観的な面は、それが抽象化していくことにある。この抽象化は手段と欲求との種別化を惹き起こすと同時に、生産をも種別化して労働の分割〔分業〕を生ぜしめる。この分割によって個々人の労働活動はいよいよ単純になり、そのことによって個々人の抽象的労働における技能も、彼の生産量も増大するが、しかし、技能と手段とのこの抽象化は」個々人の自給自足的な生活を不可能にしてしまい、「人間の相互的依存関係をまったくの必然性にしてしまう」。この必然性にもとづいて悟性的国家の外面的統一性が成立しうるのであるが、ともあれ、抽象的労働とその主体はその相互媒介性と相互依存性において、個々の種別化された労働が普遍的な意義を帯び、個々人の具体的労働が類的活動としての普遍性をその限りでもつことになる。

〔二〕 初期のマルクスは或る屈折を介して欲求と労働の体系というヘーゲル市民社会論の視座を継承する。「市民社会においては――『経哲手稿』のマルクスはいう――各個人は欲求の一全体であり、彼らが相互に手段となる限りでのみ、彼は他人のためにのみ、そして他人は彼のためにのみ存在する」。「ともあれ〝社会〟なるものを抽象物として個人に対立させて固定化することは避けねばならない。個人が社会的存在なのである。……人間の個人的生活と類的生活とは別個のものではない」。マルクスは、このことを強調するにとどまらず一歩を進めてヘーゲルと同一の視角から「分業は労働の生産力を高め、社会の富と繊細化を増進するが、その反面では労働者を機械に零落させる。労働は資本の集積を呼びおこし、社会の繁栄を呼びおこす」こと、「この分業と資本の集積にともなって、労働者はますますもっぱら労働に、しかも特定のきわめて一面的な機械的な労働に隷従するようになる」ことを早くから指摘する。

われわれが特に問題にしたいのは、しかし、個々の表現や視点の類縁ではなく、市民社会の編成原理の視軸である。ヘーゲル - マルクスに先行する社会思想がもっぱら交通の場面に定位したと断ずるつもりはないが、生産の編制を重視したかのアダム・スミスですら、「分業が確立されると……或る程度みなが商人になり、社会そのものも、適切にいえば、一つの商業社会になる」(『国富論』)という言い方をしている。これに対してヘーゲルは、彼の哲学的な人間規定からではあるけれども、欲求と労働の本源的な社会性に視角をとることによって、スミス的な社会観の転倒した構造を卻ける。マルクス式にいえば、スミス等が「社会的交通の疎外された形態を本源的な形態だときめてかかっている」(『ミル・ノート』)ことを対自的に卻けることができた。この際、生産に視軸をおくマルクスの社会観も、その出発点は必ずしも社会科学的な分析に立脚したものではなく、哲学的-人間学的な省察にあったということを忘れてはならない。「諸個人が彼らの生を表出する仕方、それがとりもなおさず彼ら〔そのもの〕なのである。彼らが何であるか〔彼らの本質〕は彼らが何を生産するか、また、如何に生産するかということに帰一する」という『ドイツ・イデオロギー』の有名な一句も、とうてい社会科学的な省察の結果であるとはうけとりがたい。それはむしろ、彼らの哲学的-人間学的了解に発する直証的な洞見であったとみるべきであろう。そしてここには、諸個人の類的本質をなすところのものを、固有の意味での「民族精神」Volksgeist のエネルゲイヤとエルゴンにみたドイツ・ロマン主義や初期ヘーゲル式の了解の構図との連続性をすら看取することができるように思われる。

マルクスが生産に視軸をおく社会観を確立した経緯には、なるほど彼の経済学的研究が介在しており、また、M・ヘスやW・シュルツ等の影響を無視して論ずることはできないであろう。しかし、社会的分業としての社会的分業とそのことによる全社会的な即自的協働における統体性ということ、この点について当時の経済学がどこまで論点を鮮明にしていたであろうか？　この次元を射程に収めていた経済学者の雄ともいうべきスミスですら、先に指摘した通り、謂うところの社会的協働を「商業社会」というインディヴィデュアリスティッシュな視角で観ずるにとどまり、トタリスティッシュには把捉していなかった。それにひきかえ、ヘスやシュルツをも含めて、初期マルクス・エンゲルスとその周辺のドイツ思想家たちが、市民社会をその即自的な社会的分業＝協働の体系に即して観じたのは、よしんばヘーゲルからの直接的な影響ではないにしても——ドイツ・ロマンティークの物質的基礎を形成したごとき後進国ドイツの歴史的現実に根差すところの——人間存在に関する〝ドイツ的な了解〟を基盤にしてではなかったか？　われわれとしては、単なるヘーゲル－マルクス論というよりも、当時におけるドイツ思想界の〝風土〟に即して、右の問題に肯定的な回答を与えることができよう。

市民社会——その近代的定在形態のモデルは、ヘーゲルにおいても、マルクスにおいてもイギリスに定位されているとはいえ——ヘーゲル－初期マルクスのいう市民社会は、近代的なそれに限定されるものではなく、よしんば疎外態であれ、それはかの人倫的実体（そのモデルは当時表象されていた古代ギリシャのポリス的共同体）と根底的には相通ずるものであって、イギリスやフランスの社会理論が表象するところとは趣きを異にするということを須臾も忘れてはならない。稍々特異なこのヘーゲル的な市民社会像の批判的継承によってはじめてマルクス固有の社会理論が構築されえたのである。

この間の事情を最も直截に示すのが、——次項でみるごとき——ヘーゲルにおける市民社会と唯物史観における下部構造との内的関連である。

〔三〕　「市民社会は——と『ドイツ・イデオロギー』は書く——生産諸力の一定の発展段階の内部における、諸個人の物質的交通の総体を包括する。……市民社会という言葉が出現したのは十八世紀になってである。狭義の市民社会はブルジョアジーを俟ってはじめて展開した。しかし生産と交通から直接に展開する社会組織、いつの時代にも国家ならびにその他の観念論的上部構造の土台を成すこの社会組織は、市民社会という名称で呼んで差しつかえない」云々。

　マルクスは『経済学批判』の序文のなかで「これらの生活諸関係の総体を、十八世紀のフランス人やイギリス人の先例に倣って、ヘーゲルは〝市民社会〟と呼んでいるが、この市民社会の解剖学は……」と書き、ヘーゲルがいう意味での市民社会と唯物史観にいう「土台」すなわち所謂「下部構造」とをほぼ等置している。

　狭義の市民社会、つまり、近代的市民社会と下部構造とはもちろん明確に区別されねばならない。また、ヘーゲルのいう広義の市民社会がそのまま下部構造と呼びかえられたわけでもない。しかしともあれ、マルクス・エンゲルスが、ヘーゲルのいう市民社会を彼らのいう下部構造とほぼ等置しえたということ、このことは、ヘーゲルの市民社会が欲求と労働の体系として措定されていることをみたわれわれにとって、もはや諒解にかたくない。

　マルクス・エンゲルスはヘーゲルの市民社会を下部構造として把え返したことによって、彼らのいう社会〔社会構成体〕を構造的に規定しなおすことになった。その際、上部構造（の一部）として定位されるところの国家をめぐって、われわれはあらためてヘーゲルにおける市民社会と国家との関係を想起しなければならない。

　ヘーゲルにおいては、家族、市民社会、国家という三つの弁証法的段階の形をとって人倫の理説が展開する。この三つの段階は、しかし、あくまで論理的な次序であって、歴史的な継起を表わすものではない。家族はひとまず措くとして、市民社会と国家とは事実の問題としてはどのような関係にあるのか？

われわれは市民社会と国家との関係について、マルクスをヘーゲルに読み込むの愚を戒めなければならない。ヘーゲルにおいては、国家が市民社会をアウフヘーベンすることによって包摂するのであり、「悟性国家」＝「外的国家」としての統一性しかもたぬ市民社会に国家が真の統一性を賦与することになっている。この立論はマルクスの思想とはおよそヴェクトルを異にする。マルクスにおいては広義の市民社会一般のアウフヘーベンということは問題にならない。また、マルクスとしては「市民社会の成員を一つにまとめる真の紐帯は市民生活なのであって政治的生活ではない。国家が市民社会の諸原子をまとめるのではない」ということを強調する。

しかしながら、ヘーゲルが市民社会《ブルジョア》という概念を広狭二義的に用いつつ、市民社会《ブルジョア》が国家共同体に止揚さるべきことを説く議論の図式と、共産主義的共同体による市民社会《ブルジョア》の止揚というマルクスの議論とが同一の構造をもっていることを看過できない。これについては次節で主題的に扱うことにして、ここでは共時的な構造に着目したいのであるが、国内公法、対外主権、国際公法といった諸契機を公務機構に担わせるヘーゲルの議論は——なるほど観念的に逆立ちしており、あまつさえ国家の階級性を欠落させてはいるにせよ——市民社会の「政治的・法律的上部構造」を論考したものにほかならない。この限りにおいて、われわれは下部構造-上部構造の図式がヘーゲルにおいて既に準備されていることを認めることができる。

マルクスにとっては、しかし、彼が国家を上部構造として位置づける機縁となったのはむしろスミス流の夜警国家論ではなかったのか？　スミスのそれにかぎらず、それはいわゆるイギリス系の国家論であって、ドイツ系の国家論は、むしろそのための障碍になったのではないか？　われわれはこの点について積極的に争うつもりはない。少くとも、社会科学的な分析視角が確立したあとでは、夜警国家論的に把えられた国家のほうが上部構造として把えられやすいということをわれわれも認めることができる。しかし、当の分析視角はどこから獲得されたのか？　スミスにせよ、当時マルクスが知っていたと思われる先行思想家たちの議論には、国家の本質論なり統治府に関する発生論的な議論なり、この種の議論は存在したにしても、果して社会構成体の構造的把捉の視角が見出せるか？

併せて考えるべきは、芸術的・宗教的・哲学的な上部構造、いわゆるイデオロギー的上部構造である。英仏の社会思想においては――制度化され易い限りでの宗教はともかくとして――はたして社会構成体の構造的契機として、これらのものが射程に収められていたか？　この点では、ヘーゲルの市民社会－国家論についてもある意味では同断かもしれない。とはいえ、ヘーゲルの体系においては、国家という弁証法的階梯は、次に、芸術、宗教、哲学というトリアーデをなす「絶対的精神」によって止揚されることになっている。ヘーゲルにあっては、国家が市民社会を統括するというイデオロギー的転倒に止まることなく、当の国家が絶対精神にその存在性を仰ぐというイデオロギー的転倒が事とされている。ここにおいて、市民社会－国家のあいだのイデオロギー的転倒を正すとき、国家と社会的意識諸形態とのあいだのイデオロギー的に転倒された関係も同時に正され、土台たる市民社会が〃芸術・宗教・哲学〃を規定するとされるのは自然の手続であろう。

翻って思うに、マルクス・エンゲルスが上部構造（上層建築）を規定する際、法律的・政治的機構だけが上部構造の名で呼ばれ、イデオロギー的諸形象がさらにその上層に位置づけられている場合（三層構造的に読める場合）と、これら両者が一括して上部構造と呼ばれている場合（この二層構造が彼らの真意であろうと思われるのだが）とが明らかに混在している。この〃動揺〃の由ってくるところは何か？

われわれは右に挙げた一連の問題に確定的な証拠を以って答えることは不可能であるが、しかし、少くともヘーゲルの体系——そこでは市民社会のうえに国家が立ち、さらにそのうえに「絶対精神」（芸術・宗教・哲学）が立つ——との対応関係とその転倒に着眼するとき、もはや復唱を要せぬであろう通り、極めてナチュラルな心証を得ることができる。

ともあれ、唯物史観における社会構成体の構造論的把捉は、ヘーゲルの市民社会－国家の理説における前者の契機を下部構造として把え返したこと——先に援用した通り、この点までは確証があるわけだが——ここに枢軸があり、この意味において、ヘーゲルの市民社会－国家論が唯物史観における社会の構造的把捉にとって直接的な下地になったということを追認しうる。

われわれは、以上、ヘーゲル市民社会論の視座に焦点を合わせてマルクスとの関連性を追認してきたが、次では、勝義の社会思想をも射程に収めて、議論をもう少し具体化することにしよう。

四　市民社会の止揚

ヘーゲルにとって、市民社会《ブルジョア》は弁証法的に止揚さるべき与件であった。それは、しかも、論理的な展開の次序でそうなるというだけのものではなく、市民社会の歴史的現実に対するリアルな批判によって裏打ちされている。一八二〇年の時点において、市民社会の根底的な矛盾をヘーゲルほど犀利に指摘しえた思想家は二人と存在しなかったであろう。少くとも、いわゆる三大空想社会主義者たちよりもヘーゲルのほうが、近代市民社会の矛盾を或る意味ではより根底的に剔抉していることは確かであって、現にマルクスの市民社会《ブルジョア》に対する批判の視角は、先行する英仏社会主義者たちのそれよりも、遙かにヘーゲルの視角に近い。

〔一〕　近代市民社会の矛盾に対する批判は、旧守派によるそれは論外として、フランス大革命以降、さまざまな形で展開されるようになった。しかし、まだヘーゲルの時代までは、市民社会の論理そのものの埒内で当の諸矛盾を解決しうるという了解が一般的であったし、市民社会の論理を即自的に踏み超えた若干の理説も、自由・平等・博愛という啓蒙主義的イデーの教条主義的貫徹を軸にした批判と構案という域を出なかった。

われわれは、もとより、ヘーゲルの市民社会批判が英仏思想界のそれを超えていたと言い切るつもりはない。ヘーゲルの晩年には、無政府主義的・社会主義的な理説が英仏に簇生しつつあったし、――マルクスの思想形成期にはそれらは一層の展開を遂げていたわけだが――公平なところ、われわれがヘーゲルに認めうるのは、高々いうところの〝後進国の思想的優位〟にとどまる。しかしそこにはドイツの後進性が却って僥倖にはたらくことによって、近代市民社会のエートスとロゴスとを端的に卻ける新しい視角が秘められていた。この限りで、ヘーゲルの市民社会批判の思想性は先行する社会主義をすら或る意味では凌駕していたことをわれわれは認めなければならない。

　ここであらためて留意すべきものが、「類」と「個」との「人倫的統一性」というかの基底的な了解である。近代市民社会に対する批判は、しばしば指摘されるように、イギリスにおいては、労働者階級の陥ったミゼラブルな状態をいかにして改善するかという問題意識から、この意味での社会経済的な場面から出発した。フランスでは、自由・平等・博愛という啓蒙主義的な大理想が市民社会においては実現されないということの洞察から――政治的自由は大革命によって一応は与えられたが故に――社会的平等を実現しうる体制を模索するという方向で事が推進された。これに対しドイツのヘーゲル学派では、第三の方向からアプローチしたのであった。この第三の方向を規定したものが、かの人倫の思想にほかならない。

　抽象的にいえば、市民社会は人倫の頽落した自己疎外態であり、従って、この疎外態から人倫を即自対自的に回復するということがモチーフになるが、ヘーゲル学派はすでに先師ヘーゲル以来、決して抽象談義を事としたのではなく、たとえ哲学的な思弁の領界内ではあっても、それなりの具象性をもって論考したのであった。

ヘーゲルはすでに『精神現象学』のなかで——当時のフランスの社会主義、況んやバブーフの共産主義的な思想など知るべくもなかった時点で——フランス社会主義・共産主義に対していわば先取り的な批判をすら加えている。この著作には、フランス大革命の哲学的総括ともいうべき個所が含まれており、ヘーゲルはそこから筆を伸ばして、フランス革命思想のありうべき展開を彼一流の方式で吟味しつつ〝批判的に超克〟しているが、そこでは私有財産の否定、財産の共有制ということも〝哲学的に〟検討されている。

啓蒙主義的な自律的人格としての個人——大革命によってこれが現実的な定在を〝保証〟されるに至るわけだが——この「実在的なものとしての個人」からの必然的な展開として諸個人の平等が当然の要求となる。それはさしあたり法律の場面で問題になるが、しかし、法律なるものは決して絶対的なものではなく、それ自身が査定されなければならない。法律を査定する基準は、ヘーゲル体系の展開が示すところによれば、結局のところ人倫の理法である。ところで、私有財産（私的所有）ということを査定するとき、これは明らかに理法に反する。それでは、財産の共有制はどうか？　これによってなるほど私有財産の矛盾が解決される。しかし、最終的に解決されるか？　所有（共有）ということは単なる名目であってはならない。実際に誰が使用（消費）するかということを離れて真の所有はない。もし平等に分配できれば、人格の平等という概念に合致する。しかし、諸個人の要求は、たとえ人格としては平等であっても多様であり、決してイコールではない。要求に応じて（つまり「必要」に応じて）分配することが真の意味での平等であって、均等割りは悪平等、実質上の不平等ではないか？　そこでもし要求に応じた平等にすれば、人格の平等という啓蒙的根本理念に矛盾する。――ヘーゲルのこの議論はマルクスの『ゴータ綱領批判』において共産主義の第一段階の矛盾として再現する！　この矛盾は第一段階の枠内では原理上解決不可能であって、マルクスとしては共産主義の第二段階において、つまり、生産力の飛躍的発達という条件のもとに、もはや諸個人のこの次元での平等とか不平等とかいうことが問題にならないような共同社会において、当の矛盾が解決されると考える。ヘーゲルはどうか？――。

ヘーゲルにおいても、今問題の即自的な人倫の次元においては当の矛盾は解決さるべくもない。そこで、次のより高い次元、「人倫的世界」へと問題が移行する。ヘーゲルは勿論、共産主義的共同体を説くわけではないが、今いうところの高次の次元では、財産の平等とならんでフランス社会主義が大問題にした教養の平等（当時は教育の不平等、従って教養の不平等がたしかに社会的不平等とストレートに相即した！）ということが射程におかれ、さらには啓蒙主義そのものの真理性が問題にされ、それがアウフヘーベンされる！　そして、フランス啓蒙的な個人としての個人の自由という思想の致命的な限界性が剔抉され、「最高の共同こそが最高の自由である」というかのヘーゲル的自由論の思想――人間の真の自由は人倫的共同体においてのみ実現するという思想！――が定立される。

ヘーゲルは、右に一端を紹介したように、啓蒙主義的な人間 - 社会観を原理とする限りでの近代的市民社会の根底的な矛盾を暴露しつつ、人間存在の真に人倫共同体的な在り方に即して、歴史的現実を〝哲学的〟に批判したのであった。

マルクスはヘーゲルからほかならぬこの視角を継承する。フランス社会主義が啓蒙主義的な人間‐社会観の地平の内部で、いわば啓蒙主義の徹底化として理論形成を試みたのに対して、マルクスがそれとは異質な了解にもとづいた社会批判を遂行し、啓蒙主義的発想の地平を超える固有の共産主義理論を構築しえた所以のものは、まさしくこのヘーゲル主義的な視角の継承に存することをわれわれは知るのである。

〔二〕　ヘーゲルは、近代市民社会の啓蒙主義的な人間‐社会関係の原理——正しくは、啓蒙主義的人間‐社会観が近代市民社会の擬似アトミズム的ゲゼルシャフト関係の投影なのだが——これを人倫的共同体の原理から思弁的に批判しただけではない。『法の哲学』の市民社会論にみられるように、彼は市民社会の経済的編成のメカニズムそのもののうちに、市民社会の止揚を必然ならしめるごとき矛盾が現実に作動していることを看取し、それに定位して、市民社会が止揚さるべき必然性を説いたのであった。

この方面でのヘーゲルの議論と『資本論』（主として蓄積論における資本主義の総括的な批判と没落の必然性の究明）との驚くほどの図式的一致については、ローベルト・ハイス（邦訳としては『弁証法の本質と諸形態』加藤尚武氏訳、未来社）などの指摘もあり、筆者もやや別の角度からの他の折に論じておいたので、ここではアクセントの置き場所をかえて極く簡単に言及しておこう。

ヘーゲルによれば、欲求と労働の体系であるところの市民社会は、一方の極に富の過剰蓄積を、他方の極に貧困の過剰蓄積を必然的に生み出す。この二極的分裂と対立を市民社会は原理上とうてい解決することができず、ジレンマが深まるばかりである。英国労働者の状態や救貧法をめぐる論争を念頭におきながら、ヘーゲルは次のようにいう。もしも失業窮民を救恤事業で救うとすれば「困窮者の生計は労働によって媒介されることなしに保証されることになり」「個々人の労働を通して、また他のすべての人々の労働と欲求の充足を通して、欲求を調停し諸個人を満足せしめる」という「市民社会の体制的原理」にそむくことになる。さりとて、過剰に蓄積された富〔過剰資本〕と過剰人口〔失業労働者〕とを媒介的に結合して生産的労働に従事させるとすれば、いよいよ過剰生産〔恐慌〕を招来すること必定である。こうして市民社会は、いよいよ増大していく窮民の問題を解決することができず、untergehen せざるをえない。

当時の思想界では、市民社会の経済的矛盾は原理上解決可能と考えるのが一般であり、自由貿易、植民といった政策に期待が寄せられていた。ヘーゲルは、しかし、植民によっても問題が解決されないこと、そしてコルポラチオン――チェスコーフスキーなどはこれをフーリエ社会主義のファーランジュになぞらえたほどである！――によってすら解決できないことを説く。ようするに、欲求と労働の体系、このゲゼルシャフトリッヒなアトミズムの体系は、悟性的国家の次元では、つまり市民社会の原理そのものを根底的に止揚しない限りは、絶対に当の諸矛盾を解決できないということをヘーゲルは道破したのである。

ヘーゲルの議論は、もちろん、十全の社会科学的な肉づけをもっているわけではないし、われわれは今ここで『資本論』との関連を特に強調するには及ばないであろう。しかしともあれ、市民社会がその内在的な法則的必然性によって弁証法的に止揚されざるをえないという思想、そして「人倫的理念の現実態」であるところのゲマインシャフトリッヒな国家共同体においてのみ市民社会の根本的な矛盾が解決されうるという思想には格別な留意を要するであろう。

現にヘーゲル左派のA・ルーゲなどは、貧富の二極分解と窮民の増大という論点をいちはやく継承しつつ、彼特有の共和制国家における窮民の解放を説いたし、青年マルクスもまた、固有の民主制国家による市民社会の根底的な止揚を期したのであって、その後、この民主制を共産主義的共同体で置き換えるという途を辿って思想形成を進めたという経緯をもつ。

この意味において、国家共同体による市民社会の止揚というヘーゲルの路線は、相応に具体的な議論内容と相俟つことによって、類と個との人倫的統一という意想をマルクス主義的共産主義に結実せしめるうえで、極めて大きな媒介的役割を果したことが認められねばなるまい。——この際、われわれとしては、ヘーゲルのいうところの国家がプロイセンの絶対主義国家を理想化したものという域を出なかったことの消極面を指摘するだけでなく、ヘーゲルがそこに籠めた積極的な契機にも留意しなければならない。「最高の共同こそが最高の自由である」とはいえ、このことは決して個人が全体に埋没してしまうことの謂いではありえない。個人が全体に埋没してしまっては、旧き共同体の再現ではありえても、「自分自身において実在的なものとしての個人」という市民社会の原理を弁証法的に止揚したことにはならない。真の人倫的共同体においては、諸個人の自律的自由が弁証法的にベヴァーレンされていなければならない。ヘーゲルの立憲君主制国家においては、この個体的自由性が君主において象徴されているという盾の半面をわれわれは認めうる。この脈絡でみる限り、ヘーゲル左派がヘーゲルの坊主主義的現状肯定主義を卻けつつ真の意味での個体的自由と人倫的全体性との合一を保証しうる体制を追求した志向は、志向そのものとしては既にヘーゲルその人のものでもあったわけである。

〔三〕　類と個との関係に関するヘーゲル的な了解から出発したが故に、マルクスは典型的なブルジョア・イデオロギーであるところの啓蒙主義的な人間‐社会観を卻けえただけでなく、その地平内にある英仏社会主義の発想をも卻けることができた。

英仏社会主義が啓蒙主義と共有する人間‐社会観、そして、その上にたった自由・平等・友愛の追求は、近代市民社会のアトミズムの理想化という埒を超えず、財産の共有制を主張するフラクションであっても——その一部は原始キリスト教団の共産生活に帰ることをモットーとする「反動的な社会主義」であったし——産業合理主義的なコルポラチオンの域を超えていない。マルクスは初期からこのことを洞見しえた。

マルクスはヒューマニズム＝自然主義、自然主義＝ヒューマニズムを標榜した時点においてすら、フランス的な自由・平等・友愛を問題にしない。いな、それに対して批判的であった。けだし、ヘーゲルが教える通り、人間は本来的に人倫的・類的存在であってアトム的存在ではなく、アトム的個体の自由・平等などということは真の自由・平等とは殆んど無縁だからである。アトム的諸個人の自由とは、いわば、有機的全体の諸分肢、手、足、頭、胴体、等々がバラバラに自己運動を志向するごとき状態であって、外的な衝突と相互牽制のため、とうてい自律的な Selbstbetätigung は不可能である。真の自由とは、諸分肢が有機的全体のうちで所を得て In-seinem-Elemente-sein 存在することであり、「最高の共同こそが最高の自由」なのであって、自由とはアトマの恣意的放縦の謂いではありえない。このことをマルクスは唯物論的な存在被拘束性を把える以前から、ヘーゲル主義的な視角から了解していた。また、平等についても——それが「同等な商品所有者という建前上の資格で関わり合う近代市民社会における人間の在り方」のイデオロギー的投影であることを定式化しえたのは後年のことであるが——市民社会のアトミスティークと相即するものとして、マルクスはヘーゲル派と倶にそれを卻けることができた。読者の多くは、マルクスが初期以来、平等について殆んど語らないことを想起されるであろう。フランス啓蒙的「友愛」fraternité——キリスト教的隣人愛のこの変形は、それこそエゴイズムの相互的打算によるアトマの äußere Bänder にすぎない！

マルクスとしては、ヘーゲル左派出自の共産主義者がいずれもそうであったように、当初は〝ドイツ的な意味での〟「人間的解放」つまり類と個との統一を即自対自的に実現させることを志向し、それを具体的に構想していった。その際、ヘーゲルの視角と所説がいかに継承されたかは既に指摘した通りである。

マルクス主義がマルクス主義として確立するためには、しかし弁証法的な飛躍が必要であった。ヘーゲルの社会思想とマルクス主義とは、あらためて断るまでもなく、リニアに連続するわけではない。当面の論点に即していえば、それはまさしく類と個との関係づけに懸っていた。ヘーゲル学派においては、人間における類と個との特権的一致ということが暗黙の大前提にされていたとでもいうか、当初のあいだ積極的に反省されるところがなかった。学説史的にいえば、他の折に指摘した通り、この点をめぐってはマックス・シュティルナーが介在するのであるが、ともあれマルクスもやがて問題点を対自化するに至る。

類と個についてのヘーゲル主義的な了解においては、何といおうとも、結局のところ類なるものが実念論的に実体化されているといわざるをえない。しかし、そもそも、類が諸個人において実存するとはいかなることであるか？　この考えかたは観念論的な顚倒ではないのか？　普遍的実体としての類などというものは、神などと同様、個体の社会的・現実的な在り方がイデオロギー的に顚倒された表象ではないのか？　このことに想到するとき、もはや類的存在、類的本質ということを説明概念として使用することは許されず、却って、いうところの類的本質なるものが説明さるべき与件となる。

人間の類的本質を、フォイエルバッハの規定を深化させ具体化させて、ゾチエテート、ゲマインヴェーゼンとしていちはやく把える道を歩み、しかも社会経済的な場面に即してそれに内実を賦与したマルクスは『フォイエルバッハに関するテーゼ』にみるごとき仕方で、それを新しく把え返すことができた。そこでは、もはや、ヘーゲル主義的顚倒が卻けられるだけでなく、実念論的に実体化されるところの universalia の存在論的・認識論的な秘密も解く鍵が与えられる。それはヘス的な特有の意味での「協働」――この間主体的な諸個人の在り方の物象化 Versachlichung ないしは Objektion, Vergegenständlichung に淵源することの洞察であって、マルクスがそれを理論的に対自化しえたのは後年であるが、ともあれこの物象化の秘密を究明することにおいて、マルクス主義は伝統的な唯名論と実念論との係争、類と個とをめぐる伝統的な対立の地平を超克しうるに至ったのである。

ここに拓けた地平からマルクスが彼の社会思想をいかに体系化したか、マルクスにおけるいわゆる〝経済史観〟〝段階発展史観〟がヘーゲルの理説といかなる関連に立つか、また、マルクスがヘーゲルの国家論をいかに把え返したか、これら一連の問題があらためて vorstellen される。しかし、そこまで筆を伸ばすことは本稿の埒を超える。(これらの問題については、雑誌『情況』に分載中の拙稿および別著『唯物史観の原像』を参看ねがえれば幸甚である)。

本稿ではマルクスの社会思想を理解するにあたってとかく verkennen される傾向のあるヘーゲル主義的発想の媒介的役割を顕揚し、――これを看過するとき、ヘーゲル左派イデオロギーとフランス啓蒙主義との特異な交錯があるだけに、マルクスの社会思想が啓蒙主義的＝近代ブルジョア・イデオロギー的な社会観の地平というプロクルステスのベッドで截断されてしまう！――マルクスの社会思想ひいては共産主義の思想が、いわゆる英仏型とはおよそ異った視角から出立したものであることの一端をヘーゲル主義における「類」と「個」の問題に即して論じたところで当面の筆を擱くことにしたい。

III 国家－社会と歴史法則の存立

第五章　「市民社会－国家体制」への視角

以下は一九七〇年一〇月三〇日に大阪市立大学生協の主催によって行なわれた記念講演の記録（『大阪市大新聞』一九七〇年一一月一〇日号掲載）に改訂を加えたものである。

国家論の再構築、ひいては、現代国家の分析的把握という課題意識が、このところ、とみに高まっているように見受けます。国家論への関心の高まりということは、恐らく、日本だけの特殊現象ではなく、少くともマルクス主義者の一部のあいだではヨーロッパにおいても国家論があらためて問題にされております。中ソや東欧の様子は寡聞にして存じませんが、ドイツのヤコブ・バリオン、フランスのニコス・プーランザス、それに、イギリスのラルフ・ミリバンドなどの名前を挙げれば、肯かれる方も多いはずであります。

ところで、アメリカの「政治過程論」をひとまず措くかぎり、一九三〇年代以後、いわゆる「アカデミズムの側ではこれというほどの国家論を提出しえていない」というのが衆目の一致するところでありましょう。「ブルジョア・アカデミズムの生産力はとうの昔に涸渇してしまっている」といえばそれまでかもしれませんが、一般論としてそういっただけでは済まない。アカデミズムは各方面でそれらなりに次々と〝新しい〟イデオロギー体系を押し出してきている。ところが、こと国家論になるとどうみてもさっぱりである。

これにはしかるべき理由があるはずでありまして、その理由の一つとして考えられるのが、近代ヨーロッパ流の「市民社会‐国家体制」という観念の既成の枠組みそのものが障碍になって国家論の展開がチェックされているのではないかということ、近代的社会観・近代的国家観の基底的構制にもかかわるこの問題であります。

私は、今ここで、ヨーロッパの社会‐国家観なるものを主題的に分析したり、その枠組みが桎梏になっている所以のものを正面から指摘するというような、大上段に構えた話をするつもりはありません。唯、ヨーロッパの「ブルジョア的国家論」の構制についてある一事を問題にし、マルクス・エンゲルスの国家論がその点でどう相違するかを指摘しておき、それと関わるかぎりで若干の論点を挙げつつ、「市民社会‐国家体制」論のプロブレマティック(問題論的構制)の再構築を提議してみたいと思う次第であります。

一口に近代ヨーロッパの国家観と申しましても、国によって、また、時代によって、かなりの差異がありますので性急な定式化は危険でありますけれども、時代的変化に即しながら次のように申してまずは大過ないものと考えます。

近代ブルジョア的国家論が、まず最初「契約国家」論という形で登場したこと、これは常識に属する事柄でありますから、ここでは次の点に留意を求めるにとどめます。すなわち、この契約国家論、社会契約論というものは、——ドイツの場合には複雑な事情がありますけれども、概して申せば——いずれもブルジョア革命の前夜に、旧い絶対主義王制に対するアンチテーゼとして現われたということ。そして、契約国家論は固有の重商主義に照応しうるものではあっても、まだ産業資本主義以前のイデオロギーであり、そこではまだ社会と国家とが分離しては考えられていなかったということ、つまり、市民社会と国家体制との区別が存在しなかったという点であります。

次のステップに登場したのがいわゆる「夜警国家」論でありますが、これはようやく成長してきた産業ブルジョアジーが「固有の重商主義国家」に対するアンチテーゼとして持出したものと申せます。勃興期の産業ブルジョアジーはまだプロレタリアートと自己との矛盾を自覚しておらず、もっぱら旧体制、すなわち大商人資本と地主貴族という当時の支配者階級との対立を意識しつつ、国家とは支配階級が被支配階級に対して自己の財産を守るためにつくり出したところの機関、この意味で国家とは支配階級の機関であるということを彼らは指摘します。ここで銘記したいのは、彼らが財産の見張番、夜廻り、つまり、「夜警」としての国家を必要悪として承認しつつも、国家は市民社会の経済過程には介入すべきではないというイデオロギー、いわゆる自由放任主義のイデオロギーを明確に打出したということと、併せてまた、彼らが市民社会と国家との区別を明確に打出したという点であります。

その後、国家とは支配階級の道具＝機関というアダム・スミスやファーガスンの論点はゴドウィンあたりを媒介にして、無政府主義や小ブル社会主義にうけつがれていく一方、体制側のイデオローグたちは国家の階級性ということをいわなくなりますけれども、しかしともあれ、夜警国家論に象徴される産業資本主義の国家論によって、欧米におけるブルジョア国家論の大枠が固まったと申せます。なるほど、フランス革命以後、あらためて社会有機体説と一体化した国家論が現われますが、そしてこれは古典的な個人主義にもとづく自由・平等のイデオロギーの手直しではありますけれども、市民社会と国家との区別はもはや前提になっております。ドイツ・ロマン主義やヘーゲルの国家論についてはのちにマルクスとの関係でふれることにして、話を先に進めますと、前世紀の終りから二十世紀の初めにかけてやや毛色の変った国家論が登場します。

まず、ドイツではビスマルク国家のイデオロギーとして、ゲルバー、ラーバントの国家論が現われ、ビスマルクの失脚以後においても、それがイェリネックを経て、ケルゼンの国家論へと引継がれていく。これは一言でいえば——もっとも、イェリネックの場合には後で述べる国家社会学の半面をもっておりますけれども——要するに、国家とはすなわち法体系であるという「国家=法規範の体系」という考え方を採るわけであります。国家を以って法主体ないしは、露骨にいってしまえば、法律の体系だとみなすこの国家論が、市民社会と国家との区別を非常に明確なかたちで前提していることはあらためて申すまでもありますまい。

イギリス、フランス、そしてアメリカでは、御承知のとおり、前世紀末から今世紀にかけて例の多元的国家論が登場します。彼らの主張によれば、国家というものは、経済団体や職能団体、あるいはまた宗教団体などと並ぶ一つの団体であって、諸個人は彼が多元的に所属する団体の一つとして国家をもつのだとされ、この国家という団体は治安の維持と外国勢力からの防衛を目的とする、というのであります。この多元的国家論においては、国家というものは、なるほど、市民社会の外見上うえに立つ機関でこそありませんけれども、経済的秩序と政治的秩序、市民社会と政治国家とが区別されていることは指摘するまでもありません。

また、いかにもアメリカの国家論たるにふさわしいベントレーからトルーマンにいたる「政治過程論」、これが固有の国家論と呼ばれうるか、それとも、多元的国家論の一つのコロラリーとみなさるべきかは議論の岐れうるところでありましょうが、これまた、市民社会と国家とは別のオーダーに属することが前提であります。

以上のように辿って参りますと、近代以降のヨーロッパの国家論は、当初の契約国家論を別にして、夜警国家論以後、有機国家論、規範国家論、多元国家論といった幾つかの類型をとりつつも、市民社会と国家体制との分離ということが前提的な了解事項になっていることがあらためて銘記されます。

私としては、しかし、市民社会と国家との分離ということをそれ自体として指摘したかったのではありません。私が敢て言葉を費してきたのは、さしあたり二つの目的があってのことであります。第一には、近代ヨーロッパの国家観と日本人が日常的意識において抱いている国家観念との相違をイメージ・アップするためであり、第二には、マルクス・エンゲルスの国家論が近代ヨーロッパの国家論に対してもつ関係ないしその位相を見定めるためであります。

第一点、すなわち、日本人が伝統的に抱いてきたところの、そして今日にいたるまで日常的意識を強く規定している国家観念と、近代ヨーロッパ人のそれとの相違については、ここで定式化してみるにはおよばないでありましょう。一部のインテリを別にすれば、国家とは社会契約によって成立したものだとか、国家とはガヴァメント、つまり政府機関のことだとか、国家とは法律、法体系のことだとか、国家とは宗教団体その他と並ぶ一種の政治的社会団体だとか、こういう国家観は日本人の常識的な国家観念とはおよそ相容れない。日本人の常識からは、とうていそういう国家論は出てこない。しかほどさように、国家観念の構えの取り方が相違するわけであります。

もっとも、ヘーゲルの国家論はどうか、また、ナチス・ドイツの国家論やイェリネックの国家三要素説はどうか、という御指摘を賜るかもしれません。私は敢て、これらの国家論を等閑に附して議論してきました。イェリネックが今世紀の頭初に打出した「国家三要素説」、すなわち、国家とは、国土と国民と統治権力という三つの要素から成っているという主張は、日本人の伝統的な国家観念と一致する点をもっている。これは確かであります。また、ナチスの民族共同体理論、これが明治以降の日本人の国家観念と共通点をもつことも否めません。私は、イェリネックの三要素説やナチスの国家観が、ヨーロッパでは特殊な例外だといって片付けてしまうつもりはありません。しかし、です。日本人の意識においては、民族、国民、国家、これらがすっぽりと重なりがちでありますけれども、ドイツ人のいう国家 Staat ないし Reich と Nation とは明確な区別があるということ、民族共同体と国家共同体とは学問的概念の上で違うというだけでなく、一般大衆の意識においてもドイツでは別であるということ、この点は忘れてはならないと思います。

この問題は、しかし、いずれにしても副次的でありますから、これ以上は立入らないことにしますが、マルクスに言及するための前置きを兼ねて、近代ヨーロッパにおける市民社会と国家体制との分離というさいの含みについて若干申し述べておくことにいたします。

近代的市民社会のイメージが形成された十七・十八世紀における自由・平等なる諸個人というのは、そのモデルとして暗黙のうちに考えられていたところの諸個人は、実際問題として、独立自営の農民、独立自営の手工業者、それに独立自営の商人、こういった人物像だったわけで、社会というものは、こういった人々の結社として、イメージされたと申せます。したがって、社会というものが考えられる場面では、そういう人々が家庭でどう生活しているかという家庭内部でのことは、社会という次元では問題外にされたわけですし、さらにはまた、独立自営の農民なり、独立自営の手工業者なりが、彼の生産活動、つまり農業上の作業とか手工業上の作業とか、こういう生産活動をどのように営むかということも、家族内部というか家庭内部でのこと、つまり、私ごとであると見なされたわけでありーます。社会としての社会関係が市民社会ということで問題になるのは、彼らがそれぞれ独立自営の生産者として作り出した製品をたずさえて、商品交換の市場・マーケットに出てくる場面からである。誰しも生産活動や家庭内部のことを忘れたわけではありますまいが、いざ〈かまえ〉て市民社会論を展開する場面では、そういったことはドロップ・アウトされる。商品交換という場面での人と人との関係、商品所有者としての諸個人が商品経済に入りこむ場面から社会というものが現実の問題として意識されたわけで、それ以前における生産活動も家庭における消費生活も、こういったことは私ごととして、社会という問題領域から除外して考えられた。イギリスのマックファーソンという学者が、possessive market society というたくみな表現をしておりますが、商取引の場をモデルにしたそういった一種の商人社会的なイメージで市民社会の表象が成立したわけであります。

こういう社会のイメージ、ひいては諸個人相互の社会的関係についての古典的なイメージは、資本主義の発達にともなって、時代遅れとなったはずではないか？　ある意味では確かにそのとおりだと申せます。市民社会のこういった古典的イメージが成立し得たのは、封建時代の近代以前的な共同体が解体して、自営の商工民が歴史的に登場しはじめた当初の一時期でしかありえなかったにせよ、しかし、実をいえばその後における資本主義の発達は、市民社会の古典的なイメージを多少手直ししただけでそれを保持しうるような歴史的情況を生み出したともいえる事情があり、そのため、この古くなったはずの古典的なイメージが根強いイデオロギーとなって存続し続ける結果になったように思われます。その歴史的要因とは何か、二つに分けて指摘することができます。

その一つは、マルクスやエンゲルスが繰返し指摘し、その批判のうえに彼ら自身の理論構築を行なった点ですが、賃金労働者、つまり、もはや職人ならざる労働者も、資本主義社会では、特に産業資本主義が発展してまいりますと、労働力商品という商品の所有者として現象するという事情でありまます。労働者と資本家の関係も、労働力商品の売買という、取引の場面に着目する限りでは、確かに親子分的な関係ではなく、支配者と被支配者の関係ではなくして、商品所有者同士の対等の取引関係として現象します。そして、労働者が賃金、つまり貨幣商品を携えて、消費物資を買う場面では、——

この場面ではもちろん資本家から直接物を買うのではありませんでいろいろな中間的な媒介項が介在しますけれども――ともあれ、やはり対等な商品取引の関係に立つという現象形態をとる。このためもはや独立の小商品生産者たちだけではなく、資本家・労働者を含めた社会の全メンバーがいうなれば対等の商品所有者として、商品取引の関係を取結ぶ、そういう関係の総体的連関として社会なるものが存在するかのようなイメージが定着する。そして現に今日においてすら、それが多少姿をかえながら概念構成の基本的な枠組として根強く定着しているわけであります。

第二に指摘できるのは、近代社会における地域的な社会編成の実態と関連することでありまして、近代社会では、なるほど農村では古い共同体的な関係がいろいろ残ってはおりますけれども、しかし農村にも都市化の波が押寄せてくるわけですし、ともあれ都会でみるかぎり、地域社会にあっては血縁的共同体はもとよりのこと、地縁的な共同体も崩壊していて、ここでの「人」と「人」との関係はまさしく商人的な商取引の関係が基軸になっている。地域の住人として生活する場面では、資本家であれ、労働者であれ、職人であれ、農民であれ、商品所有者として平等な人格同士の商取引の関係においては対人関係が取り結ばれている。ここにおいて、商人社会的なイメージ、自由・平等な諸個人の対等な商取引関係、ないしは、イデオロギッシュに屈折したイメージでのギヴ・アンド・テイクの関係ということで、社会というものが表象されることになります。

こうして、近代市民社会のイメージにおいては、金持ちと貧乏人の量的な差、つまり、より多くの商品、端的に言えば、より多くの貨幣商品を持っている者と僅かしか持っていない者との量的な差はあっても、封建的な身分的特権がもはや廃止されている以上、質的には皆が平等でそれぞれ自己の所有する商品を自由に処分する権利をもっている、そういう意味での〝自由・平等な諸個人の交通する社会〟というイデオロギーが成立する。例えば、テンニースが選択意志にもとづく結合ということで定式化したゲゼルシャフトの概念のごときも、まさしくこういうイデオローギッシュな論理構制に結局は帰着すると申せましょう。

ここでは学説史的な追認に深入りすることは差控えて、そろそろマルクスの場合に話を移していきたいと思います。

以上、申した事項との関連で、マルクスの場合はどうちがうか、三つほど連想されることと思います。私としてはここで連想されるであろうこととは別の点を強調したいのでありますけれども、話の順序として、まずは誰しも連想されると思われることがらの再確認からはじめることにいたします。

第一にはマルクス・エンゲルスは〝自由・平等な諸個人〟というイデオロギーの欺瞞性を剔抉しつつ、近代社会においても階級的な差別が厳然として存在するという事実を見定めたうえで、彼らは理論構築をおこなっていること、したがって、第二には社会というものを諸個人同士の直接的な関係から規定するのではなく、それゆえ、社会と個人とを直接に結びつけて議論するのではなく、階級という中間項をいれてより具体的に考えているということ、しかも、階級闘争というダイナミズムの相で、社会や国家の問題を理論的にとらえかえしていること。第三には市民社会・国家というものをとりあえず市民社会的な秩序に着目しながら、下部構造と上部構造という具合に構造的にとらえているということであります。

これらのことは、古典的な市民社会論やブルジョア国家論の場合と、マルクスのちがいということで、誰しも連想することかと思います。私は、これらの提題を否定するつもりはありませんし、重要でないというつもりはありません。私としては、しかし、より根底的な問題場面に着目したいのでありまして、特に強調しておきたいのは、以下申し述べる三つの点であります。

第一は、マルクスが人間存在を本源的に社会的な存在として、しかも新しい角度から把えかえしたということに関係します。人間をゾーオン・ポリティコン、アニマル・ソキアーレとして、つまり、社会的動物としてとらえる考えかたは、アリストテレスやトマス・アクィナスを想起するまでもなく、近代以前の理論においてはむしろ普通のことであったわけですが、これに対して、近代初めの社会思想家たちは、社会契約説などにみられるとおり、人間諸個人を実体的な第一次的存在者と考え、社会や国家というものはせいぜい第二次的な存在性しかもたないと考えた。ところで、ドイツ・ロマン主義の先駆を承けながら、ヘーゲルがあらためて、人間をゾーオン・ポリティコンとして把えかえし、一種の社会有機体論的な考えかたをしていることは、御承知のとおりであります。この発想は、ヘーゲル左派においてさまざまな屈折をうけ、例えば、フォイエルバッハの「類的存在」Gattungswesenといった概念へと到るわけですけれども、マルクスとしてはヘーゲルやヘーゲル学派のこういう概念構制を批判的に継承しながら、やがては、社会有機体説といった社会の実体化に陥ることなく、しかも同時に、諸個人の悪しき実体化をも斥けうるような、新しい地平を拓いております。これが、実は、かねがね私の強調します「物象化論の論理」ということとも密接な関連をもつのでありますが、ここではとりあえず話を先へ進めます。

第二に論点として掲げたいのは、マルクスが社会関係を規定していくにあたって、物質的生産の場面に視座を構えているということに関連します。近代的市民社会論の論理構制においては、先ほど申しましたように、財貨を生産する生産活動の場面は、私事として、社会編制の基礎的な構造から捨象されるかたちになっている。誰しも、生産活動ということの存在およびそれの重要性を否定するわけではないけれども、市民社会の編制原理としては、生産の場面での関係は捨象されている。アダム・スミスなどのように、分業とか生産的活動とかいう場面をあれほど問題にしている理論家でも、こと市民社会論という論題になりますと、商人社会的関係ということ、見えざる手 invisible hand による予定調和的な商人的関係ということで、市民社会の編制原理をみてしまうわけであります。

これに対して、マルクスの場合、商品所有者としての〝商人的な対人関係〟の場面ではなくして、まさしく生産の場面における人間関係に着目する。そのときどうなるかといえば、資本主義社会においては、まさしく資本のもとでの生産活動、したがって、資本家と賃労働者との関係ということが第一次的な問題になって参ります。ここでは、労働力商品の売買ということでみるかぎり、なるほど人格的に対等な取引関係であるとしても、資本のもとでの生産活動の秩序に組み込まれることにおいて、まさに資本の論理に労働者がからめとられる構造になっている。『資本論』で雄弁に説かれておりますように、労働者は単に商品を生産するだけでなく、当の商品生産のメカニズムそのものにおいて賃労働－資本関係そのものを再生産するという構造に人々がくりこまれているということ、マルクスとしてはこのことを明確につかむことができた。生産という場での関係に着目することにおいて、資本家と労働者との関係を、単に量的に相違する市民と市民との関係としてではなく、階級関係として把えかえすことができたわけであります。

このことは、近代市民社会なるものの実情を正しく把えかえすという域にとどまらず、過去の歴史的諸時代の社会的編制構造をとらえかえすための視座をもマルクスに保証する所以となっております。と申すのは、どの歴史的時代における社会編制も、生産の場面における人間関係の編制様式によって基本的な構造が決定されていること、それが奴隷制的な編制であろうと、ゲルマン共同体的な編制であろうと、いずれにせよ生産の場面での編制こそが全社会的な編制の基盤であるということ、この歴史貫通的な把握をマルクスに可能ならしめているからであります。

このさい、生産活動ということがマルクスの世界観においていかなる意義を占めるか、生産ということの存在論的な意義、つまり、対象的活動でありしかもかつ本源的に協働 Zusammenwirkung として営まれる生産活動の存在論的意義については、本日の話ではさしあたり省略して、もう一つの論点を挙げておきたいと思います。

もう一つここで挙げておきたい点、すなわち第三の論点でありますが、それはマルクスが社会という概念規定そのことにおいても全く新しい視角を設定しているということであります。マルクスは

「社会というものは諸個人から成り立っているのではない。だからといって、社会なるものをまたもやそれ自身で存在する或るものであるかのように自立化させて考えてはならない」と述べます。こういう文章を読み上げますと、それでは一体、マルクスとしては社会というものをどのように考えているのか、判りかねるという印象を禁じえないむきもあろうかと思います。しかしマルクス以前の社会理論、彼以前における社会なるものの概念規定を念頭においてみると、彼が当の文章で以って、彼以前の社会観に対する批判をきわめて象徴的に語っているということに、誰しも気がつくはずであります。駄目押しを恐れずにいえば、「社会は諸個人から成り立っているのではない」という前半の部分は、社会契約論その他、社会というものを実体的な諸個人の集合的団体として考えるタイプの社会観ないし社会概念に対する批判を意味し、「だからといって社会なるものをまたもやそれ自身で存在するものであるかのように自立化させて考えてはならない」という後半の部分は、例えば社会有機体論などのように、社会なるものを実体的に自存化させる社会観・社会概念に対する否定的な態度の表明になっているわけであります。

それでは、マルクス本人の積極的な観方はどうなのか? 諸個人から成り立っている団体的存在でもなく、また、自存的な一存在でもないとすれば、一体いかなるものとして社会が存在するのか? 「社会というものは実は諸個人の関わり合い Beziehungen 諸関係 Verhältnisse そのものなのだ」というのがマルクスの考えであります。このさい、われわれがもし、それではマルクスの考えかたは、前世紀の末から今世紀の初めに登場した「形式社会学」の社会概念に近いのではないかといってわかったつもりになるとすれば、マルクスの特質を根本的な場面で誤解する所以になりかねません。形式社会学の論客たちの大半をも含めて、近代における社会思想家が、概して諸個人というものを実体化する傾向を免れず、関係に即するといっても実際問題としては実体的諸個人を前提してしまうのに対して、マルクスは御承知のように「人間の本質は社会的諸関係のアンサンブルだ」というように、いわゆる近代哲学流の人間の実体化を斥ける立場に立っているわけで、まさに「関係の第一次性」に徹している。この点は同じく弁証法的世界観といっても、ヘーゲル的なホーリズムとは違うということをこの文脈でも銘記したいと思います。

話がちょっと脱線ぎみになりましたが、後論との関係で押さえておきたいのは、マルクスは、「社会」というものを諸個人の諸関係の一総体として規定すると同時に、諸「個人」なるものの実体化をも斥けて、「関係の第一次性」に即する新しい視座に立って「社会」ならびに「個人」という二つの項を生産の場面に定位した新しい視角から規定するに到っているということ、要言すればこのことであります。

この「社会」ならびに「人間」についての新しい了解の構え、これがあの有名な「意識というものは本源的に社会的な生産物である」という命題や、意識の成立と言語の成立とは同時だという命題、このたぐいの——近代哲学の常識からいうとなかなか理解しにくいような——マルクス・エンゲルスの発言と密接不可分な関係にあることは、ここで立入って論ずるにはおよばないと考えます。やや性急の感もありますけれども、話を先に進めることにいたします。

さて、マルクスの国家理論の特質にふれていく手がかりとしてヘーゲルに一言ふれておきますと、ヘーゲルは、ドイツの歴史的後進性に制約された関係もあって、市民社会なるものをイギリスの論客たちほど割り切っては考えなかった。彼は、もちろん、マルクス的な意味での生産の場面に立脚したとはいえませんけれども、市民社会を欲求と労働の体系として把え、諸個人は社会的分業のネット・ワークに組み込まれ、各人が分業の或る部署に従事するという仕方で、社会的諸関係の一総体が形成されているという見方をしたわけであります。一人一人の人間をとってみればある特定の労働しかおこなわず、自給自足はできない。生きていくためには、社会の全員がいうなれば全面的にもたれあっていかざるをえない。このかぎりにおいて、各人は各々の特殊的利害を追求するのであるけれども、まさしく総もたれあいの関係のゆえに、限定つきではあるけれども普遍的な共同利害が存立する。そのかぎりでの共同利害、総もたれあいの体系として、市民社会という悟性国家が存立するというわけであります。この市民社会は、しかし、総もたれあいの体系であるとはいえ、特殊的利害の追求を通じて辛うじて保たれているものであり、真の共同体ではありえない。そこで、ヘーゲルとしては、この悟性国家たるにすぎない市民社会の弁証法的自己否定として、真の共同体である理性国家の確立を説くことになります。

マルクスが、こういうヘーゲルの市民社会論ならびに国家論を継承的に批判しつつ彼独自の国家論を構築していったことは周知のとおりでありますが、ここではそのプロセスには一切立入ることなく端的に二、三の点だけを強調しておきたいと思います。

マルクス・エンゲルスの国家論には、一方ではヘーゲルの悟性国家論の系譜に連らなるモメントがあり、他方では、ただちにスミスやファーガスンのそれとは申しませんが、国家を以って支配階級の機関＝道具とみる国家観の線に連らなるモメントがあって、これら二つのモメントが微妙に交錯しております。

これら二つのモメントのうち、後者、つまり、国家を以って支配階級の機関として規定するモチーフに関しては、レーニンの『国家と革命』によって御承知のところでありますから、あらためて立言するにはおよばないでありましょう。

ところで、もう一つのモメント、つまり国家を以って市民社会の一総括として把え、それを幻想的共同体 illusorische Gemeinschaft として把える契機については、ここで若干の言葉を挿んでおくべきかと考えます。

幻想的共同体としての国家という考えかたはマルクス・エンゲルスにおけるきわめてユニークな論点であるように思います。もちろん、この規定は、もう一つのモメントとの統一において理解されねばならないでありましょうし、また、ユニークだとは申しましても、先駆思想がないわけでもありません。ヘーゲルの悟性国家論はある意味では、一種の幻想的共同体の思想になっているといえるし、アダム・スミスやゴドウィンが、本来は一部大金持の機関であるところの国家に対して一般民衆がなぜ一定の支持と認証を与えるのかについて、そのイデオロギー的構造を説明している論理のうちにも、幻想的共同性の着眼を読みとることが可能かもしれません。しかしです。本質的にいって、幻想的共同体としての国家という把握が、マルクス・エンゲルスに属するということは、異論なく認められるはずであります。そして、この幻想的共同体としての国家という把え方が、近代ヨーロッパの国家観プロパーに対して、異質なものであるということ、この点についても、先ほど想起を求めておきました契約国家論から政治過程論にいたる一連のものと対比してみれば、直ちに認められると思います。

私が、本日、ここで申したいのは、しかし、マルクス・エンゲルスのこの考え方がユニークだということそれ自体ではありません。私がアクセントをおきたいのは、この考えを支えているところのある発想であります。それは、さしあたり、市民社会なるものの把え方と関係します。それは、一言で申せば、先ほどふれておきました possessive market society ——ちなみにマックファーソンはマルクスのそれをもこれに含めてしまっているのですが——というイメージとは異質な、つまり、商人社会的な人間関係とは異質な、社会的生産の場面に定位しての市民社会のとらえ返し、要言すれば、アダム・スミスやフランス啓蒙思想などの抱いた市民社会像とは異質な社会概念をマルクス・エンゲルスが確立しえたということに照応するものであります。

マルクス・エンゲルスは国家権力の基礎的な構造をなす社会的権力、soziale Macht を、分業的に編成されている諸個人の協働から生ずるところの協働的合成力、これが幾重にも屈折して現われるものであることを洞察し、社会的生産活動の編成構造に即して、国家権力の規制力を究明する途を拓いております。このことは『ドイツ・イデオロギー』の段階では、まだ抽象的にしか語られておりませんが、『資本論』にいたると、エンゲルスでいえば『権威論』に到ると、社会的生産活動の編成秩序に即して、いわゆる権力的規制の基礎的構造が説かれるにおよびます。

これに対しては、次のような異論が提出されるかもしれません。すなわち、私がただいま申したような方面は、市民社会のオーダーに属することなのであって、国家体制のオーダーに属する事柄ではない、という異論であります。しかしながら、市民社会と国家体制とは実体的に別々のものであるのか？　なるほど産業資本主義＝自由主義の時代には、商品経済の自立性と称される事態が現出し、それを投影して、市民社会と国家体制とを実体的に分離してしまうイデオロギーが登場した。そしてこれが、十九世紀このかたのブルジョア国家論の大枠を規定している。しかしです。国家という形への市民社会の総括、幻想的共同体としての国家というマルクス・エンゲルスの把え方においては、どうでありましょうか？　幻想的共同性を支える基盤として、市民社会的オーダーと国家体制のオーダーとを実体的に截断しえないということ、両者の概念上での区別は可能であり、また、ある文脈ではもちろんそれが必要でありますけれども、実体的に別々のものとしてしまうのはそれこそ自由主義的なブルジョアジーのイデオロギーに捲き込まれる所以になります。

ところで、マルクス・エンゲルスが、社会的生産の場の編成構造に定位しつつ、幻想的共同性の基礎を論じたと申しましても――それは「この共同利害は決して単に表象のうちにあるのではなく、まずは、現実のうちに、分業しあっている諸個人の相互的な依存性として実在する」云々という表現で、まさにヘーゲルの悟性国家論と同趣の論理でいわれているわけですが――、そう詳しく展開されてはおりませんし、いずれにせよトルソーの形にとどまっていることは否めません。けだし、詳しい展開ならびに体系的な講述は、残された懸案になっている所以であります。

この懸案に応えていくにあたっては、問題を二つの側面に分けて考えていくのが便利であるように思います。一つは、幻想的共同性、共同体幻想がいかにして成立し、いかなる構造において存立するのか、すなわち、共同体幻想の存立構造の究明であり、もう一つは、幻想的共同体としての国家、この擬似的共同体がそれなりの内部的統一性を保っているメカニズム、秩序体系の在り方の究明であります。もちろん、これら二つの契機はバラバラに切り離すことはできないのであって、アプローチにさいしての便宜上、方法論上の区別たるにとどまりますけれども、一応は別途に扱っていくことができるはずであります。このうち、本日は、第二の側面に焦点をおきながら問題にしておきたいと思います。国家独占資本主義が云々される今日の資本主義国家は、もはやブルジョア国家論の古典的なイメージとのギャップがはなはだしいものになっている。

私としては、とりあえず二つの観点からそれを指摘しておきたい。第一には、市民社会と国家との実体的な分離という表象が維持されがたくなってきていること、第二には、古典的な市民社会のイメージそのものがいよいよ破綻するにいたっているという点であります。

まず第一の点から申しますと、かつて産業資本主義の確立期、すなわち、いわゆる自由主義の段階においては、市民社会と国家体制との実体的な分離というイデオロギーにしかるべき現実的な基盤がありえた。しかるに、今日ではもはやかつての自由放任主義、レセフェールの経済という表象の基盤は失われ、国家権力、とりわけ肥大化してきたところのいわゆる経済官僚機構が、生産物の価格の統制はおろか、生産計画の過程にまで介入するようになっており、市民社会の自律性ということは、もはやかつてのようには立言できなくなっております。もちろん、資本の論理、商品経済の論理が基本的には貫徹するわけで、その意味で、概念的には市民社会の自律性をいうことはできますし、他面、国家権力機構が社会経済的機構から相対的独自性をもっていることも確かでありますが、しかし、現実の国家の動態分析においては、もはや産業資本主義時代の概念装置ではどうにもならないということ、このことは余りにも明白であります。

第二の点、すなわち、市民社会の古典的なイメージの破綻という点でありますが、現実の問題としては、自由・平等な自立的諸個人のゲセルシャフトなどというものは実在したことはないけれども、先ほど申しましたように、そのような市民社会のイメージならびに市民社会のイデオロギーが成立する基盤がかつてはたしかに存在した。しかし、今日ではとうていそうはいかない。

かつて一昔前までは、一部にはかなり大規模な企業も存在したとは申せ、総じて企業体の規模は今日からみればきわめて小さいものであった。話を簡単にするために、レーニンが『帝国主義論』のなかで挙げている数字を引合いに出しましょう。レーニンはいかに独占が進んでいるかの証拠として、先進国ドイツでは、「大企業すなわち五〇人以上の労働者を有する大経営が、企業総数の〇・九%、五人以下の小企業が九一%」という統計数字を挙げております。笑わないでいただきたい。独占資本主義、帝国主義の段階に突入したとレーニンが認定した時点でのドイツにおいて、五〇人以上の労働者を有する企業が、一%にみたない。五人以下が九一%という数字であります。

今日でも零細企業はいくらでも残っておりますけれども、先進資本主義国では労働人口の圧倒的な部分がかつての基準でいえば大経営に雇傭されていることになります。今日の日本では、月給の形で収入を得ている者が三千五百万人といわれます。子供や老人までを含めた総人口の三分の一、つまり、大人の半数がサラリーの形で収入を得ているわけであります。もちろん中小企業で働いている人々の数はきわめて多い。全員が大企業で働いているわけではない。しかしです。今日の日本では、中小企業といえども大半が大企業の系列下に組み込まれておりますし、商店といえどもチェーン化が進んでおります。ここにおいてです、かつての独立自営の農民、自営の商工業者からなるゲセルシャフトのイメージ、「商人的社会」モデルとの対比でいえば、社会の成員の大部分が巨大企業とその系列下に組み込まれている社会、こういう社会編制を「企業体社会」モデルとでもいったイメージで論考してみるのも一案になります。

今日のいわゆる先進資本主義諸国においては、国民の大多数が企業体ないしその系列に組み込まれて生活しており、そして当の企業体のヒエラルヒーが国家独占資本主義の流儀で統制されているわけで、——さしあたり、家庭婦人と子供の問題、総じて「家族」という編制は、古典的な市民社会論との対応上、括弧に収めたまま論じたいのですが——古典的な、つまり「商人的社会」モデルでの市民社会のイメージ、ならびに、市民社会と国家体制との二重化的分離のイメージは、実際問題として現実とはすっかり乖離してしまっております。この現実、国家社会の現状を押さえて、国家的支配の構造、それを支えている幻想的共同体としての国家体制の存立構造を分析・解明していくこと、これが現代国家論におけるレアールな課題として課せられる所以でもあります。

この課題に応えていくにあたっては、いわゆる〝国家と独占資本との癒着〟の実態を分析すること、そして、例えばガルブレイスなどが問題にしておりますところの、政府機関と企業体経営陣とのあいだの心理的な方面を含めての複合体的性格といったことをも射程に収めた分析、いわゆる国家独占資本主義的な企業統制の状況とメカニズムの実証的な分析、これが必要であることは申すまでもありません。

私としては、しかし、ここではより原理的でより基底的な問題場面にふれるべきかと考えます。国家機関と経営首脳陣との関係という場面よりも、直接的生産者である労働者大衆の体制内的統合のメカニズム、これこそ現代国家論の原理論的次元では第一次的に規定さるべき問題でありましょう。

問題論的構制を鮮明にするためには、近代以前における国家体制の編制構造と対比的に考えてみるのが便利かもしれません。

近代以前における国家社会の編成基盤になっていたもの、それは血縁共同体であれ、地縁共同体であれ、当の単位共同体は、第一次的には生産の場における共同体であり、それが同時に、政治的秩序の細胞的な単位をなしていた。

これに対して、近代ブルジョア社会においては、生産の場での資本制的企業の秩序と、政治的編成の秩序とが分離されている。それも単に論理の上での概念的区別ではなく、いうなれば実体的な区別であり、生産の場と政治的編成の場とは一応のところ空間的にも分離されております。もっとも、ブルジョア・イデオロギーでは、生産の場における秩序、例えば大企業に所属する労働者たちの企業体内での秩序は、本来的な意味での国家的秩序ではないのはもとよりのこと、それは市民的な秩序でもないとみなされるわけで、そのかぎりでは、人々は地域社会という形で編成されているとされます。しかもこの場合の地域社会なるものは、一見、古典的な市民社会のイメージに適合的であるかのように現象します。先ほど申しておきましたように、今日の地域社会という消費生活の場においては、労働者であれ資本家であれ、医者であれ坊主であれ、等しく貨幣商品の所有者として、消費財商品と貨幣商品との交換当事者として現象します。そしてまた、ブルジョア国家の公民、シトワイヤン、シュターツビュルガー Staatsbürger としての政治参加、つまり、主権の行使とか称される選挙での投票や、シトワイヤンとしての義務の履行とか称される納税、――税金を取りたてられる秩序も地域社会という編成にもとづいて立てられているわけで、このかぎりではブルジョア社会とその国家体制はもっぱら地域的に編制されているようにみえます。

ところで、労働者たちが、ないしは「従業員」たちが、生産の場で組み込まれている企業体での秩序、これは何であるのか。労働者は、夜は地域社会に住んでいるとはいえ、日中は企業体の秩序のなかに存在している。企業体での秩序は、なるほど、かつての血縁的ないし地縁的な生産の場での共同体とは異って、それ自身としては、直接的な意味での政治的編成の秩序ではない。だが、企業体における生産の場の秩序が崩壊するとき、果たして資本制社会の国家的「秩序」はどうなるであろうか？

概念のうえでは、それが市民社会レベルでの秩序の崩壊であると称して、それを以って国家体制のレベルでの秩序の崩壊ではないということもできるかもしれません。しかし、この場面では、市民社会レベルと国家体制レベルとを実体的に分離することは、理論的にも実践的にも、ナンセンスになってしまわないか、思い半ばにすぎようというものであります。

誤解のないように願いたいのですが、私は何も、企業体という生産の場での秩序がそのまま政治的国家の秩序だといっているのではありません。私がさしあたり申しているのは、市民社会と国家体制との実体的な分断が不可能だという当然の事実に立脚しつつ、企業体における秩序なるものを国家的支配体制の存在構造のなかでどう位置づけるのかということ、マルクス・エンゲルスのいう Soziale Macht および Autorität の問題、ここに一つの課題があるということであります。そして附言するならば、国家の死滅ということを現実的に展望するような革命論にとっては、大いに勘案すべき問題がここに存するはずだということ、このことまでは申しておくことができましょう。

私どもは、ここで、あらためて、市民社会と国家体制との二重化的分離という近代＝ブルジョア的イデオロギーの基盤に思いを致すことになります。

古典的な近代市民社会論のイメージにおいては、商品経済の論理が円滑に貫徹しさえすれば、予定調和的に秩序が保たれることになっている。そこでは、経済外的に、すなわち商品経済の論理以外の要因を外部的にもちこんで統制することなしに、物質的生活の生産と再生産が維持されていくものと了解されている。このさいの前提条件、すなわち、商品経済の論理の貫徹ということは、次の一事が保証されれば足るものと考えられた。それは、商品交換のルールによらざる財貨の取得を封ずること、法的に表現すれば、他人の財産権を侵害しないこと、この一事であります。そして、まさしくこの一事を保証するために、かつそのためだけにのみ、夜警国家が必要であるという論理になります。

ブルジョアジーは、まさにこの論理から、労働者の団結権にもクレームをつけた。けだし、労働組合という団結した力で労働力商品の取引に経済外的な強制を加えるのはルール違反だという理屈からであります。まあ、これはいずれにせよ附録みたいなもので、産業ブルジョアジーのイデオロギーでは、ともあれ、商品経済の予定調和的な論理で以って、社会体制が円滑に維持されるという了解のもとに、必要悪としての国家なるものは棚上げされた。そして、かの前提条件たる財産権の保証という〝共同利害〟に、国家体制のイデオロギー的基盤をおくかぎりで、国家的共同体性ということがミニマナイズして立言されることになった、と申せるでありましょう。

企業体における内部的編制の秩序は、単なる商品経済の論理には還元できませんし、また、狭義の資本の論理ということだけでも済まないものが残ります。そこには、分業的協業の技術的編制の論理も介在してくるからであります。が、しかし、産業合理主義の論理というかたちで表現されるところの、つまり利潤の法則を規制的原理とするかたちで生産場面での秩序が保持されるかぎり、この広義の〝資本の論理〟、生産的機能資本の論理が貫徹するには、直接的なゲヴァルトは必ずしも必要とされない。実際問題として、マルクスが説いておりますように、資本制的な商品生産は、資本の論理において、賃労働－資本関係、しかも、賃労働の秩序体系を連続的に再生産していくメカニズムを存立せしめます。

こうして、社会経済の二契機のそれぞれに即して、すなわち、生産の場に即しては資本の論理が自己運動的に貫徹するかぎり、そして、流通の場に即しては商品経済の論理が貫徹するかぎり、資本制的商品経済社会は、もはや政治的権力による社会的生産・流通の統制を必要としない、という論理になるわけでありまして、この論理に服そうとしない者をそのかぎりでのみ規制するエージェントとして、つまり、当の論理の外枠を保証するエージェントとして、国家＝機関が考えられることになる。市民社会と国家との分離というブルジョア思想の基礎には、――抽象的に申せば、市場経済の自己完結性とか、いろいろの形で表現できるのでありましょうが、――ともあれこういう歴史的現実的な事態が存したこと、これは私がいまさら述べたてるまでもないことであります。

判りきったことを殊更にむしかえしたようで恐縮ですけれども、敢て申しておいた所以のものは、資本制社会とその国家体制においては、生産・流通の場で、資本・商品の論理が貫徹するごとき自然生的に物象化されたメカニズムを基盤にして、当の論理からはみ出す者に対して、最終的にはいわゆる政治権力のゲヴァルトが規制するということ、このかぎりでは政治的ゲヴァルトが秩序保持の機能を担うけれども、当の秩序は基本的にいえば、資本・商品の論理に内在的なマハト、soziale Machtの規制力、後年のマルクス・エンゲルスの表現でいえば、生産の場でのアウトリテート、これによって維持されているのだということを対自的にとらえかえして国家論を構築しなければならないはずであって、われわれは、近代ブルジョア的な市民社会－国家体制論のイデオローギッシュな概念枠に自からのめりこむの愚を犯してはならないということ、この間の事情を追認すべく、敢て言葉をついやしておいた次第なのであります。

先ほども断りましたように、私は企業体における秩序のヒエラルヒーをそのまま国家的権力支配の秩序だというつもりはありませんし、また、レーニンが銀行やシンジケートを以って国家機関の一種だと規定した議論を企業体の秩序という場面にそのまま持込むつもりもありません。地域社会ならびに企業体における秩序が、レーニンが国家機関の「もう一つの側面」と呼んだ狭義のゲヴァルト装置によって裏打ちされているということも、これまた申し添えるまでもありません。

さしあたって銘記したいのは、現代資本主義における国家体制の秩序機構が、一つには、地域社会における個人と個人、ないし家族と家族、ならびにまた、企業体という法人格と法人格との横の関係――これはブルジョア国家論が旧来の図式で処理しようといろいろやっている方面にほかなりませんが――それと並んで、企業体のヒエラルヒー、その頂点において国家独占資本主義的な統制が直接的に作動するところの、生産的活動の場におけるこの縦の秩序体系、生産点におけるこの編制構造、これを基盤にしているということに留目しつつ、国家論のプロブレマティックを立て直す必要があるということであります。

特に、今日の高度化した企業体においては、単純な協業が資本家のコマンドのもとにおこなわれているのではなく、日本式にいえば、ヒラ、班長、係長、課長、部長、といったヒエラルヒーをもった管理体制が確立していて、従業者たちは〝上昇志向〟をもちつつこの管理体制にアンガージェするという仕方で、秩序体系に組みこまれているわけでして、この管理体系のアウトリトートにおいて soziale Macht が現実的な統合力になっていると申せましょう。この問題場面をぬきにして、市民社会と国家体制との実体的二元化の図式で処理しようとしても、とうていアクチュアルな把握は不可能であります。

私は、今ここで、国家権力なるものを狭義の暴力装置に矮小化してしまって、それさえゲヴァルトで粉砕すれば基本的に問題が解決するかのように思い込むアナーキズム的な了解の構えに対するマルクス・エンゲルスの批判を復唱することは割愛します。また、このアナーキズム的な構えと、議会主義者たちの了解の構えとが、図式的には見事に一致していることの指摘も省くことにします。が、国家の死滅を射程距離に入れた革命理論においては、国家権力の中枢的諸機関・諸組織の粉砕とプロレタリア権力の樹立を論理上の前件としつつもブルジョア的支配体制の実体的基礎である生産点での編制構造をこそ改変するプログラムが要求されるということ、この点には敢て留意を求めておきたいのであります。早い話、革命的な中央権力が樹立されて、資本家的所有の廃止、いわゆる〝国有・人民管理〟が宣言されたとしましても、生産点での編制構造が旧態依然だとすれば、それがそのまま国家の死滅へと通じていきうるのか？　革命権力が樹立されたからといって、例えば八幡製鉄所なり、日立製作所なりの生産現場の技術的編制がすぐさま変るというわけではありますまい。産業合理主義的な原則が維持されるならば、そこには、官僚主義という以前に、管理社会的ヒエラルヒーの構造が形をかえてにもせよ、ともかく再生産的に維持されていく可能的構造が存立する。これをどう処理することによって、国家の死滅、管理社会的体制の止揚による真の共産主義的共同社会の確立を保証していくのか？　このように自問してみるとき、企業体の秩序の問題の射程も明らかになるはずであります。ただ今の話は、しかし、権力の奪取ということを先取りした議論になっているわけでして、実際問題としては、ブルジョア国家権力の打倒のプロセスが先行する。この場面で、生産点での闘いの在り方、革命的な激動的過渡における生産点での秩序の破壊と再建、つまり、現場での大衆的叛乱と社会主義的新秩序の確立、これをどう実現していくかということ、実はこのことをぬきにしてはブルジョア権力の打倒とプロレタリア権力の樹立ということからして現実性をもたないことになるでありましょう。ブルジョア革命の場合には、政治革命と社会変革とが相対的に分離されえたかもしれませんが、プロレタリア革命の場合には、反省概念のうえでの区別ならともかく、現実問題としてはそういう分離はできない相談であります。

ここまで申しあげれば、私の課題意識は、おおよそ御諒解いただけると思います。理論上の問題としましては、いよいよここで、古典的な市民社会論の批判のうえに立った市民社会の現実的編制構造の構図の提示、消費生活の場における地域社会的な横の編成と企業体という生産活動の場における縦の編成との関係、このような市民社会のオーダーと国家体制のオーダーとの今日的な関係、さらには企業体における労働の編成秩序に対する生産点からの叛乱が現代国家独占資本主義の支配体制に対してもつ格別な意義、それと狭義のゲヴァルト装置との関わり、ひいては、国家の死滅を現実的に保証していくための生産点における共同体的編制のあり方と固定化された分業の止揚という問題、そして、特殊的には、生産の場における編制であると同時に政治的な編制でもあるところのソヴェト組織の理論的・実践的な意義、こういった一連の問題にふれていかねばならない段取りであります。――これは、しかし、短い時間ではとうてい言いつくせませんし、予定の時間をすでに超過していることでもありますので、質疑応答と討論のなかででき得るだけ申し述べることにいたしまして、私の一方通行的な話はここでひとまず打切らせていただきます。

第六章　歴史法則存立の問題論的構制

本稿は、『理想』一九七二年一一月号に「歴史法則論の問題論的構制」と題して発表したものの再録である。

今日、歴史の論理という主題があらためて討究される所以のものは、単なる観照《テオレーティッシュ》的な関心からではなく、歴史の趨向に如何にアンガージェするかという優れて実践的な態度に発するものであろう。しかるに、かかる主体的実践の視座から歴史の論理を対自化しようと図るとき、われわれは忽ちにして、極めて〝厄介〟な問題性に逢着する。それは幾つかの二律背反ないしはWechselspielとなって現われるのだが、当の難題たるや、恐らくは〝近代的〟歴史観、遡っては〝近代的〟世界了解の基底に淵源するものであって、アポリアの打開を企てるに当っては、就中「歴史的法則性」の存立構造そのものを問い直すことが先決要求をなすように思われる。

筆者は、この要件に応える作業はとりも直さず諸個人の協働的実践の共時的・通時的な物象化の構造を究明する作業に帰一すると考える者であるが、本稿ではとりあえず歴史法則論の基礎的な問題論《プロブレ》的構制《マティック》を対自化しつつ、構案の一斑を記しておきたいと念う。

尚、歴史という言葉は広狭多義的であり、また「事実としての歴史」と「記述としての歴史」との二義性を帯び、剰之「自然界の歴史」と「人事界の歴史」他方ではまた res gestae と historia rerum gestarum、これらを機械的に截断してしまうことは不可能であるけれども、以下では、歴史という言葉をいわゆる「人事界の歴史」しかも「事実としての歴史」の意味にほぼ限定することにしたい。

一　歴史における主体

歴史ないしは歴史の法則なるものが、諸個人の日常不断の営為を離れて自存するわけではないということ、このことは誰しも承知している。人間的世界の歴史的法則性について論考する場合、誰しも有体の諸個人の主体的営為を没却してしまうことはできない。だが、歴史の法則性を主題的に論ずる段になると、諸個人の具体的な営為はとかく後景に退きがちであり、他面、諸個人の主体的活動に留目する際には、今度は、歴史の法則性が前景から消失しがちである。ここには「図」Figur と「地」Grund との反転にもなぞらえうべき一種の背向的事態が現われる。

この〝反転〟は、なるほど、それ自身としては何らの悖理でもなければ、不都合でもないと考えられよう。慥かに、歴史の法則性と諸個人の主体的営為とは、相異る二つの対象設定ないしは両つの視角に相応ずる二つの射影であると言われうるかもしれない。しかしながら、ここには予め確認してかかるべき問題論が胚胎している。

稍々具象的な問題場面を念頭に置きながら議論を進めよう。人々が例えば「日本農業の歴史」とか

「日本語の歴史」とかについて論ずる場合、そこでは宛かも「日本農業」なり「日本語」なりといったものが存在して、この或るものの自己展開が農業史や言語史であるかのように論考されるのが一般である。というよりも、「日本農業」とか「日本語」とかいうものを宛然〝自存的な一主体〟であるかのごとく扱う手続によってのみ、日本農業史なり日本語史なりの法則的展開をはじめて立言することが可能になる。

この際、われわれとしては、しかし「日本農業史」とか「日本語史」とか、ひいては「日本の歴史」とかいったものを「歴史」として認める了解の構えそのものが、直ちに特殊近代的とはいわぬまでも、多分に〝歴史的〟なものであることを銘記しておかねばならない。現に、古代や中世における東洋の歴史家=史官は、帝王や英雄的人物の治績のみを歴史とみたわけではないにしても、また、彼らがたとえ農業や言語の通時的な変遷を認知したとしても、今日のわれわれが考えるような意味での歴史を「歴史」としては認めなかったであろう。無名な多数諸個人の営為の或る特種的総合 synthèse sui generis において存立する Gebilde が歴史の与件として問題になるのは、したがってまた、歴史的主体という概念の措定や歴史の法則性と諸個人の営為との〝反転〟といったことが殊更な問題になるのは、近代的な歴史了解の地平においてのみである。

さて、われわれは、ここで「歴史的主体」という概念の二義的な措定に関して、さしあたり二つのことを確認しておくべきであろう。

第一には、歴史という概念が「変化」という概念と不可分であるかぎり、変化の主体=基体の措定が〝論理上〟要求されるということである。変化という概念が存立するためには、或る実体的に自己同一的な「変化の主体」が要件になる。（卑近な例を挙げれば、樹木が生長変化して枯死したという場合、この変化の相を閲歴したのが一箇同一の樹木であることが前提であり、各状態相が〝実体的〟に全く別個のものであれば「変化した」とは言えない。）「変化」という概念は、それが変化の相を推移するのであるにもかかわらず、それ自身としては自己同一的な或るものの〝存在〟を前提する。この自己同一的な主体＝実体が客観的に実在するか、それとも擬設にすぎないかは一まず措くとして、「事実としての歴史」が歴史として成立するためには、そのような変化の主体＝実体が論理の上で要請されざるをえない。そして、この歴史的変化の主体は、あらためて記すまでもなく、日々に実践する歴史上の諸主体（諸個人）とは論理上の位階を異にする。

　第二に、謂うところの歴史的に遷移する主体＝実体は、日常的意識では単なる論理的擬設以上の或る実在的なものとして表象されるという事実である。「日本農業」にせよ「日本語」にせよ、なるほど、諸個人のその都度の営為によって〝連続的に創造〟されるのではあるが、しかし、それは諸個人の営為の代数和より以上の或るもの etwas Mehr として意識される。誰それがいつどこでどう耕した、いつどこでどう発話したということを寄せ集めても「農業史」や「言語史」にはならない。一面では、諸個人の営為の代数和は歴史に収まりきれないが、反面では、「歴史」は諸個人の営為の代数和以上であり、まさしく特種的＝独自成類的な総合たる所以であって、それは宛かも、水の運動と酸素や水素の原子のビヘヴィアとが存在の次元を異にするのと類比的である。

こうして、「歴史」とか「歴史の法則性」とかを論考する場面では、人々は歴史なるものをとかく〝超個人的〟な或る主体＝実体の法則的変化として表象しつつ、諸個人の主体性ということが殊更に問題にならないような問題論的構制を定立してしまっているのが通例である。より厳密にいえば、諸個人の営為ということが仮令必須の契機として念頭におかれているにしても、当の主体的活動がそのもの自身としてはもはや主題的に討究されるわけではないような、そういう問題論的構制になっている。かの〝反転〟はこのことにもとづく。

だが、果たして、水という化合物が実在するのと同じ構制で「歴史」なるものが実在するのであろうか？　もしそうであれば、水の存在法則と酸素や水素の原子的ビヘヴィアとは全く別個の対象領域として設定できるのと同様、歴史の法則と諸個人の営為とを別々の対象的与件として処理することも可能かもしれない。しかし、もしそうだとしても、主体的な問題関心においては、まさしく両者の関係こそが問題なのであり、当の特種的＝独自成類的な総合が成立する機制と構造の究明が課題たらざるをえない。

しかるに、旧来における問題設定の方式では、歴史ないしは歴史の法則性なるものを物象化して錯視する顚倒に陥っているため、誰しも「歴史」なるものを文字通りの意味で実体的に自存化せしめるわけではないにもかかわらず、問題論的構制のうえでは単なる〝反転〟どころかアンチノミーないしジレンマに陥ることになる。

この間の事情を確認し、問題論的構制を立て直すためには、歴史における法則性をめぐるプロブレマティックに留目しておくのが好便である。

二　自由と必然の問題

歴史が一定の内在的法則性を有するということは近代的歴史観の〝常識〟に属すると言えよう。〝近代的知性〟は、人事界のみならず自然界も、単線的・前進的な時間軸に沿った歴史的発展の法則性に服しているものと了解している。だが、単線的・前進的な時間観念そのものの歴史的相対性は姑く不問に付すとしても、少くとも人事界に関するかぎり、歴史は人間諸個人の意思行為を通じて形成されるものではないのか？　しかも、当の意思行為が自由なる決断によって支えられているとすれば歴史界には法則的必然性は成立しえないのではないか？　このように自問するとき、われわれは逸早く歴史法則論の〝アポレティーク〟の崖縁に立つことになる。

読者は、ここで直ちに、決定論と非決定論との宿縁の対立を想起されることであろう。歴史的法則性に関する決定論的了解と諸個人の有意的行為に関する非決定論的了解との二律背反は、しかし、法則的必然性と意志の自由という抽象的・一般的な形で論じても生産的ではない。われわれとしては、それゆえ、当のプロブレマティックが歴史の場面で成立する所以の経緯から問題にしていこう。

歴史の法則性によって諸個人の営為が規制されているという思念――依って以って、諸個人の営為を介して歴史の法則性が貫徹していくという想念――は、古代以来の或る世界了解から構図的にはそのまま継承されたものと言われる。尤も、当の前近代的な或る了解なるものは、われわれの看ずるところ、歴史的形象の物象化構造に根差すものであり、近代における歴史法則の物神化と同根に発するわけであるが、まずは謂うところの前近代的な構図を手掛りにしつつ議論を進めることにしたい。

人々は、しばしば、古代人や中世人は宿命論的な世界観をいだいていたかのように想像し、近代以前にあっては決定論が支配的であったかのように云々する。この見解の当否は別として、古代ギリシャ人が宿命論的な世界了解をもっていたこと、ヘブライズムが超越神による人事界の決定を前提していること、そしてこれが近代ヨーロッパ思想に流れ込んでいるということ、さしあたりこの点までは認められねばなるまい。だが、しかし、古代人や中世人が超越的存在による人事界の〝絶対的な〟決定性を表象した際、果たして近代人が想定するような意味での決定論の構図になっていたであろうか? 前近代的な表象では、人間の運命が定められているのは結末であって、その帰結に到るまでの過程は必ずしも一義的に被決定的とは見做されなかったのではないか? 例えば、オイディプース王が結局は運命上の定めを演ぜざるをえなかったように、事件の結末は慥かに前定的 vorherbestimmt であったかもしれない。だが、当の結末が実現される途中の行程は必ずしも一義的に既定的だとは考えられていなかったように思われる。

前近代的な世界観のもとでは、進行過程の逐時的な具体相はそもそも直接的な関心から外れていたものと忖度される。たとえ関心の対象になったとしても、往時の観察においては、進行過程の一義的必然性はとうてい看取さるべくもなかったであろう。なるほど、天体運行の一義的既定性は旧くから観察されていたとはいえ、これはまさしくそのゆえに、地上界とは秩序を異にする天上界として了解されたのであった。尤も、地上界にあっても、生あるものは必ず死に、悪事は必ず応報されるといった〝法則的帰結〟は看取されたかもしれない。また、工芸的製作における技術的プロセスの一定性の洞察も、或る程度は進捗していたかもしれない。しかし、それが超越的呪術的な規定力によるものと考えられているかぎり、真の一義的被決定性の想念は却って成立しがたい。けだし、前近代的な歴史観にあっては、たかだか〝結末〟に関する決定論しか存立しえない所以である。古代ギリシャ人の思念した運命の女神と人間どもとの関係は、また、ヘブライズムの原型における神とその民との関係は、謂うなれば牧夫と家畜との関係になぞらえて表象することができよう。羊の群は、したがってまた、個々の羊も、その行き着く先は牧夫によって定められている。しかし、羊は道草をくったり、一時的に行路を離れたり、時によっては牧夫の意に叛いたりすることも可能なのであって、途中の経過は一義的に決定されているわけではなく、そこには過程的〝自由〟の余地が残されていた。

これに対して、〝近代的〟な世界了解では超越神にはたかだかのところ「最初の一撃」しか許さない。かかる了解の変化をもたらした前史やその社会経済的基盤などにふれることは割愛して、構図だけを截り出して結論的にいえば、〝近代的〟に把え返された超越的主宰者と被造物世界との関係は、謂うなれば時計づくりの職人と時計との関係に類するものになる。そこでは、天地創造(時計の製作)が一たびおこなわれたあとは、ネジを捲かれた時計のごとき一義的必然性をもって全事態が進行する。近代的な法則的支配の表象にあっては、まずは経過の逐時的展相が因果必然的に決定されているのであって、結末の既定性は経過の微分連続的な一義的必然性からの帰結である。ここには、もはや「偶然」いわんや「自由」の余地は残されていない。

要言すれば、前近代的な宿命論・前定論 Fatalismus-Vordeterminismus は、或る意味では非決定論（途中的経過の非決定論）とも両立しうるごときたかだか結末の被決定性にかぎられていたのに対して、今や途中の運動過程が一義的な必然性をもつものと表象され、この想念が人間の心身的活動にまで推及される。仮令逆説的に聞こえようとも、ここにおいてはじめて、まさしく近代的な世界了解の構えのもとでのみ、真に一義的な法則的必然性の観念、かのラプラースの魔の宇宙方程式に象徴されるごとき決定論の論理構制が成立することになったわけである。

人々が法則ないし法則性ということを考える場合、近代においては右の発想と論理構制が暗黙のうちに含意されているといえよう。因果的な一義的必然性の表象をぬきにしては、〃近代〃流に了解された法則性の観念、とりわけ一回起的な歴史的事件の法則性という概念は存立しえない。因みに、近代初期の科学者たちが天地創造にこめられた神の意図（かの時計職人的な造物主の計画！）を解読しようという姿勢で自然法則の探究にいそしんだことは広く知られているが、この点では近代的歴史学の祖に数えられるランケなどにあっても全く同断である。このような経緯もあって、人々は法則性なるものをとかく物神化しがちである。なるほど「法則が支配する」という言い方がなされる場合にも、人々は「法則」なるものを必ずしも人格化するわけではない。しかし、法則と事件の進行との関係は、往々にしてかつての超越的主宰者による規制と同一の構図で表象されており、神意が消去されたかぎりでは、法則なるものが自存化されて、宛かもミサイルを誘導するビームのように、事態の進行が当の路線から逸脱しないよう一定の規制力をもつものとして表象されがちである。かくて、「法則」なるものが諸個人の営為の謂うなれば〝外〟にあって、それが諸個人の営為を規制するかのように思念され、しかも、当の法則的規制は一義的・必然的であるものと了解される。

「歴史の法則性」というときには、かくして、一般には既に、決定論的な問題論的構制が暗黙のうちに措定されてしまっている。しかるに他面では、まさしく超越神の逐一的な規制から〝解放〟された〝近代人〟は、今や昂然と自己の行動が自由な決断にもとづく自由な意志行為であるものと了解するに到っている。このゆえに、近代的な世界了解の地平においては、歴史の法則性と人間の主体性とが矛盾対当の論理構制をもつことになる。

今や、歴史の法則的発展性と人間の主体的実践とを統一的に把握するという課題がアポリアになる所以の問題点、ならびにまた、それを打破するためには論理構制のうえで何が必要であるか、おおよその消息は既に明らかであろう。が、しかし、議論に実質性をもたせるためには、ここでもう一つ論材を追加しておかねばならない。

三　法則的支配の機制

ここで問題にしておきたいのは「法則的支配」なるものの存立構造をめぐってである。歴史の法則性が貫徹していくのは、人々の通念では、それが諸個人の日常不断の営為を規制するからである、と思念されている。しかし、謂わゆる歴史の法則性なるものは諸個人の営為を直接的に規制しているとは認めがたい。ここにおいて、われわれは、歴史における法則性の存立という「客観的事実」と法則的支配という機制とを区別すべく、視座の転換を機縁づけられることになる。

法則的支配の表象、すなわち、法則なるものが在ってそれが事件の進行過程を規制するかのごとき表象は、上述の通り、超越的主宰者の干与による既定的路線の強制という思念の構図を踏襲しつつ、超越的意志を消去することにおいて成立したものである。尤も、法則なるものの物象化ならびにそれの支配という物神化は、日常的生活の場面で不断に再生産されるのであるから、われわれとしては、それを思想史的な経緯だけに帰趨せしめる心算はない。そもそも、超越的主宰者による規制という表象からして、日常的生活場面に根差した或る物象化の所産である。ここでは、しかし、暫くのあいだ、変容された超越的支配の構図を念頭に収めながら論点を取り出していこう。

「法則」なるものは、それ自身としては、実在物ではない。法則は、なるほど単なる主観的な幻影ではなく客観的な存在であるにしても、物的な存在 realitas ではない。それは特異な存在性格を呈する。例えば、物体の落下の法則は、物体の落下運動が開始するに先立って既に存在している。それは恰度未来という時間が未だ未在であるにもかかわらず或る意味では既在的であるのと同様、未在的に既在する！　しかも、それはかかる未在的既在者として、物体の落下運動を規制する！　わけである。一切の形而上学を排すると称する近代科学は、かかる〝形而上学的〟な存在たる法則の〝存在〟を前提し、かかる存在者たる法則の探索に従事する構造になっている。未在的既在の法則なるものの存在を確信し、かつ、それが地上的事件の進行を規定していると確信して、それの探究に向かうという営為は、造物主の世界計画の解読という近代の科学者たちの当初の志向に徴するとき、われわれにとって一応のところ了解可能ではある。しかしながら、未在的・非実在的な法則なるものが、一体いかにして実在的な現象世界を規制するのであるか？

謂わゆる歴史的法則に即して考えてみよう。人間の主体的実践を動機づけたり制約したりするところの〝主観的因子〟ならびに〝客観的因子〟は多岐多様であるが、しかし、諸個人の個々の決意的行動に着目するかぎり「歴史法則」なるものは、そういう規定因子の一つとしては一般には登場しない。まず、諸個人の意識的な動機づけに即していえば、革命家や大英雄の場合には「歴史法則」に目的意識的にアンガージェするということもあろうが――この際にも、現実の歴史法則と彼らの意識した〝歴史法則〟とのあいだに大幅なギャップが存在するのが通例だということは措くとして――一般には、歴史法則として形象化されるようなものがそれ自身として諸個人の行動の動機や制約条件になるという形で、諸個人の営為を規制しているとは認めがたい。例えば、個々の農民は作物の育成ということを目的意識的に追求することはあっても、別段、日本農業の歴史をつくろうとか、歴史法則を貫徹させようとか志向するわけではないのであって、歴史の法則性が直接的な主体的自己規定因子になっているとは立言できない。それでは客観的に観察してみる場合にはどうか？　例えば、農民の耕作という行動は、農地・農具・農法、等々、過去の農業の歴史によって規定されているという言い方がなされる。しかし、実態を考えてみれば、過去から歴史的に蓄積・継承されてきた現在的与件によって規定されているというのが内実であり、過去の「歴史法則」によって農作業が直接的に規定されるわけではない。現在から未来にかけての歴史的発展の法則に関していえば、絮言するまでもなく、諸個人の行動がこの未在の法則によって直接的に規制されるのではないどころか、歴史的未来に対しては諸個人の行動のほうが規定する側なのである。こうして、客観的にも「歴史法則なるもの」が個々人の行動を直接的に規定するわけではない。

このような次第で、「歴史法則」と諸個人の行動との関係に着目する場面では、彼の主体的活動の動機・目的・制約条件はきわめて多種多様であるにもかかわらず、――そして、〃精神物理学的〃psycho-physicalな諸法則や〃社会心理学的〃な諸法則がよしんば決定論的な一義性で作動していると仮定しても――そこには「歴史法則」なるものの直接的な関与は見出せない。過去の歴史的法則はそれが現在的与件の成立条件になっているかぎりでは介在するにしても、現在から未来にかけての歴史法則なるものは、目的意識的にそれにアンガージェする例外的少数者たちにとってのみ制約条件であり、大多数者にあっては個々人のその都度の目的を追求する活動を通じて、謂わば期せずして未来の歴史をつくっていくという関係にある。

このゆえに、歴史の法則が諸個人の行動を支配・決定するという発想を貫徹しようとするときには、いきおい、歴史法則なるものがさながらかつての超越神のごとき神秘的な規定作用を及ぼして諸個人の行動を律するかのように考えざるをえず、したがって、歴史の法則性なるものが形而上学的なエトヴァスになってしまう。歴史の法則性ということは〝経験的〟に〝実証〟できるにしても、それが諸個人の行動を「規定する」という点については実証性のない臆言に通ずる。実際、先にも一言したように歴史の法則が存在するという場合、その〝存在《ある》〟は、経験的諸事物の存在＝実在とは次元を異にするのであって、法則という subsistence が諸個人の営為という existence を直接的に規制するということは、そもそも実証的な検証の埒を超える事柄である。

翻って考えてみるに、過去に関する歴史的法則なるものは、所詮はイデアリジーレンされた縮約的記述に属するものであり、現在から未来にかけての歴史とその法則ということが立言されうるのは、諸個人の現在的営為がしかじかの状態を現出するという予料 Antizipation そしてその状態が制約条件になってその場面での人々の営為がしかじかに遂行され、そこに現出される状態が……という仕方での継起的予測（ここには過去の歴史的経験が活用される）にもとづくものにほかならない。しかるに、この将来的な歴史とその法則的展開というかたちで予見された形象、この未在の或るものを人々は自存化させ、それを宛かも既在の或るもの＝在るものとして物象化してしまう。そのうえで、この未来的「歴史の法則」なるものの側に視座を構えるとき、諸個人の営為が当の歴史法則を体現すべく、それに則って生ずるかのような顚倒した表象が形成される。このような顚倒した表象が生ずる一つの機縁としては、未来の歴史的・法則的な展開を予見し、ないしは他者の予見に賛同し、それにアンガージェするという仕方で、そのかぎりでは確かに未来の歴史とその法則によって自己の行動を規制されている（自己規制している）人々が現に存在し、彼らは他人たちもまた同様な仕方で自己の行動を律するものと予期していること、このような現事実を挙げることができよう。しかし、歴史的未来が人人の現在的行動を規定するのは、あくまで右のごときアンガージュマンという主体的・決意的な実践を介してなのであって、歴史の法則性なるものが諸個人の行動を謂うなれば〝未来からの遠隔作用〟によって統御するわけではない。これは反省的には自明の理であるにもかかわらず、人々はかの科学主義的な法則的支配の表象、一義的・必然的な法則性の支配的貫徹という発想法を暗黙のうちに既成観念として受け容れてしまっているため、歴史法則とやらの物神崇拝に陥り、ここに「歴史の客観的法則性」と「人間の主体的決意性」との似而非アンチノミーに悩むことになる次第なのである。

四　生態系的社会編制

われわれは、ここで、諸個人の日常不断の営為が独自成類的な総合となって現われ、それが一定の合法則的 gesetzmäßig な展相を辿り、依って以って歴史の法則性を現出せしめる所以の構制を主題的に問題にしていかねばならない。

諸個人の営為が synthèse sui generis を現出するといっても、文字通りの意味で化合物を形成するわけではないということ、このことはあらためて断わるまでもあるまい。化学的化合や熱現象などの比喩は、原子や分子が自存的な実体として表象されるかぎり、われわれのそもそも採りうるところではない。われわれは「歴史」なるものの実体化を対自的に斥けると同時に、諸個人なる歴史主体の実体化をも超克しなければならないのであって、そこに拓ける地平においてのみ第一節で追認しておいたごとき〝反転〟を免れることも可能になる。尤も、諸個人を初めから実体化してしまう近代的な既成観念を一気に解消することは困難であるので、まずは歴史的形象を自存的な主体＝実体であるかのように仮現せしめる物象化の現相からみていくことにしよう。

歴史的変化の主体＝実体が超個人的なエトヴァスとして表象される所以のものは、デュルケームをして「社会的事実」fait social を「物」chose として規定せしめた当の現相に帰一するであろう。件の例に即していえば、諸個人のその都度の農作業や言語活動は既存の農業体系（農地・農具・農法、等々）や既存の言語体系（音韻・文法・意味の体系）を前提して甫めて営まれうる。諸個人の意識にとっては農業体系や言語体系が、営為に先立って（既在性）外部的に（外在性）存在し、それが自己の営為を拘束する（拘束性）。この〝外的に既在して拘束力をもつ〟与件は、特定の誰彼がその活動を停止したからといって直ちに消失して了うわけではない。それは誰かの営為において体現されるかぎりにおいてしか具現しないとはいえ、特定の一個人はそれの全体系を体現しうるものではない。ここにおいて、当の与件が自存的な或るものとして表象され、外在性と拘束性のゆえに、一種の物的な存在性をもつものと思念される次第である。

歴史的形象の存在性は、しかし、決して謂わゆる物的な自存性をもつものではない。なるほど、農業や言語という上例でいえば、農地・農具、音韻・文字などは、それ自身、物的な存在であるかのようにみえる。だが、物在としての土地や鉄片つきの棒、空気振動やインクの汚斑、こういう物的な存在はそれ自体としては歴史的形象ではない。それは用在としての或る在り方においてのみ、はじめて歴史的形象たりうる。この際、われわれとしては、しかも、ハイデッガーの驥尾に付して「用在性」こそが第一次的な在り方であるといって済ますわけにはいかない。なるほど、われわれにとって、物在よりも用在のほうが原基的な在り方である。このことを否定しようというのではない。問題は、用在性ということをもう一歩掘下げて、その存立の被媒介性を対自的に把え返すことに懸っている。

歴史的形象にかぎらず用在的対象は一般論として、ハイデッガーがいう意味での道具的全体性の聯関態において存在するわけであるが、われわれがハイデッガーの埒を超えて把え返すべきことは、用在の用在性は人々の役柄行動 role-playing との相関性においてのみはじめて存在するということ、この実践的な機能的聯関性である。これを対自的に究明することによって甫めて、用在的世界をも含めての物象化の秘密、物象化の存立構造を解明することができ、ハイデッガー流の「存在」の物神崇拝をも卻けることができる。

詳しくは拙著『世界の共同主観的存在構造』(特に、第三章「歴史的世界の協働的存立構造」)に譲るが、例えば、農具という用在は農作業という役柄遂行との機能的相関性においてのみ農具として存立するのであり、しかも当の農作業は狭義の共働作業ではないとしても、社会的分業の一部署の分掌として存在するという意味で他者たちとの協働なのであって、この協働が当の農具によってその在り方を規制されているというように、用在的世界は単なる主体的実践との相関性という域を超えて、間主体的な協働 intersubjektives Zusammenwirken との相互媒介性において存在する。そして、上述の

〝外在性〟と〝拘束性〟が意識されるのは、この協働的聯関への参与 Teil-nehmung, part-taking という実践的なアンガージュマンにおいてである。

　この part-playing の存立構造は一まず措いて、当の協働聯関の物象化的展相について先廻りしてふれておけば、われわれはマルクス・エンゲルスを援用して次のように言うことができる。

「歴史においてはどの段階をとってみても、各世代が先行する諸世代から伝授されるところの、一定量の生産諸力、歴史的に創出された一定の対自然関係ならびに諸個人相互間の関係が見出される。」この際、これら生産諸力、環境的諸条件、対自然ならびに対他人の諸関係には、いわゆる精神文化的諸契機や精神文化的諸制度をも勘案しうる筈であるが、ともあれ「このものは、一面では新しい世代によって変様されるとはいえ、他面では当の世代に対してそれ自身の生活諸条件を指定し、一定の発展、特殊な性格を賦与する。こうして、人間が環境をつくるのと同様、環境が人間をつくるのである」。けだし、生態論的な人間‐環境系、この連関態の総体的遷移が現存するのであって、人間という項に視座をとって「人間が環境をつくる」というのも、環境的全体系を主体的能因とみる視座から「環境が人間をつくる」というのも、実は同一事態に関する二様の射影たるにほかならない所以である。——ところで、対自然的・間《かん》人間的な協働聯関の動態を、そのポテンツに即して生産力、その共時的関連に即して生産関係と呼ぶ次第であるが、「各個人ならびに各世代が次々に所与のものとして見出すところの生産諸力」は、協働が即自的であるかぎり、諸個人に対して物象化された相で現出し、「人々の意思や動向を主宰する、固有の道順を辿る一連の展相と発展段階の継起を閲歴する」ことになる。

ここにおいて、観察者的・予測者的立場に対して歴史の合法則的な展相が〝与件〟として与えられうることになる。が、歴史の理論にとっては、かくてまさしく、人々の協働的営為の物象化の存立構造を対自的に把え返すことが、歴史の法則性を定礎するためにも、鍵鑰となる次第である。

五　歴史法則と物象化

本稿では、諸個人の協働的営為の物象化的存立構造、その構造的基底をなす part-taking の四肢的存在構造について主題的な討究に立進むことは割愛せざるをえないが、前節での議論が物象化された視界への妥協を含んでいた点を補修しつつ、とりあえず問題論的構制の立て直しを図っておくことにしよう。

人間は、殊更に記すまでもなく、「飲み且つ食わねばならぬ」生物的存在であるかぎり環境的条件とのあいだの物質代謝 Stoffwechsel をしかるべき様式で維持することを生存条件 Existenzbedingung としている。事実問題として、それがよほど単純な採取、摂食でない以上、既に或る種の下等動物においてすらみられるように、当の生存条件は一定の分業的協働を必須とする。ところで、自然的与件を人間にとっての生活手段に転形する当の営為、すなわち「生産」において「人々は自然に対してばかりでなく相互にも働らきかける。人間は一定の様式で協働し、活動を互いに交換することにおいてのみ生産する。生産するためには、人間は一定の相互関連と相互関係に入りこみ、この社会的関連と関係のうちにおいてのみ自然に対する働らきかけ、つまり、生産がおこなわれる」（マルクス）。この意味での生産という精神的・肉体的営為、これこそが人間の共同存在の編成構造の基幹をなす。この生産的協働という対自然的・間《かん》人間的な動態的聯関は、それが、分業的部署の分掌によって存立することに鑑みれば、役柄分掌の一総体として現存在する。この役柄の協働的遂行は、演劇になぞらえていえば、舞台・背景・道具といった既成の条件のもとに（つまり、先行する世代ならびに既往における自分たちの成果に立脚して）、これまたおおむね既成の筋書・役柄・演技の様式に則っておこなわれる。この役柄扮技の総体を、狭義の物的生産の場面のみならず、いわゆる精神文化的営為の場面まで射程に収め、そこにおける意識的諸契機《イデオローギッシュ》をも含めて、その特種的綜合の相において記述しうるとすれば、そしてそこに法則性を見出しうるとすれば、われわれはそれを歴史の法則として述定することを許される筈である。それは役柄的協働の共時的・通時的な独自成類的な構造論的記述として展開されうる。

これを能く展開しえんがためには、われわれは、歴史的・社会的形象をそもそもの初めから実体化してしまう物象的錯視を卻けると同時に、人間諸個人の〝人格〟ないし〝本質〟を実体化してしまう既成観念を卻けてかからねばならない。因みに、マルクスは、一方では「社会は諸個人から成り立っているのではない。諸個人の関わり合いの総体が社会なのである」と述べ、他方では「社会なるものを個々人から自立化させて再び独立の主体に仕立てあげてはならない。個人が社会的存在なのである」。「人間の本質的存在は社会的諸関係の総体である」と述べ、謂うなれば関係の第一次性を洞見しているが、われわれはこの構えの執り方を協働聯関、役柄遂行の函数的・機能的動態に即して ereignen し、一方における歴史なるものの実体化的錯視と他方における人格的諸個人なるものの実体的自存化とを両々卻ける次第なのである。

ところで、間主体的役柄遂行の協働的構造成体は、個々人の営為に対して既在的に現前し、個々の草木が生え替っても森林の景観が同型《イソモルフ》的な安定性を保つのと類比的に、〝演者〟が人格的に入れ替ってもゲシュタルト的安定性＝同型性 isomorphism を保つ。このゆえに、個々人の変化や生死から相対的に独立なかたちで、協働的営為の編成構造が安定的な持続性をもつわけであり、実際問題としては、この独自成類的綜合体の固有の変化、その合法則性が、上述の通り「歴史の法則性」として形象化されることになる。

われわれとしては、しかし、この際みずからも物象化的錯視に陥らないよう留意しなければならない。協働聯関態は、協働が即自性をもつかぎり、農業史や言語史に即して既述したように、通常的意識にとってはとかく自存的なエトヴァスであるかのように仮現する。このため、人々は往々にして、当の物象化された相で歴史の因果的法則性を云々し、例えば、灌漑農業が原因になって古代アジア帝国が生まれたとか、商品経済の発展が原因になって封建制度が崩壊したとか、この種の実体性の相関を立言する。われわれもこのような〝説明〟を便宜的には認める。それは決して単なる錯覚ではない。しかしながら、この立論では「需要と供給との関係で物価が定まる」というたぐいの論理構制――つまり、諸個人の主体的営為を没却して、宛かも「需要」というものと「供給」というものとの、つまり「もの」と「もの」との関係に見立ててしまう論理構制——になっているわけであって、それはあくまで物象化された仮現・仮構であることを銘記する必要がある。

歴史法則なるものを恰かも自存的な在るものであるかのように初めから想定してしまい、あまつさえ、それが事件の進行に規制的な作用を及ぼすかのように表象する悖理については嚮に卻けておいたが、ここにおいて、われわれは更に一歩を進めねばならない。

われわれは、法則と事件とのあいだに規制的関係を想定する謬見を斥けるだけでなく、合規則的な遷移の前件と後件とを物象化して両者のあいだに〝近接作用〟〝因果関係〟を読み込んでしまうhineinlesen 錯視をも卻ける。けだし、歴史的進展の現実態においては、能動者たる諸個人、すなわちpart-takers は最広義の規範的拘束にアンガージェすることを通じて〝動因〟的に機能するのであり、このアンガージュマンが、生理心理学的にはたとえ条件反射の〝因果的法則〟に服するものであろうとも、当の協働的営為は、なかんずく〝規範的拘束〟（但し語の最広義における）によって規制されるのであって、この被拘束的営為 Teil-nehmung の意識的・無意識的な諸相とその根底的諸条件〝舞台・背景・道具〟的諸契機を分析しつつ、それの特種的総合のメカニズムと動態的展相を如実に究明すること、まさしくここに「歴史の法則的説明」の本諦が存すべき筈だからである。われわれとしては、原理論的な次元ではあくまでこれに定位しつつ、第二次的にのみ物象化された現相の〝合法則的関連〟の整序に向かう次第であるが、その際には、いわゆる因果法則的説明主義を卻けて、函数聯関的記述主義の態度を執る所以となる。

このような構えを執るとき、いわゆる「事実としての歴史」と「記述としての歴史」とを二元論的に截断してしまうことが実は許さるべくもないこと、このことは容易に察せられるであろう。がしかし、それを積極的に講述するためには、認識論的な予備作業が必要であり、またわれわれの場合、嚮に示唆しておいた通り、「歴史的時間」の概念そのものの存在論的再検討が前梯として必須である。それゆえ、この課題については、別稿を期して、ここでは割愛する。

尚、歴史的世界に関する決定論・非決定論の〝アンチノミー〟についても、本稿での立言は、それが似而非問題論的構制 Pseudoproblematik に起因することの指摘という域を出ていないが、われわれの見地から積極的に論定するに当っては、機械論的な因果必然性の概念に代えて、弁証法的な法則概念を顕揚しておくことが先決要求になる。この作業は、別の折に（『マルクス主義の地平』第五章）不十分ながらも試みておいたので、紙幅を惜しむ次第である。

本稿では、不得要領ながらも、宿痾となっている問題論的構制の変換を提議しつつ、持論の一端を再説したところで取り敢えず筆を擱きたいと念う。

付論一　近代合理主義の歴史的相対化のために

本稿は、『現代数学』一九七〇年六月号に「〈世界・内・存在〉と〈歴史・内・存在〉の接点」と題して発表したものの再録である。なお、再録に当っては、導入部とあとがきの部分を削除した。

〝現代哲学〟は、近代合理主義の地平をあるていどまで歴史的に相対化し、それを対象化して批判しはじめているが、しかし、われわれ〝現代人〟は依然として近代合理主義の発想法に強くとらわれており、その埒を真に超出しうるには至っていない。近代合理主義とは何か、それを十全に対象化することが甚だ困難であるのは、恐らく、われわれが今日おかれている歴史的情況に照応するものであろう。嘗ってアニミズムからようやく脱却しはじめた時代の人びとが、アニミズムとは何かを自問している図を想定してみれば、近代合理主義との関係で、現在われわれの逢着している状態のアナロゴンになるかもしれない。

われわれは遺憾ながら、近代合理主義の発想をそれ以前の発想との対比において辛じて相対化しうるという域をまだいくばくも出ていない。われわれは、しかし、ルネッサンス期の人びとのように祖父を復権することによって父を批判するわけにはいかない。一部の〝現代哲学者〟たちのように、中世的発想のルネッサンスによって、近代的発想を〝超克〟するわけにはいかない。われわれとしては、あくまで与件そのものに即して、それの歴史的相対性と限界性を対自化し、それを超出する視角を獲得ereignenすることに努めるのほかはない。それゆえ、端的に自問自答するところから始めよう。

近代合理主義とは何かを自問するとき、そのメルクマールとして、手続Verfahren論的には数量化的(数学的)把握、態度としては実証主義、実践的には効率主義、といった規定が次々に泛かぶ。しかし、問題はその根底にあるイズムであり、「世界了解」である。

近代的世界観は、中世の生物態的世界観との対比において、機械論的な構造をもっていることが、しばしば指摘される。すなわち、中世までの世界観が生物をモデルにして世界を了解したのに対して、近代の世界観は機械をモデルにして万象を観ずると言われる。たしかにそうかもしれない。だが、近代においては、なぜ機械がモデルとされるのか? 機械が発達したから、というのでは答にならない。そもそも、機械がなぜ「機械」として了解されるのか? これが問題点である。中世の人びとが近代の精巧な機械を目撃したとすれば、彼らはそれを一種の生物、霊妙な生物であると観じたに違いない。それは、近代人が生物をも精巧な機械だと観ずるのと同断である。機械がモデルとされるということの以前に、機械がいわゆる「機械的なもの」として了解されるという事実のうちに、近代的世界了解の根本的な「構えの取り方」が表白されているように思う。

ところで、機械的ないし機械論的な発想は、いわゆる要素主義と近親関係にあり、この要素主義は原子論的な発想と密接な関係にある。機械論的、要素主義的、原子論的、これら三つの発想法は、同一の基盤に根差しているとみて大過あるまい。それでは、その共通の地盤とは何であるのか？ われわれは、さしあたり、この問題を手掛りに出来そうである。

デュルケーム学派は、われわれの対象認識の基本的カテゴリーは社会的諸関係、社会的制度をモデルにして形成されること、従って、各時代の自然像は当代の社会制度になぞらえて構築されることを説いている。これは事態的には正しいにしても、われわれとしては、自然と社会とをはじめから二元化することなく、人びとが歴史的に内・存在する用在的世界 zuhandenseiende Welt の存在構造が人びとの世界認識一般の根本図式 Grundschematismus を規定する、と〝訂正〟を提議しておこう。

近代においては、用在的世界が汎通的に商品世界として現われる。ここにおいては、社会関係も、基本的には商品交換者どうしの関係として、資本家と労働者の関係すら労働力商品の売買関係として現われる。人びとは封建的共同体への埋没から脱した独立の個人 individuum、商品交換者として平等な自律的な人格として現われる。individualism ——この近代に特徴的な人間了解！——における individuum は、ギリシャの ἄτομον のラテン訳であって、インディヴィデュアリスムは、語源的にもアトミスムと同義的である。近代以前の有機的共同体ではなく、諸個人の「機械的な」結合によって形成されている近代社会、このインディヴィデュアリスムの世界はまさしく機械論的なアトミスムの世界であって、近代的世界像の原型がここに存するのではないか。

われわれは、しかし、この社会関係の了解が対象的世界一般に移入されると主張する者ではない。商品世界という近代的な用在的世界は、機械論的・原子論的・要素主義的な存在構造をフェノメナルに呈している。社会関係の移入が問題になりうるのは、このフェノメナルな即自的世界が、実は「物象化」された被媒介的なものであるという次元においてである。

汎通的な商品世界においては、所与のものはすべて価値物として現われ、使用価値物としてはいかに多種多様であろうとも、価値物として即自的に等質化され、しかも価格的に数量化されて現われる。オットー・バウエルは「質の量への解消は、貨幣経済の理論的投影であり、数学的方法は、資本主義が諸個人のあいだの社会的聯関を商品交換によって媒介するところに由来する」と述べているが(Das Weltbild des Kapitalismus. Festschrift für K. Kautsky. 1924. S. 433)、多少の短絡には目をつむって、論趣は認めることができよう。

現に、中世までの世界了解のもとでは、万象の数量化的把握はとうてい問題になりえなかった。近代合理主義のメルクマールの一つとされる数量化手続、数学的処理の存在論的根底には、商品世界の価値等質化と価値計量性が汎通的になっている近代的用在世界のフェノメナルな現実が定在しているように思われる。

翻って思うに、近代の合理主義的態度を支える実証主義は、工作人 homo faber としての近代人の在り方と相即し、理論の技術化可能性と不可分である。合理主義 rationalism そのものは、古代ギリシャの哲学にも、中世のスコラ哲学にも見出される。しかし、ギリシャ的なロゴス主義や中世的なラチオ主義と近代の合理主義とは、いかに論理の形式的な手続の面では相通ずるかにみえようとも、「理」そのものに関する存在論的・認識論的な了解がまったく異っており、構えの取り方が異る。近代の実証主義的合理主義は、形而上学的な〝スコラ談義〟を卻けて、真理はあくまで homo sapiens たる人間の知的能力の射程内にあるという了解のもとに、理論の実証可能性を信ずるというよりも、むしろ実証可能的と信ぜられる限りでの理説にしか認証を与えない。実証することがそもそも不可能な理説には、それがいかに論理整合的に構築されていようとも、意義＝価値を認めない。しかるに〝実証〟とは、結局のところ、理説の Betätigung であり、それを技術化して実現することを措いてありえない。ここには、近代産業の技術的過程とのあいだにまったくの構造的同一性がみられる。対象を呪術的にではなく、技術的に支配する近代的工作人の態度 Einstellung に照応するだけでなく、近代合理主義は理説の技術化的実現の要請に応える構えを体現している。

近代合理主義の存在被拘束性、近代社会との歴史的相関性を、われわれは右の契機に即しても追認せざるをえない。

合理主義がいわゆる「思惟経済」Denkökonomie の要請に適合するものであること、可及的に最少の支出で最大の取得を図る打算的合理性を体現していることは、あらためて指摘するまでもない。この限りでは、合理主義は商人資本的な格率 Maxime とも照応するが、技術的に構造化された近代合理主義の体系にあっては、いわゆる産業合理主義に象徴的に体現されているように、効率主義という実践的な構えが貫徹している。没主体的効率主義、近代合理主義のこの実践的な構えのうちに、われわれはあらためて近代資本主義とその世界了解の弁証法的交替劇、すなわち、人間中心主義的なSubjektivismus と科学主義的な Objektivismus との Wechselspiel を認めざるをえない。

近代合理主義の論理的思考、技術的実証においては、諸個人は同型的 isomorph なインディヴィデューウムとして、——単なる神の前での平等者としてではなく、同型的な理知の主体として——了解されており、この限りにおいて、各人の認識は同型的である筈だと信憑される。従って、人々の対象認識ないし認識された対象世界は、原理的には万人にとって同型的であるとみなされる。ここにおいて、当の対象的世界、つまり、個々の認識主体の定在にかかわりなき〝科学的世界〟に対して、認識主観は gleichgültig になり、消去されてしまう。科学の効率的運用に際しては、諸個人はまさしく同型的である限りで技術体系に組み込まれるのであって、その個的実存性は没却されてしまう。だが、科学的世界は、実は認識主体一般から端的に独立なものではなく、それは科学的認識の主体たる認識主観一般に対する〝現象〟にすぎず、また、産業合理主義の没人間的効率主義は、実は〝人間的〟利害と関心に支えられている。近代産業、いな近代的〝世界〟、この厖大なメカニズムの体系は、人間的関心にもとづいて、人間によってつくられたものであって、この意味では人間中心主義的なシステムである。或る哲学者によれば、機械的な世界観とは、機械という人間の製造品になぞらえて万象を観ずる極めて人間中心主義的な Einstellung である！　だが、別の哲学者によれば、人間中心主義というときの、人間なるものが、そもそも一種の機械体系にすぎない。人間中心主義なる近代的な世界観は、それ自体、一種の機械論的な体系である！　こうして、二匹の蛇が互いに相手の尾部を呑み込んだような循環の輪が現出する。

近代合理主義ないしはその根底にある近代的世界了解においては、一面では、前近代的な社会的諸関係の総体が〝疎外〟されて意識に現われる「神」を卻けて、人間が中心の座を占める。神は死んだ。人間が神を殺し、神の座を簒奪した。とはいえ、他面では、当の人間諸個人が、汎通的な資本制的商品世界の諸関係の物象化、ここにおいて現出する機械論的な「必然の王国」の一齣にすぎないという歴史的 geschichtlich＝geschicklich な事情が表白される。

われわれが近代のこの歴史的地平を歴史的に超克しえないあいだは、近代合理主義を真に止揚することは不可能であろうし、あの循環の輪を端的に脱することは、当の地平を超出することによってしか達成されえない。しかし、問題が問題として意識されるということは、当の課題が歴史的に「時熟」していることの一つの徴候であることも否めないであろう。この限りでは、今や途を探ることが歴史的に課せられていると言わねばなるまい。

そのための通路を、近代の科学的合理主義の媒辞 Mittelwort たる〝科学の言葉〟＝数学の存在被拘束的歴史性について、気鋭の数学者、畏友岩井洋に倣って対自化することに求めることができるかもしれない。数学は、抽象化されているだけに、存在拘束性をストレートにはうけない。とはいえ、近代数学の展開の軌跡は、自由主義＝産業資本主義、帝国主義＝金融独占資本主義、国家独占資本主義という〝近代社会〟の段階的発展にほぼ照応して、不連続的な連続を描いていると言われる。たしかに、近代社会における社会経済的各階梯、工業技術の各階梯、自然科学、社会科学、数学（そしてまた芸術）の各階梯のあいだには一定の呼応関係が見出されるであろう。ここでは、しかし、機械論的な了解そのものの変容という一つの軸だけにしぼって、論点を截り出すことにしよう。

近代の機械論的・要素主義的・原子論的な了解の構えは、その埒内において、歴史的に変容をとげてきた。

機械論的な了解が原型的に打出されたのは、産業資本主義を技術的に、また、思想的に準備しつつあった一七・一八世紀の時代であるが、それは繊維工業が中心だった時代であり、人畜の力と連結された水力が動力の基軸をなし、力学的エネルギーの伝達機関が工業的技術体系の枢軸をなした時代であり、力学が科学の基調をなした時代であった。ここにあっては、機械はまさしく構成要素 Bestand-teile の力学的《メカニカル》な体系として了解されていた。

ところが、蒸気機関の時代、熱エネルギーから力学的エネルギーへの転換が工業技術体系の中枢になった時代、それは、金属工業の時代でもあって、そこではいわゆる物理（古典的な無機化学や熱力学etc. を含む）が科学の花形となったのであったが、ここでは、機械はもはや解析幾何学的な微分的連続体ではなく、不連続的截断を含む動力学的な体系として、いわば函数論的な統体として、つまり、不連続的連続のデュナミス・エネルゲイアの統体的連関体として了解される。この限りで、機械は今や有機体とも連接しうるものとして了解される。

その後さらに、電磁動力（水力・火力・原子力発電というようにその源泉にも変遷がみられることは措くとして）による機械体系の時代、別の見地からみれば合成工業の時代を迎えると、構造の学――有機化学のごとき次元から量子化学におよぶ分子の構造、原子の構造、核の構造、時空間の構造が科学の枠となり、ここでは、機械は構造化された変換系の総体として了解されるに至る。

われわれは、いまここで、機械に関する了解の変遷と社会に関する了解の変遷、等々との相関性の指摘には立入らないが、機械そのものですらもはや古典的なイメージでの「機械的なもの」としては了解されない方向に動いてきていること、これは留意に値しよう。

近代的世界了解のモデルといわれる機械そのものが、上にみてきたように、実は単なる機械論的な存在ではなく、ヘーゲルが説いた意味での弁証法的な存在として――しかも、疎外論の論理というヘーゲル主義的に顚倒した形態においてではなく――理解される方向に für uns には動いている。

この弁証法的な存在了解を即自対自的 an und für sich に把え返すことによって、機械論的な発想の超克、というにとどまらず、近代合理主義を端的に止揚した了解の構えを確立することができるのではないか。

尤も、弁証法というとき、やれ量より質への転化だ、やれ否定の否定だというたぐいのことが、悟性的抽象的に語られるとすれば、それは近代合理主義の地平への還元であって、われわれの含意するところではない。

それでは、弁証法とは何か? また、近代合理主義に対して弁証法はいかなる関係にあるか? 弁証法が形式論理という近代合理主義のコンヴェンショナルな論理とは異質の論理であること――因みに、形式論理が形式論理になったのは近代合理主義との相即においてであって、古代や中世においては論理は決して形式的な規則ではなく、存在の理法であったこと――はあらためて想起を求めるまでもあるまい。弁証法は、悟性的抽象的な数量化手続の本質的な限界性を対自化し、また、Positivismus の Negativität を対自化する。(効率主義に対する批判は弁証法から直接に帰結するものではないが、これまたマルクス主義の基底的な了解事項であることについては『世界』一九七〇年四月号の拙稿「コミュニズムの復権」を参看ねがいたい)。ここは、しかし、弁証法の〝講義〟を始める場所ではないので、次の論点だけを臆断的に押出すにとどめよう。

近代的世界了解、したがってまた、近代的合理主義が、前述の通り、汎通的な商品世界のフェノメナルな在り方にそのまま定位するもの――より厳密にいえば、使用価値性を没却しつつ、価値的に等質化して、それを物在 Vorhandensein 化したもの――であるのに対して、ヘーゲル－マルクス的弁証法は、この即自的なフェノメナの被媒介性の構造を対自化し、用在的世界が実は或る過程的媒介聯関の物象化された相在であること、これを即自対自的に把え返していく meta-hodos メトーデにほかならない。

弁証法が分析的理性の近代合理主義と端的に異る地平に立つ所以のものは、まさしくここに存するといわねばならない。弁証法が弁証法である所以のものは正反合のトリアーデとか、否定の論理とかいう次元に存するのではなく、まさしく、用在的世界の被媒介的存在構造を即自対自化していくところの、当の構え Verfassung に存する。近代合理主義の地平を、弁証法という方法そのことによってではなく、マルクス的弁証法を存在論的に可能ならしめる地平に立つことによって、またそのことによってのみ超克しうるということは、ハイデッガー流にいえば〈ヒト〉 das Man の見地から〝本来的〟な立場に立帰ることによってのみ「世界像の時代」を超克しうるということと相即する。

われわれにとっては、しかし、この〝本来的〟 eigentlich な立場とは、決して「世界」に内・存在する〝実存〟ないしは〝開存〟ではなく、「歴史」に内・存在する――本源的に協働的 zusammenwirkend であることにおいて intersubjektiv な――人間存在の共同主観性＝相互主体性を即自対自的にわがものとする eignen 立場を措いてはありえない。

あまつさえ、弁証法に想到したわれわれにとっては、現象の現象学Phänomenologie der Phänomene を積極的に展開するなかで、その弁証法的一段階として、近代合理主義の発想、ひいては、近代的世界観を定位すべきであって、近代合理主義ないしはその世界観を、それこそ近代合理主義的な分析的理性の立場から規定して、その埒内で批判しようとするの愚を自ら戒めなければならない。

このことを対自化したところでネガティヴな umgehen に終止符を打ち、今や Präludien から本奏に移り歴史・内・存在のフェノメノロギーそのものの展開を期さねばならない。

付論二　全体主義的イデオロギーの陥穽

本稿は、『日本の将来』二号（一九七一年九月・潮出版社）に「全体主義イデオロギーの陥穽——ファシズムとの思想的対質のために——」と題して発表されたものの再録である。

ファシズムの全体主義思想は従前、理論的・思想的次元の問題として真摯に検討されることが尠なかったように思われる。(1) けだし「ファシズムは理論的・思想的には取るに足らぬ」という暗黙の了解が支配的である所為であろう。だが、ファシズムは、果たして水準以下的な思想であろうか？　近代合理主義(2)や近代デモクラシーに安住している凡百の〝思想〟よりも、それは却って思想的水準が高いのではないか？　そして、現に、人々はそれと知らずして、ファシズムの全体主義思想の核心を、昨今では暗々裡に受け容れてしまっているのではないか？　われわれは、今日「ファシズムとは非合理な狂気の支配であり、大衆ヒステリーの一種であり、云々」といった固定観念の呪縛を振り払って、思想としてのファシズムを虚心担懐に検討し、自らの足許をも見据えつつ真摯に対質すべき局面に際会しているものと信ぜられる。

「ファシズム」——本稿ではヨーロッパのファシズムを直接的な射程に収め、いわゆる「日本型ファシズム」については主題的な討究から一まず除外しておきたいのだが——この大衆的な規模での運動が、一部論者たちの眼に、狂気の錯乱と映ずるのは、なるほど理由なしとしない。だがしかし、第一級の学者・思想家たちも多数ファシズムにアンガージェしている。自然科学者たちは措くことにして、イタリアにおけるロッコやクローチェ、そしてドイツにおいては——学者・文化人のなかでユダヤ人の占めるパーセンテージがあれほど大きかったにもかかわらず——カール・シュミットをはじめとする社会科学者たち、哲学者にいたっては、ハイデッガーは別格としても「ドイツ哲学会」(3)に結集したブルーノ・バウフ、ニコライ・ハルトマン、ハンス・フライヤー、マックス・ヴント、テオドール・リット、ヘーリング、リッケルト、ハイムゼート、グロックナー、エビングハウス等々、等々、枚挙に遑を欠く有様である。これら学者たちのなかには早々に訣別した者もあり、そもそもまた彼らのすべてがナチズムの思想に全面的に賛成したわけではないけれども、ファシズムの思想性が多くの学者たちにとって「思想的に偉大なもの」として了解されたという歴史的事実を覆うことはできない。当初のあいだ概してファシズムに〝冷笑的〟であったインテリ層が、雪崩をうってファシズムの思想性を〝見直し〟たという思想史的事件、これは単なる社会心理学的分析で片づけるわけにはいかない。インテリ層がたとえ思想的に錯乱し自己欺瞞に陥ったのであるとしても、そこにはしかるべき思想的自己了解の内在的論理が介在していた筈であって、これの究明を抜きにした単なる〝精神分析〟ではファシズム論の名に値しえない筈である。

併せて留意を求めておきたいのであるが、コミンテルン、とりわけドイツ共産党の惨敗は、戦略・戦術論の次元に即して検討する必要があるにせよ、その際、ファシズムとコミュニズムとが大衆の

〃思想的獲得〃に鎬を削ったのであるということ、そしてこの思想的大衆獲得戦の競合でファシズムのほうが一時的に〃勝利〃を博したのだということ、この事実を覆えない。ファシズムが、もし既成の体制内的政治イデオロギーをそのまま掲げたのであれば、大衆の思想的獲得合戦におけるコミュニズムの一時的敗北ということは、大仰に言い立てるには及ばない。だが、事実の問題として、ファシズムは既成の議会制民主主義を真向から批判しつつ、しかも経済機構の再編をめぐって一連の〃社会主義的〃な要求をすら掲げたのであり、政権奪取にいたる過程では〃革命的〃な大衆行動を下から組織したのであって、(4)ファシズムの運動はさながら〃新しい〃思想が「大衆をつかむことにおいて物質的な力となった」かの観がある。コミュニズムとの競合のもとにおこなわれたこの思想的大衆運動の展開は、思想史的一事件として、その内在的論理に即して検討を要する筈である。この作業を併せることによってはじめて、コミンテルン運動の歴史的総括も完現の途につくのであり、少なくとも、ファッショ的大衆運動の思想性の究明を抜きにしては、ファシズム論はまだ与件の規定に程遠いといわざるをえまい。

ところで、ファシズムの思想性を理解するためには、ローゼンベルクのごとき公認のイデオローグだけでなく——因みにローゼンベルクは一介の建築学士たるにすぎず、思想家としてはファシズムを代表できる器量ではない——クラーゲスやハイデッガー、ベームやクリークなどを射程に収め、イタリアではロッコ、オーストリアではシュパン、政治理論ではシュミットなどを検討する必要があり、前史からの文脈を辿るにあたっては、ニーチェのニヒリズム、ディルタイの生の哲学、遡ってはドイツ・ロマン主義から問題にすることを要求されるかもしれない。ここでは、しかし、そこまで射程をのばして詳説することは期しがたい。

本稿では、とりあえず、最も中枢的な全体主義の思想的構えに主題を限定し、ファシズムが近代ブルジョア的個体主義の虚構をいかに〝超克〟したか（第一節）、ファシズムの「国家社会主義」志向とその顚末（第二節）をみておいたうえで、全体主義イデオロギーの理論的悖理と陥穽を追認しつつ、それと対質する視座の対自化を図る（第三節）ことにしたい。

（1）ファシズム研究の状況については畏友清水多吉の一連の論稿、特に「イデオロギーとしてのファシズム」（『情況』一九七〇年十二月号、ファシズム論特集号）を参照されたい。

（2）本稿では近代合理主義批判の問題には立入れないが、例えばクラーゲスが「心情の敵対者としての精神」Der Geist als Widersacher der Seele を云々し、ロゴス中心的な旧来の哲学に対して「ビオス中心的」な哲学を反定立した場合、彼は決して非合理主義を唱導したわけではない。彼が「頽落せる技術による自然の破壊」「功利主義的利潤追求による動物・植物の絶滅の趨勢」に警告を発し（今日式にいえば「公害問題」だ！）、その基礎にある近代合理主義を批判したとき、彼は決してロマン主義的な心情主義を立場としたわけではなかった。ハイデッガーの「技術文明」批判などについても同断である。広義のナチス・イデオローグたちがおこなった近代合理主義批判――ファシズムは決して単なる非合理主義ではない！――には、対質的に再評価さるべき論点が数多く含まれているように看ぜられる。

（3）Deutsche Philosophische Gesellschaft　この会の成立の経緯や性格については、伊藤吉之助氏の『最近の独逸哲学』を参照。

（4）Vgl. K. Heiden: Geschichte des Nationalsozialismus. Die Karriere einer Idee. 1933.

一　近代的個体主義の虚構と全体主義

ナチズムが「全体主義」の原理を掲げたのは、歴史的な脈絡でいえば、前世紀以来のいわゆる Völkisch[(1)] の継承としてであったにせよ、理論上の文脈でいえば、近代的個体主義の原理に対するアンチテーゼとしてであった。近代的自然法思想や十七・八世紀の啓蒙主義思想に典型的に顕われている「個体主義の原理」に対するアンチテーゼという点では、同一の思想的構えをイタリアン・ファシズムにも認めることができる。ブルジョア・デモクラシーの理論的基礎をもなす近代的個体主義に対するファシズムの批判は、決して単なる反発ではなく、しかるべき一定の〝学〟に裏打ちされている。

ファシズムの提起した論点を検討し、その陥穽を見定めるためにも、近代的個体主義の虚構性をわれわれなりに一瞥するところから始めよう。この際、断るまでもなく、個体主義と全体主義という二つの思想的構えは哲学的世界観の全般にかかわることであって[(2)]個人と国家という次元はその一班をなすものにすぎないが、ここでは諸個人と社会ないし国家という次元に焦点を合わせれば足るであろう。

〔一〕　近代的社会思想においては、古代や中世の、アリストテレス・トマス的な「国家社会《ポリス》が諸個人に先立つ」という了解が卻けられて、実体的諸個人が社会や国家に先立つものとされ、社会や国家はたかだか第二次的な存在だとみなされる。近代の社会思想はそのすべてが社会契約説を採るわけではないが、人間諸個人は本来的には自由・平等な主体であるという了解とも相即的に、社会や国家というものは、本源的には自律的な諸個人が自己の便益を図って形成する人為的な一制度、ないしは、集合的な一団体であるという了解が基底をなしている。

この近代的な人間－社会観は近代社会の歴史的現実を屈折して投影したものであることが一応は認められねばなるまい。近代社会においては、諸個人は旧い共同体のしがらみから解放されて、たしかに自律的な人格として現われる。彼らは対等な商品交換者として交渉的聯関を取り結ぶのであって、資本家と労働者の関係ですら、身分的に不平等な隷従関係としてではなく、労働力という〝商品〟の対等な売買関係として現象する。社会的関係は独立の人格どうしの自発的な関わり合いであって、原理的には、任意に取りきめることができるものと了解されている。アダム・スミスがいみじくも表現しているように、人間諸個人の社会的諸関係は一種の商人社会的関係として現われ、そこでは相互的打算にもとづいて他人を手段的に扱うが、この相互的手段化が分業と商品交通の原理によって一つの調和的統一を存立せしめる。

諸個人こそが第一次的に存在する主体＝実体であり、社会・国家は第二次的な形成体にすぎないとみなす個体主義的な社会観は、近代的商品経済社会、近代的市民社会の如上の在り方を投影したものとして、その限りで近代の歴史的現実のうちに一定の根拠をもっている。

このことを一応は認めうるにしても、ファシストたちの指摘を俟つまでもなく、個体主義的社会観の虚構性は覆えない。この問題について〝理論的〟な討究をおこなったファシストのイデオローグとして、読者は直ちに、イタリアのアルフレド・ロッコやオーストリアのオトマール・シュパンを想起されることであろう。彼らが互いに独立に、しかし殆んど同じ言葉、同じ論理を用いているのは象徴的であるが、彼らは近代的個体主義の社会観を「機械論的・原子論的」であると評し、アリストテレスの「国家社会《ポリス》的動物」という大命題を復権しつつ、「有機体的・歴史的な国家社会概念」を彼らは顕揚する。

近代社会の諸個人は、なるほど、もはや共同体の紐帯から免れており、職業的にも自由であり、自立的な人格として遊動できるかにみえる。しかし、彼らは、まさしくそのことにおいて、もはや自給自足的な経済生活を営んでおらず、分業体系の一部署に専従する特殊的人間《スペシャリスト》として、生産物を他者と相互的に交換し合うことなくしては生存できない。この意味において、諸個人は汎通的な相互依存の体系に編み込まれており、この社会的分業・協業の体系に組み込まれることによってのみ生存しうるのであって、社会的全体が諸個人に「先立つ」。——ロッコの所説については後に引証することにして、ここでは主としてシュパン(3)を念頭においていえば——シュパンがカトリック的「普遍主義」を背景に秘めつつも「双節化」Gezweiung という概念を論理的軸にしながら巧みに説いているように、社会は原子的諸個人の機械論的総和ではなくして、多数の肢節 Glied の統一であり、個人が社会を基礎づけるのではなく、社会が個人を基礎づけるのであって、諸個人は有機体にも譬えうべき社会的全体の分肢としてのみ存立する、というのが実態である。

〔二〕 この間の事情は、前世紀も末葉に近づくと、理論的省察を媒介せずとも、或る特殊具体的な様相において痛感されるようになった。

それは帝国主義列強、諸民族国家の死活的角逐と相即する歴史的現実の直観的追認であって、民族国家という〃全体〃の興亡が国民生活を直接的に規定する状況の反映として生じた民族国家＝運命共同体の意識である。民族国家はその内部に各種利害の対立ひいては階級闘争を孕んでおり、決して一元的な統一体ではない。しかし、帝国主義的競争戦に勝利するか敗北するかが、労働者や下層農民をも含めて、〃国民〃の生活にストレートに影響する。ここにおいて、体制に内在的な意識水準にとどまるかぎり、民族国家の存亡の危機意識を媒介にして、外に向かうナショナリズム、内に向かう民族共同体意識が醸成され、民族国家という形で具体的に形象化されるところの〃全体〃が個々人に先立つという即自的な意識の形成が促される。

ナチズムの全体主義イデオロギーは、発生史的な経緯に即していえば、この即自的な意識、しかも、第一次世界大戦での敗北、ヴェルサイユ体制下における酸鼻な状態によって強化された伝来の Völkisch の意識に立脚して具象化された、というのが事実《クイド・ファクチ》の問題である。[4] イタリアン・ファシズムの場合についても、ダマルティア問題などを契機とする同趣の事情を指摘できる。[5]

この際、併せて留意したいのは、近代的個体主義に照応する政治上の理念が帝国主義的戦時態勢を通じて空洞化していたこと、また近代的個体主義の理念の政治的制度化ともいうべき普通選挙権制度がマンガ以下的である現実——代議制民主主義の制度はファシズムによって形骸化されたのではなく、資本主義社会のもとでは、元来〃愚者の祭礼〃なのだ！——これまた直接的な機縁をなしたということである。

「投票日が終ると——とヒットラーはいう——議員諸公の闘争は歳費とか称するパンのための闘争になる。そして……四年後、あるいは議会会社の解散が近づくと、紳士がたには抑えがたい衝動がにわかに襲ってくる。議会の毛虫どもは、羽根をはやして親愛なる民衆のもとへ飛んでいく。彼らはふたたび選挙民どもに演説し、おのれの業績を並べたて、他の者どもがいかに邪悪で頑迷であるかを弁じ立てる。無知蒙昧な大衆は、しかし、時として粗暴な、憎悪にみちた言葉を浴びせかける。こういう民衆の忘恩が一定限度たかまった折には、切札を出すしか手がない。つまり、党の化粧直しというやつだ。綱領の練り直し……ペテンがイロハからやり直される。その効果について驚くのはヤボというものだ。新聞にあやつられ、魅惑的な新綱領に目をくらまされて〃ブルジョア〃たると〃プロレタリア〃たるとを問わず、無定見な有権者は、もとの厩舎にかけもどり、もとのペテン師を選ぶという次第だ。こうして候補者はふたたび議会の毛虫に変じ、四年後にまたもやきらびやかな蝶となるべく、国家生活の樹枝にはりついて、たらふく食い荒すというわけだ」

ムッソリーニはより直截にいう。「人びとは投票したいと仰言るか。さらば投票あそばせ。誰も彼も存分に御投票あそばせ！　うんざりしてヘドの出るまで、目がくらんで馬鹿になってしまうまで！　阿呆になるまで投票するがよい！」(6)

近代的個体主義と相即する近代政治の諸々の建前と歴史的現実とのギャップ、これがファシズムの個体主義批判を機縁づけたことをわれわれは看過するものではない。しかしながら、われわれとしてはファシズムの全体主義思想を、その理論的文脈に立返ってみておかねばならない。

〔三〕　近代的個体主義に全体主義を反定立するにあたって、経済学者として出発したシュパンは、個々人は実体的に自存するものではなく、全体の肢節としてのみ存立するという論点を軸にしたのであったが、――きわめて簡略ながらもこの点については上述しておいた――、法学者ロッコは、法人格を生物学主義的に実体化させる方向で議論を立てている。すなわち、彼は国家・社会の全体性は決して個々人の代数和には還元できないこと、国家社会はそれ固有の目的、固有の生命をもつ独特の存在体であることを直截に主張する。

この点において、ロッコはヒットラーやローゼンベルクのそれとも相通ずる議論の構造に定位しているということができる。しかも、彼の議論は「血と地」の理論のごとき、全体主義のイデーそのものにとって本来的には偶有的な論点を含んでおらず、ファシズムの全体主義的社会・国家観をティピカルに表象するのに恰好である。

それゆえ、ここではロッコの所説と行論の雰囲気を一通りみておくことにしたい。資料としてはムッソリーニが「私は一字一句これを承認する。君は実に堂に入った方法を以ってファシズムの教理を示してくれた」と評したパルウジア講演の記録（Bigongiari 英訳、長崎太郎邦訳）を利用する。

「十七、八世紀の自然法思想の理論的支配下にある近代の政治思想……これらの理論は、近時ファシズムが登場するに至るまで、十九世紀、二十世紀のあらゆる社会理論、政治理論に、また、それにもとづくあらゆる実践的方策に、明瞭な痕跡をとどめていた。旧くはランゲーやアルツジウスから、降ってはマルクス、ウイルソン、レーニンに至るまで、社会ならびに国家を、機械論的ないしは原子論的なものとみる共通の基盤に立脚している。この見方に従えば、社会なるものは諸個人の総和たるにすぎないとされる。それゆえ、社会の目的は社会を構成する諸個人の目的にすぎず、個々人の目的のために社会が存在する……社会や国家は個々人が彼らの目的を達成するための手段たるにすぎないとされる。自由主義、民主主義、社会主義の諸学派は、相違点と対立点を有しつつも、如上の考え方を共通の基盤にしている」。

ロッコのこの議論がマルクス主義に関しては甚だしい誣告であることを、われわれは知っている。マルクスが近代ブルジョア的個体主義のアトミズムに対して真向からアンチテーゼを打出していることは後に引証する通りである。しかし、もうしばらくロッコの所説を辿っておこう。

「ファシズムの理論のみがはじめて、自由主義・民主主義・社会主義の国家概念のあれこれの表現に対してではなく、当の概念そのものに対してアンチテーゼを打出した。国家と国民の目的に関する、また、社会とその構成員との関係に関するファシズムの概念は十六、十七、十八世紀に展開された自然法の理論、自由主義・民主主義・社会主義的イデオロギーの基盤を端的に卻けるものである。」

ロッコは、このように大見栄をきり、アリストテレスを援用して、人間が本源的に国家社会的な動物であること、人間が帰属する社会団体は多岐多様であることを論じたうえで、特に種族団体と種族維持の傾向性について生物学主義的視角から述べ、「人間種族の目的は、或る時点に生存している個々人の目的ではない。それは時として個々人の目的とは相反することすらある。社会団体の目的は、その団体に属する個々人の目的ではなくして、個々人の目的と衝突することすらありうる。これは種族の保存・発展が、個人の犠牲を要求する場合、つねに明らかなところである」と言い切る。彼は、ここで、「社会団体」を民族国家の次元にスライドしつつ、社会的集団は固有の目的を有するだけでなく、固有の生命をもった存在体であることを立論する。「ファシズムは、自由民主主義の基礎にある旧い原子論的・機械論的な国家論に代うるに、有機体的・歴史的概念を以ってする。われわれはいわゆる国家有機体説をそのまま採る者ではないが(7)、われわれは、個々人の目的、個々人の生命を超越せる固有の生命、固有の目的を社会団体が有するということを言表したいのである」云々。

近代的個体主義に対するファシズムの批判と全体主義的国家観の反定立、その視角と論理についでは検討すべき幾つかの論点があり、ロッコの所説についても、われわれとして勘案すべき爾余の論点をまだ残している。しかし、それらの論点にふれつつファッショ的全体主義の陥穽を検討するためには、ここあたりで一たん別の視線を絡めてファシズムの思想性をみておかねばならない。

（1）汎ドイツ主義、反ユダヤ国粋主義、反マルクス主義などを内実とする一種のムード的思潮。
（2）近代合理主義に対するファッショ的イデオローグの批判もこの問題と密接に関わる。例えば L. Klages: Der Geist als Widersacher der Seele 3 Bde. 1929～32. の所論をみられたい。
（3）O. Spann: Gesellschaftsphilosophie. 1928. Der wahre Staat. 3. Aufl. 1931.
（4）ヒットラーは『我が闘争』のなかで「国家社会主義労働者党は民族主義的世界観の基本的思想から、本質的な根本的特質をとりだし、そこから政治的信条をつくりあげた」旨を明言している。平野・将積氏訳参照。
（5）重岡保郎・北原敦氏の「イタリアのファシズム」岩波講座『世界歴史』第二六巻所収を参照。
（6）ムッソリーニの演説からの引用は、下位春吉氏の手になる戦前（昭和四年）の編訳『ムッソリーニの獅子吼』による。

(7) この点でドイツのクリークなども「政治的共同体」を唱えるのであって、必ずしも有機体的共同体を唱えるわけではない。Vgl. E. Krieck: Völkisch politische Anthropologie. 1936. Leben als Prinzip der Weltanschauung und Problem der Wissenschaft, 1938.

二 即自的全体と国家社会主義の顚末

ファシズムの全体主義思想は、十全の体系性をもって整序されていないにせよ、近代的社会思想の思想史的展開の文脈に位置づけてみるとき、それがまさしく国家独占資本主義の歴史的段階に即応するものとなっていることは、詳しく弁じ立てるまでもあるまい。しかしながら、イタリアン・ファシズムにせよナチスの全体主義にせよ、国家独占資本主義体制の確立を目的意識的に志向したのではなく、いわば期せずしてそれを帰結したのであって、ファシストたち自身の意図に即していえば、彼らの全体主義的理想社会の追求が、資本の論理にからめとられ、国家社会主義ならざる国家独占資本主義を招来したのであった。この〝歴史の狡智〟に負うて、ファシズムの思想は、国家独占資本主義の確立後に現実の追認として現われた理説に比べるとき、いささか様相が異る。

われわれはここでファシズムとその後の国家独占資本主義イデオロギーとの比較を試みる心算も、また、ファシズムの社会主義志向が現実には資本の論理にからめとられた経緯を詳しく分析するつもりもないが、全体主義の思想性をみるために最低限必要と思われる若干の事実を想起しておきたい。

〔一〕　ムッソリーニが元来は社会党左派の論客であったこと――彼は党の中央機関紙の編集長であった(1)――彼が革命的サンディカリストたちと共に参戦論に踏み切ったときにも、第一次世界大戦への参戦が資本主義社会の解体を全体として促進し、大衆のあいだに革命的叛乱を生ぜしめるであろうという認識に立脚していたことは周知の通りである。ヒットラーもまた、ナチスの党名「国家社会主義労働者党」とその綱領からも知られる通り、一種の社会主義を志向していたとみられる(2)。ムッソリーニにせよヒットラーにせよ、当初の彼らの意識においては、社会主義をマヌーバーとして掲げたのではなく、一応は本心から希求していたのであった。

　全体主義の理念にふさわしい社会体制、それは階級対立とその基礎をなす私有財産制とは相容れない。ナチスの党綱領が「あらゆる株式会社化された（トラスト）企業の国有化」（十三条）、「公共的必要の目的のための土地の無償没収」（十七条）(3)を掲げたのは、たとえ小ブル的メンタリティーからであったにせよ、理論上当然であった。

　政権の座に近づきはじめると、しかし、ムッソリーニもヒットラーも、綱領の路線を〝修正〟していった。この点では、第二インターナショナルの社会主義諸党が、政権の座に近づくにつれて、体制内改良主義、修正資本主義の路線をとるようになったのと同一の軌跡を辿ったわけである。

　ムッソリーニは有名な「革命演説」の一つ、一九二二年十月五日のミラノ演説においても「今やイタリア全国に腐敗堕落せる無産階級のある如く、更に一層堕落腐敗せる有産階級《ボルゲジーア》がある。我等を蛇蝎の如く憎悪する有産階級、我等の隊伍の中に混乱を投ぜんと謀る有産階級がある。昨日まで非国民的野獣の足下に身を投げ伏せ、唯々諾々、小さくなって震えていた有産階級……我等が一たび蹶起するとき、一挙に叩き伏せ踏み躪って、その顔面に唾するもなお飽き足らざるべき有産階級があるのだ！」かかる論鋒を有産階級《ブルジョワ》に向けている。

この時点では、しかし、イタリアはすでに二重権力状態にあり、ムッソリーニは全権力を掌中に収めるべく努力していた。権力奪取を目前にしたムッソリーニは、軍の統帥権を握っていた国王ヴィットリオ・エマヌエーレ三世を頂点とする保守勢力、法王ピオ十一世を精神的支柱とするカトリック人民党、ジョリッティ派などの中間勢力、社会党を指導部とする労働者のゼネスト態勢という勢力配置に当面して、九月の二十日には「ファッショ革命が何もかも一切を挙げてその革新の混乱に捲き込むことは避けねばならない。吾人の事業は何ぞや、曰く、偽社会民主主義の醜穢なる残骸を叩き潰すに在る」と述べ、労資協調路線を次のように打出すに至っていた。

「吾人はいかなる動機、いかなる理由によるも、公共事業における同盟罷業を絶対に許容しない。我等はまた階級闘争を主張せず、階級の協力一致の作業を主張するものである。殊に現在の如く、極めて峻烈なる経済の危機に苦しむ時機に際しては、あらゆる階級の絶対協同の作業を必要とする。故に吾人は我等の労働組合の脳裡に、この真理とこの意識が徹底的に行き亙り浸み込むように努めている。しかし一方において、同様に率直にかつ露骨に言明しておかねばならぬ事がある。それは外でもない。実業家、労働給与者は、之れを以て、吾人に乗ずるの武器を得たり、と思惟すべからざる事だ。実業家自身、労働給与者、一言にして言えば有産階級《ボルゲジーア》たるものは、一、国民の中には労働する群衆もある事。二、この労働する大衆が不安を感じ、また懶惰である間は、国家の強大は到底望むべからざる事。三、ファシズムの使命は、群衆をして国民と唯一無二の有機体となし、将来に於て国民がその鴻業の完成のために、群衆の力を必要とする場合に備えて遺漏なからしむる事に存する事。この三事は彼等が猛省せざるべからざる処である。群衆を国民の生活、国民の歴史より除外し閑却する事なく、之れに参加せしむる事によりてのみ、初めて吾人は真に力ある外交を敢行する事が出来るのである」云々。

この演説に示唆されているように、国家権力による上からの指導と統制のもとにおける労資協調――当初の社会主義志向がこのような指導者国家的〃修正〃資本主義に変様され、そのことにおいてはじめてムッソリーニは組閣を委ねられることができたのであった。

われわれは、ここで、イタリアン・ファシズムの運動がいかなる政治力学の過程で社会主義的要求を空洞化させていったか、その経過を跡づける必要はあるまい。われわれとしては、後にロッコがそれをいかに〃正当化〃したかをみる予定であるが、順序として次にはナチスの場合について、看過されがちな二、三の史実にふれておこう。

〔二〕　ナチスの党綱領が社会主義的要求を掲げていたことは上述の通りであるが、ヒットラーを中心とする南部派が軍部との結合ということもあって早くから綱領を空洞化させる傾向にあったのに対して、北西部の組織、とりわけ、一九二八年から三〇年の大躍進期にヒットラーに次ぐナンバー2の党指導者であったグレゴール・シュトラッサーを頂点とするナチ党左派は、最後まで社会主義的志向と政策をもちつづけた。

ナチ党左派[4]は、ヴェルサイユ体制の打破を志向したソ連との協力を主張し、王室財産の没収問題に関してはドイツ社民党や共産党との協同を考え、また、必ずしも人種主義や民族主義に凝り固っておらず、ドイツ・ナショナリズムの帝国主義的政策に対する反対闘争を志向し、被抑圧民族のインター・ナショナルな連帯を主張していたといわれる。彼らはブルジョワ政党との連合や合法路線を否定し、革命的院外大衆闘争を強調した。そして、シュトラッサー兄弟を中心に左派の創立したベルリンの「カンプ社」から発行されていた数種類の日刊紙、週刊誌は、質量ともにナチスの機関紙(『フェルキッシャー・ベオーバハター』)よりも優れていたといわれ、インテリ層や左翼的労働者のあいだにファシズムが浸透するにあたっては、彼ら左派の果たした役割がきわめて大きかったと評価されている。

勿論、〝左派〟の社会主義といっても、それはナチスの党綱領を敷衍したものにすぎず、マルクス主義的社会主義のそれに擬することはできない。——だが、第二インター・マルクス主義のスローガンに比べるとき、それでもより急進的と受取られる余地のあったことを否めないであろう。——鹿毛達雄氏[5]によれば、彼らの社会改革案は、結局のところ「マルクスが生きていたとすれば〝小ブルジョワ的社会主義〟と呼んだに違いないたぐい」のものであった由である。

われわれは、遺憾ながら、近年になってようやく研究が進捗しつつあるナチ党左派の思想について詳らかには知らない。しかし、いずれにせよ、もしも左派がヘゲモニーを掌握していたならば、ナチスが右翼勢力との合作劇で政権をとることは不可能であったということ、これは忖度に難くない。ナチス左派は、一九三〇年四月のザクセン金属労働者のストライキを支持したり、二九年時点からナチスの州邦議会への大量進出にともなって問題になった州邦政府への入閣（ブルジョア政党との連立）に反対したり、という態度をとっており、ナチスがこのような態度をとるかぎり、反動勢力の政治的代表部、パーペン内閣やシュライヒャー内閣、そしてヒンデンブルグ大統領のナチス処遇は全く別様になった筈だからである。一九三三年時点における財界の公然たるナチス支持は、まさしくナチス党内闘争における左派の敗退、ヒットラーの勝利を前提にしてはじめて可能になったものといえよう。

ナチスは、党綱領の社会主義的志向を空洞化せしめたヒットラーのヘゲモニーのもとに権力の座についたことにおいて、〝ナチス革命〟は——いわゆる〝レームの叛乱〟のごときはもはやエピソードたるにすぎず——およそいかなる意味においても社会主義とは無縁のものであったが、しかし、ナチスを以ってブルジョアジーの単純な侍女とみるのは余りにも単細胞的な発想であるということは銘記しておかねばなるまい。ヒットラーとその一派は、政権掌握を目前にした時点で、ルールを中心とする巨大ブルジョアジーに〝買収〟されたという経緯がたしかにある。ナチス政権は、ムッソリーニ政権と同様、プロレタリアートに対するブルジョアジーの鉄血の独裁の執行部となった。しかし、ヒットラー一派は決してブルジョアジーに顎でこき使われたわけではなく、当人たちの主観では「資本を国家の召使い」としたのであり、ヒットラー政権は、現象的にみれば、ブルジョアジーに〝上から〟臨んだのであって、その財政経済政策は旧来のブルジョア政権のそれとはおよそ様相を異にするものであった。

政権掌握後ただちに着手されたナチスの経済政策は、パーペン計画と同趣にみえようとも、パーペンの政策が「個別企業の蓄積活動に依拠して生産の回復を図ろうとする」伝統的なものであったのに対して、ナチスのそれは「直接に国家の手によって人為的に市場を創出しよう」と図るものであり、(6)当時の経済政策論の体制内的主流派の〝常識〟からはとうてい出てこないものであった。それが多分に状況に規定された政策であったにせよ、三四年の「有機的経済建設準備法」にみられるごとき本格的な国家独占資本主義政策をナチスが遂行しえたのは、国家社会主義を志向した彼らのイデオロギーに淵源するものといわねばならない。

〔三〕 ファシズムが、一種の社会主義的要求を掲げた下からの大衆運動、組織化された大衆叛乱として出発しつつも、イタリアにせよドイツにせよ、結果としては国家独占資本主義体制の確立という帰結に終ったのは何故か? これは歴史的経緯に即して実証的に分析する必要があると同時に、理論の問題、思想性の問題としても検討されなければならない。実証史学的研究はその方面の専門家に俟つほかないし、幸なことに、近年急速に研究が進捗しているように見受けられる。われわれとしては、とりあえず、全体主義イデオロギーの思想性に関して、その内在的論理の陥穽に即して討究しておきたいと思う。

ここではまず、この作業にとりくむ前提として、ファシズムが国家社会主義ならざる国家独占資本主義——さしあたっては、資本の存在を許容したうえでの計画的統制経済をいかに基礎づけたか、そのイデオローギッシュな理由づけを一瞥しておこう。

国家的に統制された計画的経済、これは社会主義にとっては勿論のこと、全体主義的理想にとっても「手段」以上のものではないが、産業資本主義時代このかたの〝産業自由主義〟のイデーにとっては真向からのアンチテーゼをなす。なるほど、古典的な帝国主義の段階に突入して以来、レセ・フェール(自由放任)、チープ・ガヴァメント（安価な政府）というイデーは現実には空洞化を免れなかったが、しかし、それは戦時態勢という〝変則〟として了解されていたのであって、ブルジョア・イデオロギーとしてのブルジョア・イデオロギーは依然として〝産業自由主義〟を建前としてきた。このことは、ルーズベルトのニュー・ディール政策が逢着した抵抗を、或いはまた、ケインズ理論が受容されるまでの曲折を想起しただけで、思い半ばに過ぎよう。経済の国家的統制の積極的主張、それはもっぱら各種社会主義の名と結びつくものであった。況んや、私有財産制の干犯においておやである。

ファシズムが自己のイデオロギーを一種の社会主義として自認した所以のものも、恐らくや右の事情にもとづくものであろう。しかも、全体主義の民族的統一体の理念からすれば、上述の通り、階級的対立とその基礎をなす私有財産制は、端的に否認されてしかるべきである。民族国家的全体性の固有の生命と目的を全うするためには、個体主義的原理にもとづいた営業の自由、私利私欲のための自由放任経済は止揚されねばならない。経済活動は全体性の手段としてのみ営まれなければならない。そのためには、私有財産制の廃止にもとづく産業の公有化が最上の方策の筈である。ここにおいて、政権に接近したファシズムが私有財産制の存続を肯定するためには、それが単なる一時的・過渡的な処置とされるのであれば別であるが、理念上も肯定するとすれば、しかるべき理由づけを要する。だが、その理由づけが、いずれにせよ、理念的には格調の低いもの、語の悪しき意味での現実主義的なものにならざるをえないことは予想するに難くないであろう。予測的批判は暫く措いて、確認のために、ここではロッコから引用しておこう。

「ファシズムは経済自由の原則を絶対的な定説とは考えない」。ムッソリーニのレトリックを用いていえば「よしんばこの〝自由〟の御注文が、よぼよぼの学者先生方の永遠不滅の学理学説を書き連ねた古ぼけたシミだらけの紙切れにくるまっていようとも！」。そして「ファシズムは経済の諸問題を個人の必要に、また、個人の営為に委ねようとはしない」。

「ファシズムの理論は、資本と労働との関係について、社会主義の提起した問題はきわめて重大なものであること、それはおそらく近代生活の中心問題をなすものであるということを明瞭に認める。ファシズムが是認しないのは、社会主義の提唱する集産主義的な解決手段である。社会主義的手段の主たる欠点は（ロッコはソヴェトにおけるネップ政策への移行を念頭においているように思われる――廣松）最近数年間の経験によって明らかに示されてきている。社会主義は人間性を勘定に入れていないがために、現実から遊離してしまっているのである。人間の活動を促す最も有効な力は個人の自己利益にあるのであって、経済界からこの自己利益を除いてしまえば、経済界はまったくの麻痺に陥るということを、社会主義は理解していない。資本の私有を禁圧することは、同時に、資本自体の消散となる。けだし、資本というものは貯蓄によって作られるものであり、労働の結果を貯え、それを子孫に残すことができないということになれば、誰しも貯蓄をしなくなるのは勿論のこと、人びとは所得のすべてを消費するに至るであろう。資本の消散は生産の終熄を意味する。というのは、誰が所有しているにせよ、資本は生産に不可欠の道具だからである。……社会主義は、経験が示している通り、資本を消散させ、ついに貧窮をもたらすことになる。たとえ、今日よりは一層正しく富を分配する機構であろうとも、その機構が富そのものを破壊するようなものであるならば、それが何の役に立とう。社会主義では私有財産の問題は社会正義の問題として扱われているが、実際には、私有財産の問題は実益の問題である。私有財産権を認めることはファシズム理論の一部である。それは個人の地位からではなく、社会全体の効用から私有財産を認めるのである」

御覧の通り、ロッコの議論は極めて貧弱である。謂うところの〝人性論〟〝資本貯蓄説〟〝資本消散説〟いずれも陳腐な俗流的論点であるにすぎない。この元法学教授は、社会主義者としての経歴をもっておらず、また、経済学に疎すぎたために、敢てこのような議論を打出しえたのであろう。

このような俗説で以っては、ファシズムの私有財産制容認論の定式化にはならないのではないか？だが、多くの論客たちは、私有財産制を当然とみる体制内的常識に安住したのか、敢て理由づけすら試みていない。管見にふれた限りでいえば、ロッコの右の議論は、ファシズムのイデオローグが〝理論的に〟展開した私有財産制容認論のうち、これでしも白眉というべきものである！

今や、問題なのは、一種の社会主義志向をもっていたファシズムが、粗笨な私有財産肯定論を一体なぜ公認しえたのかということに懸ってくる。この問題は、とりもなおさず、国家社会主義の志向が国家独占資本主義を帰結したファシズムの思想性、その理論の孕んでいた陥穽を問い返す課題として現前する。

（1） 社会党員時代のムッソリーニの一相面については、A・バラバーノフ『わが反逆の生涯』（久保英雄氏訳）をみられたい。
（2） ヒットラーの「社会主義」は当初から聊か浅薄であったという感を免れない。しかし、『我が闘争』ではともあれ「国家主義と社会主義の結合」を強調しており、遡っては、ナチス党綱領を初めて大衆の前で公表・解説したのも彼であるから、「ヒットラーは最初から反社会主義者であった」という説はそのまま肯んずるわけにはいかない。
（3） W. Hofer: Der Nationalsozialismus. 1957. 救仁郷繁氏訳『ナチス・ドキュメント』参照。
（4） ナチス左派については R. Kühnl: Die nationalsozialistische Linke 1925～1930, 1966. 参照。
（5） 鹿毛達雄氏「ナチズムの抬頭」岩波講座『世界歴史』第二七巻所収。
（6） 下条壽郎氏「ナチス経済論」、尚、塚本健氏『ナチス経済』参照。

三　個体主義の止揚と人倫的共同社会

ファシズムの思想と運動が資本の論理にからみとられた経緯を究めるためには、ファシズムが生成・伸長・定着した時代的背景、第一次世界大戦後の政治的・経済的・思想的状況、とりわけ二九年恐慌のもたらしたヨーロッパの具体的な情勢を射程におきつつ、ファシズム運動の当面した諸課題と政権確立の過程を、歴史的に追跡すべきことは言を俟たない。しかし、それを思想問題の次元で暫定的に論考しておくことも、あながちに無意味ではないと思われる。というのは、ファシズムが近代的個体主義に反定立した全体主義は、それが成立した特殊具体的な歴史的状況から相対的な独立性をもって、今日においても依然、有力な一思想として現存するからである。

思想としてのファシズムとの対質は——現今ではかつてのごとき〝下から〟の大衆的なファッショ運動が猖獗をきわめているわけではないが、体制的イデオロギーの基底に全体主義思想の発想と論理が浸潤しており——この意味において、すぐれて現在的な理論的課題をなすものと信ぜられる。

〔一〕 われわれは、ファシズムの罪障にみちた軌跡が、全体主義イデオロギーの「理論的欠陥から一義的に生じたものである」と主張するつもりはない。しかし、ここではまず、ファッショ的全体主義の理論的次元における悖理を確認するところから始めよう。

近代的個体主義が虚構であることはファシストたちが指摘する通りである。だが、彼らがそれに対置した全体主義の内実も、これまた一つの虚構であったといわねばならない。この間の事情をみるためには、同じく近代的個体主義の批判の上に立つマルクスの所論を好便な手掛りとすることができる。

ファシズムのイデオローグは、ロッコにせよシュパンにせよシュミットにせよ、口裏を合わせたかのように、マルクス主義もまた機械論的・原子論的な個体主義の一種であると評している。第二インターナショナルの〝マルクス主義〟にはこのような〝誤解〟を機縁づける発想が存するにしても、しかし、マルクス本人は近代的個体主義とそのイデオローギッシュな基礎を明確な言葉で批判している。

「アダム・スミスやリカードは、——とマルクスは『経済学批判』序説のなかで書く——バラバラな諸個人から出発しているが、それは十八世紀のロビンソン物語の没幻想的な構想物に属するものであって……独立な諸主体を契約によって関係させ結合させるルソーの社会契約も同様なのだが、それは自然主義にもとづくものではない。……それは、むしろ、十六世紀以来準備され、十八世紀に巨歩を進めた〝ブルジョア社会〟を過去に振込んだものである。この自由競争の社会においては、旧い紐帯から解放された個人が現われる。スミスやリカードが依拠している十八世紀の予言者たちの眼には、このような十八世紀の個人——一面では封建的社会形態の解体の所産であり、他面では十六世紀以来新たに発展してきた生産諸力の所産たるこのような個人——が理想として浮かび、しかもそれが過去に実在したとされるのである」。しかしながら、「バラバラな個人というこの見地を生み出す時代こそが、実は、まさしく、社会的諸関係がこれまでのうち最も発展している時代なのである」。通史的に「人間は、アリストテレスがいう文字通りの意味で、国家社会的動物《ゾーオン・ポリティコン》である。単に社会的な動物というにとどまらず、社会の内においてのみ個別化する〔個体となる〕ことのできる動物なのである」。

マルクスは、このように、近代的個体主義の社会観を端的に卻けて、アリストテレスを復権する。しかし、彼は、——ここがファシズムの全体主義と違うところなのであるが、そして、この相違がファシストのイデオローグたちにマルクスも結局は個体主義の埒内にあると思わせたのかもしれないのであるが——、社会というものを実体化しない。

『経哲手稿』の時点でマルクスは既に「なにはともあれ〝社会〟なるものを抽象物として個人に対立させて固定化することは避けねばならない。個人が社会的存在なのである。……人間の個人的生活と類的生活とは別個のものではない」と書いているが、『経済学批判要綱』では「社会は諸個人から成り立っているのではない。社会とはこれら諸個人が相互にかかわり合っている諸関聯、諸関係の総体」にほかならないことを強調している。

ファシズムの全体主義は、社会というものが諸個人の代数和ではないということを主張する限りでは正しいにしても、マルクスを援用していえば、社会というものを諸個人の現実的な関わり合いの機能的聯関の総体として把捉せず、それを自存的な実体に仕立て上げるという物象化的錯視に陥ってしまっている。マルクス的な社会把握とのこの相違点に、全体主義イデオロギーの社会（国家）観のもつ根本的な難点が存するように思われる。

われわれは、もとより、マルクスの見解と相違するから誤謬だという式の発想をするものではない。ファシズムが謂うところの民族国家的全体、それが固有の生命、固有の目的を有するという立論が事実の問題として誤りであることを、われわれはマルクスの所説を手掛りにして指摘するのである。

民族国家的総体は、成員の営為が特種的《シュペツフイッシ》に綜合され、物象化されて仮現するが故に、なるほど即自的な意識には、それが諸個人の目的・営為・生命とは別個な固有の実在性をもつ或るものであるかのように現象する。ここにおいて、方法論的な擬設として、民族国家なるものを宛かも固有の存立体であるかのように扱うことも、自覚的に処置する限りでは、あながちに許されないことではない。しかし、過去から将来にわたる民族有機体なるものを文字通りに実体＝主体化してしまい、民族国家なる固有の目的をもつ有機的生命体に諸個人が奉仕しなければならないというたぐいの立論をおこなうことは、文字通り「物神化的」fetisch な顚倒であると断ぜざるをえない。

近代的個体主義の社会観が、成員の間《かん》主体的 intersubjektiv な関わり合いの「項」を実体化する錯視に陥っているのに対して、ファシズムの全体主義的社会・国家観は、当の聯関の総体を実体化してしまう物象化的錯視に陥っており、まさしくこの点に全体主義イデオロギーの誤謬の根幹があることを——国際主義《インターナショナリズム》の欠如といった次元は一先ず措いて——われわれは看取する。

〔二〕 人々の間主体的な営為の総体は、なるほど諸個人とその営為の代数和には還元できないが、しかし、当の intersubjektiv な営為はあくまで機能的・函数的な関聯なのであって、有機的全体なる固有の生命体が実体的に自存するものではないということ、この点の対自的把握を欠くところから、溯っては間主体的な協働聯関の存在構造を把捉しえぬところから、民族や民族国家なるものを誤って形象化したり、資本の論理に盲目であったりといった一連の契機が派生し、ファッショ的全体主義イデオロギーの徒花が展開されることになる。

この間の事情をリアルに表象し、かつ、それが今日の体制的イデオロギーの欺瞞的論理にスライドされていることをみる一助として、唐突のようではあるが我国における「憲法調査会」の〝答申〟から若干の文章を引用してみよう。

「十八世紀的な民主主義は、国家権力を最小限におさえると同時に、個人の自由・人権を最大限にのばすという方向をとった。全体よりも個人を、公共の福祉よりも基本的人権のほうに重点をおくというのが十八・九世紀民主主義のエッセンスであった」。「古典的民主主義が殊に個人を強調したことについては、それなりの正当性と歴史的必然性があったし、大きな役割を果たしてきた」「けれども、人間は個人として生きていると同時に、社会生活を営んでいるわけであるから……個人の自由・人権をいくら最大限に認めるといっても、……他人とのあいだ、そして社会（国家）とのつながりにおいて、それがまったく無制限であることはできない」。われわれは、十八・九世紀「当時とはくらべものにならないほどかわってきた二十世紀後半の現代における人類社会のあり方に照応」して新しい原理のうえに立たねばならない。「個人の自由・人権と社会の福祉という二つのものは、たぶんに矛盾し反撥しあうものである」。「ここに、個人と全体（国家・社会）との対立関係、個人の自由・人権と国家（社会）の福祉との緊張関係が生ずる」。「要するに、人間が社会生活をいとなむ以上は、個人の自由・人権にも大きな社会的制約があることを認めないわけにはいかない。したがって、人間の社会のなかに平和な秩序ある状態を欲するならば、この社会（国家）に対して各個人が共同の忠誠、服従、奉仕の精神をささげなければならないということになる」云々。

右の一文でさも当然のようにさらりと語られているイデオロギー、これが市民権をうるためには、十八、九世紀的民主主義の個体主義のイデーに対して、かってはファシストのイデオローグたちがいかに努力を払わねばならなかったことか！「憲法調査会」の多数派はもとより狭義のファシストではない。今や体制側のイデオロギーは、建前のうえではまだ個体主義的な残渣を留めているにしても、かつてファシストたちが血路を拓いて押しつけた全体主義を、大趣においてはそのまま受容継承しているのである。まさしく、全体主義のイデオロギーが、国家独占資本主義の段階に照応する恰好の思想形態と目される所以であろう。

ちなみに、ナチスの宣伝相ゲッペルスが「自由主義が個人を出発点にし、各人を万事の中心におくのに対して、われわれは個々人の代りに民族を、各人の代りに国家共同体を置きかえた」こと、この際「個人の自由が国家の自由と矛盾する場合には、個人の自由が制限されねばならなかったことは言うまでもない。これは自由概念そのものの制限ではない。個人のために自由概念を過度に拡大することは民族の自由を危殆に瀕せしめる……個人的自由の概念の限界は民族的自由の概念と一致する」ということ、この理念を高らかに宣言しえたのは、政権掌握後のことであり、しかも、彼ゲッペルスはこのイデーの実践的確立を以って「新しい世界観の顕現」と呼び、「われわれの遂行した革命は全体的なものである。それは公的生活の全般を根本から改造し、人間の相互関係ならびに国家との関係を一新した。それはまさに抜本的な革命である」と称したのであった。何と今昔の感があることか！

われわれはいささか引用の過多に陥ったかもしれない。しかし、敢て長大な引用を並べたのは、全体主義のイデオロギー的核心を端的に示したかったからにほかならない。

全体主義の思想にとって中枢的な論点は、決して独裁的な指導者 der Führer の存在や彼と被指導者との一体性といったところに存するのではなく、また、領士拡大後のナチスが弁じた通り、必ずしも民族排外主義に存するのでもない。ヒットラー一派はユダヤ民族をスケープ・ゴートに仕立てたが、これとて全体主義思想の論理必然的な契機ではなく、そもそも人種主義的な民族有機体論ですら本質必然的な論点をなしていない。事は一に懸って〝国家共同体〟なるものを物神的に形象化し、全国民にそれへの帰依的帰入を求める点にある。

対外的緊張関係を媒介にして即自的に意識される民族国家という〝共同体〟、それが実際には階級的編成構造をもち、資本の論理を動軸にして存立している場合には、この擬似的〝共同体〟への滅私奉公は、階級的支配・被支配の現構造を強化しつつ資本の論理を維持すること、これ以外の帰結をもたらしえよう筈がない。

なるほど、ナチスの経済においては、シュトルパー(1)のいうように「企業家は何をいかなる生産方法で生産すべきか、いかなる量の原料を割当てられるか、いかなる資材を用いてよいか、いかなる価格で購入すべきか、いかなる価格で売却すべきか、誰の注文を受けてよいか、誰に、また、誰を通して売却してよいか、需要をみたす順位はどうか」、これがすべて「国家的な命令、規則によって規定されていた」かもしれない。しかし、ナチス・ドイツは完全な国家資本主義ですらなかったのであり、たとえその貫徹様式が変形されたにもせよ、資本制的商品経済の論理、資本の論理が根底的には貫徹したのであって、そこでは依然として賃労働-資本関係を軸にしたゲゼルシャフトリッヒな社会体制が存続したわけである。

こうして、全体なるものの実体=主体化という論理上の悖理そのことではなく、〝全体〟と称して物神化された当の現実、往時の国民的生産協働聯関態の編成構造そのものが、資本制的商品経済の論理に律せられるゲゼルシャフトであったこと、――なるほど、強力な国家権力の介入によって資本の論理の貫徹する現象形態がよりマイルドになり、そのためゲマインシャフトリッヒに意識されたかもしれないが、また、民族意識の作興によって共同体意識が共同的幻想として鞏固に確立したかもしれないが――まさしくそこにイデオローギッシュな錯誤と欺瞞性の根因が存したといわねばなるまい。
社会編成のゲゼルシャフトリッヒな原理をそのままにして(私有財産制の公認!)〝全体〟なるものを物神化して奉公を求めるとき、資本の論理にからめとられ、たかだか国家独占資本主義の確立と維持に終始することは理の必然である。そして現にこれがファシズムの論理必然的な帰結であった。

〔三〕　人間社会は、たとえ階級的に編成されていようとも、近代的個体主義が錯視するごとき機械論的・原子論的な体系ではなく、有機的な協働聯関態をなしていることは確かであるが、これを真のゲマインシャフトとして再編成することが今や人類史的な課題となっている。これが世界史の現位相であるように思われる。ここでは、現在の社会体制がいかなる矛盾構造を呈しているか、また、当の矛盾そのものがゲマインシャフトリッヒな再編をいかに方位づけているか、この種の社会科学的次元での分析は一切割愛して、端的に真の人倫的共同体の存在論的次元について考覈し、全体主義イデオロギー、否、個体主義 対 全体主義の対立と交替劇《ヴェクセルシュピール》を生ぜしめる地平そのものを、実践的・理論的に超克する方向性を模索しておきたい。

予め既述の論点の整理と図式の提示を兼ねて書いておけば、旧来のヨーロッパ的「人間‐社会観」は三つの類型ないしは三つの極を立てて類別することができるように見受けられる。①機械論的個体主義、②有機体的全体主義、③聯関論的統体主義の三つがすなわちそれである。①が近代ヨーロッパの典型的な人間‐社会観、②は古代・中世の主流であり、近代ではファシズムが典型、③はマルクス主義が典型であるといえよう(ヘーゲルは②と③との中間というよりも、両者のあいだを動揺している)。①は社会生活の即自的な協働聯関の間主体的な関係の「項」を実体的に自存化させる錯視によって成立し、②は当の聯関の「総体」を実体的に自存化せしめることによって成立するものであって、原理的にいえば、③の二極的に異型の射影として位置づけられうる。

個体主義の原理と全体主義の原理との対立、個人こそが第一義的な価値であるとする立場と全体こそが第一義的な価値であるとする立場との対立、帰するところ①と②との対立の生ずる地平、これの端的な超克を志向するにあたってクローズ・アップされるのがマルクス主義の「個即類」のテーゼである。けだし、この提題の継承・展開こそが、個体主義 対 全体主義の対立と交替劇を端的に止揚する鍵鑰をなす所以である。——顧れば、ゲゼルシャフトに対してゲマインシャフトを批判的に対置する際、旧来においては、しばしば①に②を対置するという構図が採られてきた。初期社会主義の若干のものがそうであったし、ファシズムもまたそうであった。しかし、われわれが実践的にそれの実現を志向するゲマインシャフトを理論的に基礎づけるためには、①と②との対立を生ずる地平そのものを超克しなければならない。因みにいえば、全体主義の②に対して個体主義の①を対置したのではファシズムを思想的に超克する所以とはなりえない。しかるに、人民戦線時代のコミンテルンは古典的な民主主義の①の立場を以ってファシズムの全体主義思想に対処したのであって、これでは〝思想的に敗北〟したのもけだし当然であったといわねばならない！——この際、しかし、われわれとして留意すべきことは「個」と「全」との対立といい、その超克といっても、現実的に存在するのは諸個人の営為の間主体的な聯関態のみであって、個というものと全というものとが実体的に二つのものとして相対立しているわけではないということである。この間の事情を逸すると、個即類のテーゼが理論的には全くの神秘主義的な命題になり、実践的には、個々人と全体とは相互背反的であるという大前提のもとに、個々人と全体とをどう調停しどう調和させるかという仕方でしか理想社会の在り方を発想できない仕儀に陥ってしまう。

「個即類」――これが十全なかたちで即自対自的に実現されるのはもちろん真の人倫的共同体においてのみである。しかしながら、マルクスが「個的生活と類的生活とは別ものではない」という所以でもあるが、類的全体とはその真実態においては「諸個人の相互的な関わり合いの総体」にほかならず、また、諸個人は実体的本質ではなく「人間の本質は社会的諸関係の総体」であるということ、これは通史的な現実である。その限りで、個即類を可能ならしめる基礎的な構造、ないしは、それを擬似的に存立せしめる構造は通史的であるといいうる。

いかなる社会編成のもとにおいても、即自的な協働聯関の相資相依性が人々の基礎的な生活条件をなしており、この間主体的な聯関態が高分子的・錯分子的に形成されているところから、部分的には、個即類が近似的に成立しうるし、擬似的な個即類の構造が存立している。そして、これが一定限度内での共同主観性の基礎をなしているわけであり、真の人倫的共同体が理論的に権利づけ rechtfertigen されうるのも当の事実的可能的構造に定位してである。

真の人倫的共同体の実践的実現は、右の立言を通じてインプリシットには措定されているように、旧来の即自的な協働を即自対自的 an und für sich に組織化することによって「個即類」の「可能的構造を即自対自化すること」に懸る。協働の即自対自化ということは、人々が総体的志向性の対自的な把握にもとづいて肢節的に役割－進取（part-take, teil-nehmen, role-take）する事態と相即するといえよう。

そのためには物質的生活財の生産と配分が商品経済の論理に律せられていては不可能であって、それゆえ、商品経済、遡っては私的所有制、ひいてはまた、固定化された分業の廃絶が必要条件となる。これは、しかし、あくまで必要条件であって、決して十分な条件ではない。協働が真に即自対自化するには、旧来、「隣人愛」とか「慈悲」とかいうかたちで宗教・倫理的に形象化されていた精神的構えGesinnungが現実のものとならねばならないであろうし、それが自動的に形成されるものではない以上、人倫共同体の建設は人間の自己変革の過程をぬきにしては進捗しうべくもない筈である。われわれは、この点を併せて銘記しなければならない。

全体主義イデオロギーを個体主義というそれの補完物と共々、理論的・実践的に止揚するという課題は、こうして、あらためて人間論の問題を提起する。しかもこの問題次元においては、「人間の本質は社会的諸関係の総体である」という命題の復唱にとどまっては殆んど無意味であり、より具体的な論考が要求される。この要求に応えるにあたっては、ヘブライ・ギリシャ的人間観の基底的な構図——実存主義に至るまで依然としてその埒内にあるキリスト教的な人間了解の構図——そのものに遡って検覈し、それを超克しなければならないであろう。その際には、エンゲルスが弁証法の一具現として賞揚した仏教哲学の或る発想が「個即類」のテーゼを人間論的に敷衍するうえで好便な動索となりうるように思われる。この作業は、しかし、優に独立のテーマであり、後日別稿に委ねるべきであろう。〔筆者はその後この主題に関わるものとして雑誌『現代思想』一九七三年六月号に「人間存在論への覚書――有我論と無我論との間――」を書いておいた＝『事的世界観への前哨』（勁草書房刊）に再録〕

本稿では、とりあえず、全体主義イデオロギーの個体主義批判とその陥穽を追認し、それを批判的に超克するマルクス主義的視座の対自化を図ったところで筆を擱くことにしたい。

（1） G. Stolper: Deutsche Wirtschaft 1870～1940, 1940.

著者略歴

1933年生まれ，東京大学文学部哲学科卒業
東京大学名誉教授（1994年歿）
認識論・存在論関係の著書に
『世界の共同主観的存在構造』『事的世界観への前哨』『もの・こと・ことば』（以上勁草書房）『存在と意味』（岩波書店）『弁証法の論理』（青土社）『身心関係』（青土社）など
マルクス主義関係の著書に
『マルクス主義の地平』『マルクス主義の理路』『資本論の哲学』（新訂・増補版，以上勁草書房）『マルクスの思想圏』（朝日出版社）『物象化論の構図』（岩波書店）『『資本論』を読む』（編著，岩波書店）『唯物史観の原像』（三一書房，新書判）『唯物史観と国家論』（講談社学術文庫）『今こそマルクスを読み返す』（講談社現代新書）『マルクスと歴史の現実』（平凡社）など
科学哲学関係の著書に
『相対性理論の哲学』（新訂・増補版，勁草書房）『科学の危機と認識論』（紀伊国屋書店）
他に
『仏教と事的世界観』（吉田宏哲師との共著，朝日出版社）『〈近代の超克〉論』（講談社学術文庫）『哲学入門一歩前』（講談社現代新書）『新哲学入門』（岩波新書）などがある。

マルクス主義の理路　ヘーゲルからマルクスへ

1974年5月1日　第1版第1刷発行
1980年4月25日　新装版第1刷発行
2009年5月15日　改装版第1刷発行

著者　廣《ひろ》松《まつ》　渉《わたる》

発行者　井村寿人

発行所　株式会社　勁《けい》草《そう》書房

112-0005 東京都文京区水道2-1-1　振替 00150-2-175253
（編集）電話 03-3815-5277／FAX 03-3814-6968
（営業）電話 03-3814-6861／FAX 03-3814-6854
総印・青木製本

ISBN978-4-326-15403-6　Printed in Japan